Augenzeuge des Konstanzer Konzils

Die Chronik des Ulrich Richental

Folio 67 recto: Feierlicher Einzug in die Kirche St. Johann am Fest der Florentiner Geldwechsler am 24.. Juni 1416.

Augenzeuge des Konstanzer Konzils

Die Chronik des Ulrich Richental

Die Konstanzer Handschrift
ins Neuhochdeutsche übersetzt von
Monika Küble und Henry Gerlach

Mit einem Nachwort von
Jürgen Klöckler

THEISS

Abbildungsnachweis: picture-alliance: S. 115, 162 oben;
Rosgartenmuseum Konstanz: S. 2, 23/24, 162, unten, 175;
WBG-Archiv: S. 10/11, 45, 104, 164

Die Deutsche Nationalbibliothek verzeichnet diese Publikation
in der Deutschen Nationalbibliografie;
detaillierte bibliografische Daten sind im Internet über
http://dnb.d-nb.de abrufbar.

Der Theiss Verlag ist ein Imprint der WBG
(Wissenschaftliche Buchgesellschaft), Darmstadt

Umschlaggestaltung: Lohse Design, Heppenheim
Umschlagbild: Konstanzer Handschrift des Ulrich Richental,
Rosgartenmuseum Konstanz, fol. 34 recto
Redaktion: Daphne Schadewaldt, Wiesbaden
Satz: Lohse Design, Heppenheim
Die Herausgabe des Werkes wurde durch die Vereinsmitglieder
der WBG ermöglicht.
Gedruckt auf säurefreiem und alterungsbeständigem Papier
Printed in Germany

Besuchen Sie uns im Internet: www.wbg-wissenverbindet.de

ISBN 978-3-8062-2901-1

Elektronisch sind folgende Ausgaben erhältlich:
eBook (PDF): 978-3-8062-2963-9
eBook (epub): 978-3-8062-2964-6

Inhalt

Vorwort

„Ein Schriftwerk der älteren deutschen Sprachperiode einem breiteren Publikum darzubieten, wird immer etwas Missliches an sich haben. Die schwierigste Frage ist die der Sprachform.“[1] Dies schrieb Otto Brandt im Vorwort der 1913 erschienenen „Volksausgabe“ der Richentalchronik. Diese Übertragung der Aulendorfer Ausgabe ist bis heute die einzige neuhochdeutsche Übersetzung der im „Bodenseeschwäbisch aus der Mitte des 15. Jahrhunderts“[2] verfassten Chronik geblieben.[3] Passend zum 600-jährigen Jubiläum des Konstanzer Konzils lag es nahe, eine neue Übertragung vorzulegen, die es auch dem Nichtfachmann ermöglicht, die Chronik des Konstanzers Ulrich Richental leicht zugänglich zu lesen.

Die von uns angefertigte Übersetzung basiert auf der Transkription des Textes der Konstanzer Ausgabe von Otto Feger von 1964. Der ehemalige Konstanzer Stadtarchivar hat dabei hervorragende Arbeit geleistet, wie wir beim direkten Vergleich mit dem Faksimile immer wieder feststellen durften. Viele Anmerkungen Fegers haben wir übernommen, einiges ergänzt und manches korrigiert.

Die Übersetzung stellte von Anfang an eine Gratwanderung dar. Ähnlich war es ja auch Otto Brandt 1913 gegangen. Wir haben versucht, so nahe wie möglich am Original zu bleiben, aber gleichzeitig einen für moderne Leser flüssig lesbaren Text zu schreiben. Dabei sind mehrere Probleme aufgetreten.

Zum einen ist der Text redundant, das heißt, sowohl einzelne Sätze wie auch ganze Abschnitte wiederholen sich öfter. So wird zum Beispiel die Szene der Verhaftung von Jan Hus im Abstand von einigen Seiten schlicht wiederholt. An manchen Stellen scheint dies dem Verfasser selber klar geworden zu sein, denn im Text taucht hin und wieder ein „etc.“ auf. Diese inhaltlichen Wiederholungen haben wir jedoch stehen lassen, während wir uns auf der Satzebene erlaubt haben, manchmal etwas zu straffen. Ein paar Mal sind geschilderte Er-

1 Brandt 1913, S. 3. Brandt übersetzte den von Buck 1882 transkribierten Text der sogenannten Aulendorfer Chronik Richentals.

2 Feger 1964, Bd. 2, S. 8.

3 Die Ausgabe Müller 1984 ist im Wesentlichen eine Abschrift der Übertragung von Brandt 1913.

eignisse chronologisch nicht in der richtigen Reihenfolge eingeordnet. Wir haben auch dies belassen und verweisen in den Fußnoten darauf.

Der Stil ist sehr parataktisch, also weitgehend aus Hauptsätzen bestehend. Zur Verdeutlichung der Zusammenhänge, aber auch, um allzu großer Ermüdung vorzubeugen, haben wir versucht, eine klarere Syntax, also deutlich abgegrenzte Haupt- und Nebensätze, zu verwenden.

Eine Schwierigkeit ergibt sich dabei auch aus der Tatsache, dass der Originaltext so gut wie keine Satzzeichen aufweist. Otto Feger hat in seiner Transkription bereits versucht, durch Einfügung von Satzzeichen Sinnzusammenhänge zu kreieren. Diese haben wir teilweise übernommen, an manchen Stellen nach Konsultierung des Originals aber auch abgeändert, weil sonst keine sinnvolle Übersetzung möglich gewesen wäre.

Bei einigen inhaltlichen Problemen mussten wir Entscheidungen treffen, die sicherlich mit guten Gründen hätten auch anders ausfallen können. So stellte sich die Frage der Schreibweise von Namen, die der Verfasser offenbar manchmal nach Gehör notiert hat oder bei denen er einen wohl damals gebräuchlichen Übernamen für die betreffende Person gewählt hat. Auch sind viele der erwähnten Personen in der heutigen Geschichtsforschung unter anderen Namen geläufig. Hier haben wir uns bei kleineren Abweichungen entschieden, den heute üblichen Namen einzusetzen (zum Beispiel „Bodman“ statt „Bodmen“), bei größeren Abweichungen aber seine Version zu belassen und für den historisch interessierten Leser den richtigen Namen der Person in einer Fußnote anzugeben. Manchmal jedoch ließen sich die erwähnten Personen nicht eindeutig identifizieren. Wenn geneigte Leser bei diesen Namen eine gute Idee haben, sind wir für jede Information dankbar. Aufgrund der Vorgaben zum Umfang der Publikation und angesichts der begrenzten Zeit, die uns zur Verfügung stand, konnten wir keine weiter gehenden Angaben zu den einzelnen Personen machen. Dies würde einen größeren Forschungsaufwand erfordern und den Rahmen dieses Buches sprengen.

Ebenso mussten wir uns Gedanken machen über die Darstellung von Zahlen, die im Original ohne erkennbare Regeln manchmal als Ziffern, manchmal in Buchstaben geschrieben werden. Wir haben nun bis auf wenige Ausnahmen die Zahlen bis zwölf in Buchstaben, ab 13 in Ziffern geschrieben.

Ein weiterer heikler Punkt sind Maß- und Geldangaben. Wer weiß heute noch, was ein Mutt ist oder wie viele Pfennige ein Gulden waren? Dazu kommt die Schwierigkeit, dass Maße und Geldumrechnungen sehr abhängig von der Gegend und der Zeit waren. Wir haben die entsprechenden Angaben in den Fußnoten platziert.

Ähnliches gilt für Zeitangaben. Zur Zeit des Konstanzer Konzils gab es verschiedene Weisen, den Tagesablauf zeitlich zu gliedern, zum einen die aus den Klöstern übernommene Einteilung in Matutin, Laudes, Prim, Terz, Sext, Non, Vesper, Komplet. Zum anderen hatten die Städte im Zuge des Aufstieges der Zünfte eigene Zeitvorgaben entwickelt. Im Text taucht beides auf: Da versammeln sich die Menschen zur Prim im Oberen Hof, aber zwei Stunden nach Imbiss geht ein Ausrufer durch die Stadt. Dabei hat das häufig gebrauchte Wort „Imbiss" mehrere Bedeutungen: Der Imbiss kann nach heutigen Maßstäben ein spätes Frühstück sein, meistens aber ist es das Mittagessen, manchmal auch einfach generell eine Mahlzeit, was dann zum Verb „imbissen" führt. Vom Mittagessen abgeleitet wird der Begriff parallel zur Zeitangabe „Mittag" verwendet, die ebenfalls öfters auftaucht. In unserer Übersetzung haben wir je nach Sinnzusammenhang den „Imbiss" beibehalten oder ihn durch den „Mittag" oder das „Mittagessen" ersetzt.

Bei den Datumsangaben benutzt der Autor nur selten die heute gebräuchlichen lateinischen Monatsnamen, meistens orientiert er sich an den Namenstagen der Heiligen oder er verwendet die deutschen Begriffe wie „Heumond". Wir haben daher das Datum in heute geläufiger Form jeweils in den Fußnoten hinzugefügt. Übrigens beginnt in diesem Text das Jahr an Weihnachten, sodass im Zusammenhang mit dem Jahresbeginn manchmal „Umrechnungen" notwendig waren.

Im Original tauchen immer wieder auch lateinische Passagen auf, größere in Bullen und offiziellen Ankündigungen, kleinere bei liturgischen Beschreibungen. Bei einzelnen Sätzen haben wir die lateinische Version im Text gelassen und die Übersetzung in die Fußnoten genommen, bei längeren Passagen haben wir es zugunsten des besseren Leseflusses umgekehrt gemacht.

An einigen Stellen haben wir zum klareren Verständnis auf die sogenannte Aulendorfer Chronik verwiesen.[4] Richentals mangelhaften Geographiekenntnissen haben wir nicht abhelfen wollen und alles so

4 Zitiert nach der neuen Ausgabe Buck 2011.

gelassen wie im Text notiert. Da wir nicht sicher sein konnten, welche Textschwierigkeiten (Doppelungen, Vertauschung von Ereignissen) der Person Ulrich Richental und welche verschiedenen Kopisten zuzuordnen sind, haben wir in den Fußnoten immer lediglich auf den „Text" oder den „Autor" hingewiesen.

Der zweite Teil der Originalausgabe besteht aus hunderten von angeblichen oder echten Teilnehmern samt ihren Wappen. Diese Namenslisten haben wir weggelassen und verweisen hier auf die Feger'sche Ausgabe oder neuerdings auf Buck.[5]

Im Original befinden sich am Rand verschiedentlich handschriftliche kurze Hinweise des ehemaligen Stadtarchivars Johann Marmor aus dem 19. Jahrhundert. Diese haben wir ebenfalls ausgelassen, da sie nicht zum Originaltext gehören und im Faksimile ohnehin gut zu lesen und zu verstehen sind.

Unsere Ausgabe der Konstanzer Version der Richentalchronik will keine wissenschaftliche Publikation sein, sondern dem Leser Vergnügen beim Schmökern bereiten, aber durch die Anmerkungen dennoch den spätmittelalterlichen Text leichter verstehbar machen. Besonders empfehlenswert ist es natürlich, zusammen mit der neuen Faksimileausgabe der Chronik von 2013 und ihren wunderbaren Abbildungen auf Entdeckungstour zu gehen. Die Bilder werden von uns an der Stelle, an der sie in den Text eingefügt sind, kurz beschrieben. Die Seitenzählung des Originals mit „recto" und „verso" (Vorder- und Rückseite eines Blattes) ist am Rand unseres Textes verzeichnet.

Das vorzügliche Nachwort des Konstanzer Stadtarchivars Dr. Jürgen Klöckler liegt zwar der Faksimileausgabe bei, wir sind aber froh, dass im vorliegenden Buch dieser Text ebenfalls abgedruckt ist und damit auch einem breiteren Publikum, das sich das Faksimile nicht zulegen kann oder will, diese kommentierte Überlieferungsgeschichte der Konstanzer Richentalausgabe zugänglich gemacht wird.

Bei Dr. Jürgen Klöckler möchten wir uns darüber hinaus für die wertvollen Hinweise bei einzelnen schwierig zu übersetzenden Passagen bedanken, ebenso wie bei Dr. Gudrun Schnekenburger, Prof. Dr. Thomas Martin Buck und Dr. Michael Wernicke OSA.

Monika Küble und Henry Gerlach

5 Feger 1964, S. 263–277 und Buck 2011, S. 138–207.

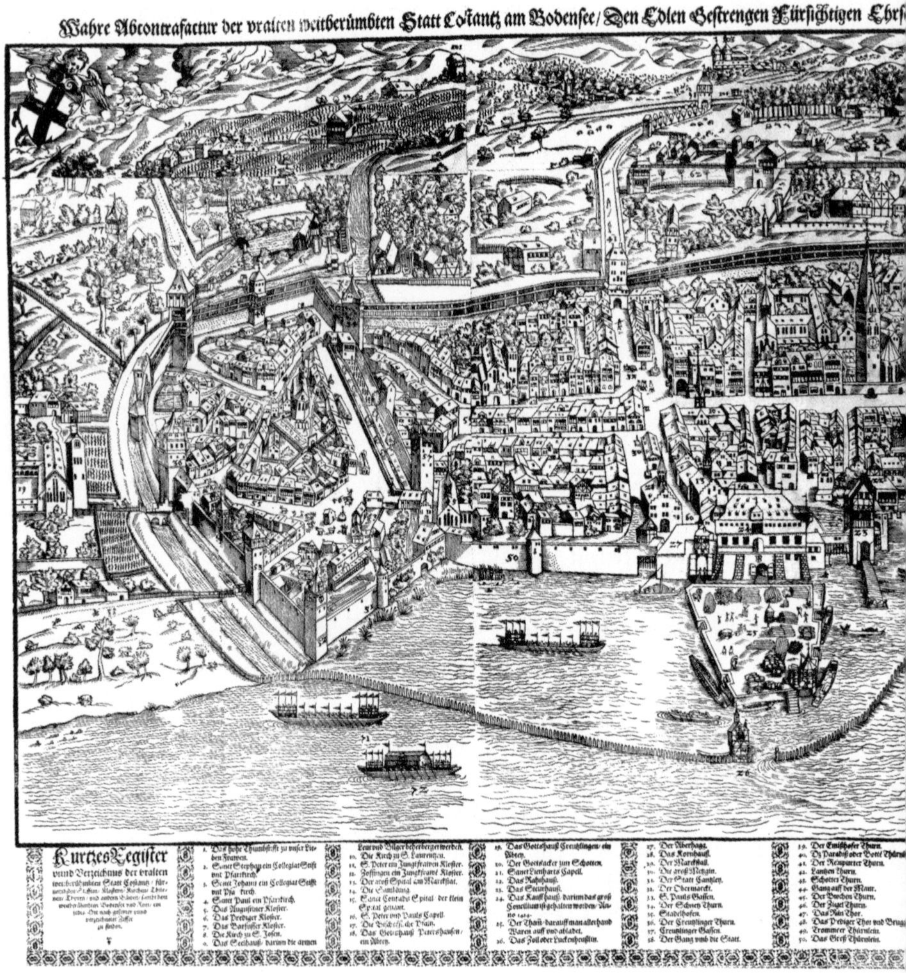

Nikolaus Kalt: Panorama von Konstanz, 1601.

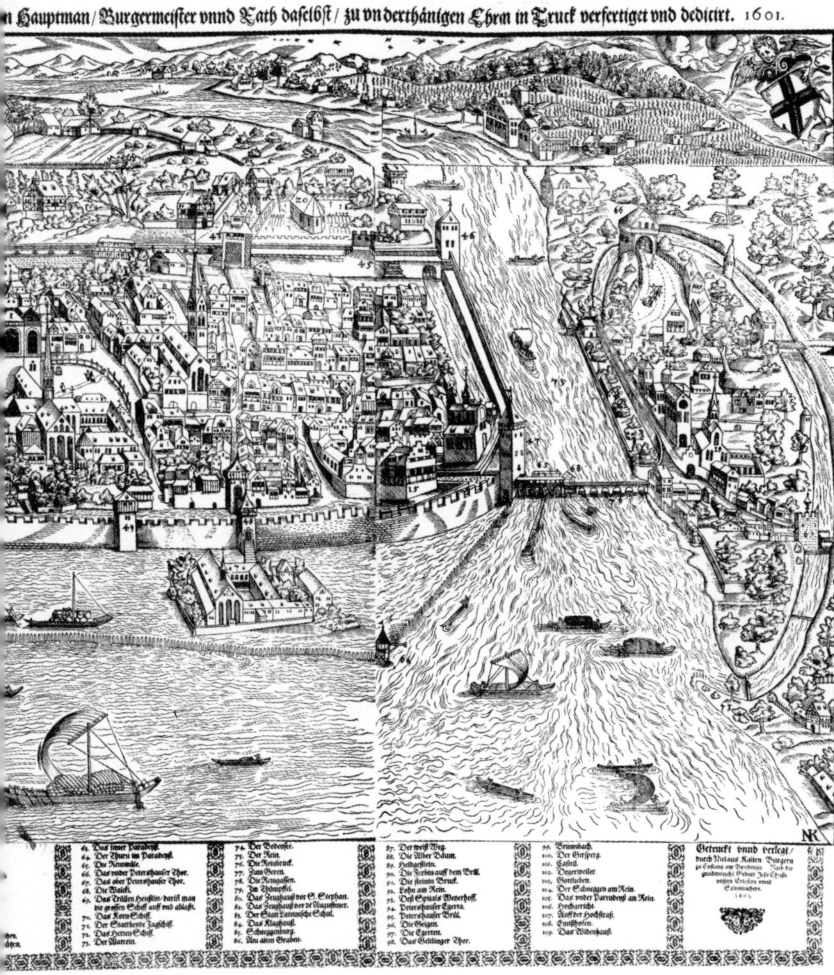
n Hauptman / Burgermeister vnnd Rath daselbst / zu vnderthänigen Ehren in Truck verfertiget vnd dedicirt. 1601.
63. Das inner Paradeyß.
64. Der Thurn im Paradeyß.
65. Die Neumüle.
66. Das vnder Peterßhauser Thor.
67. Das ober Peterßhauser Thor.
68. Die Walck.
69. Das Trüllen Heußlin / darin man die grossen Schiff auff vnd ablaßt.
70. Das Korn Schiff.
71. Der Stattbeyde Jagschiff.
72. Das Herren Schiff.
73. Der Alatrein.
74. Der Bodensee.
75. Der Rein.
76. Die Reinbruck.
77. Zum Geren.
78. Die Reingassen.
79. Im Thümpffel.
80. Das Zeughauß vor S. Stephan.
81. Das Zeughauß vor dē Augustiner.
82. Der Statt Lateinische Schul.
84. Das Klaghauß.
85. Schneggenburg.
86. Am alten Graben.
87. Der weiß Weg.
88. Die Alber Bäum.
89. Heldgaßlein.
90. Die Ferbin auff dem Brül.
91. Die steinin Bruck.
92. Lohn am Rein.
93. Deß Spitals Weyerhoff.
94. Peterßhauser Egerta.
95. Peterßhauser Brül.
96. Die Geigen.
97. Die Egerten.
98. Das Geltinger Thor.
99. Brunnbach.
100. Der Girsperg.
101. Castell.
102. Degerweiler.
103. Gottlieben.
104. Der Schneggen am Rein.
105. Das vnder Paradeyß am Rein.
106. Hochgericht.
107. Auff der Hochstraß.
108. Emißhofen.
109. Das Widenhauß.
Getruckt vnnd verlegt / durch Nicolaus Kalten Burgern zu Costantz am Bodensee. Nach der gnadenreiche Geburt Jesu Christi vnsers Erlösers vnnd Seligmachers.
1601.
NK

VORBLATT UNTEN

N.B. N.B. (Nota bene!)
Author huius libri est D[ominus] Udalricus nobilis de Reichental, teste D[omini] Schultheiß in manuscript[o]: Chro[nicon] Const[anciense] tom[us] I pag[ina] 84.[1]
(Handschriftliche Notiz aus dem 18. Jahrhundert)

VORBLATT

Über die ganze Erde erging ihre Stimme, und bis zu den fernsten Ländern reichten ihre Worte.

So steht es geschrieben im 18. Psalm, und diese Worte werden zu Recht auf die Apostel bezogen, die in der ganzen Welt das Evangelium predigten.

Aber man könnte sie ebenso gut auf die Stadt Konstanz in Alemannien beziehen, in der Mainzer Kirchenprovinz; es ist fast so, als ob die Stadt Konstanz mit den Worten des genannten Propheten David über sich spräche: Über die ganze Erde erging der Name von Konstanz, und dieser Name wurde auf der ganze Welt verbreitet.[2]

Psalm: Sein Lob in der Gemeinschaft der Heiligen

1 Achte wohl! Der Verfasser dieses Buches ist Herr Ulrich Edler von Reichental, nach dem Zeugnis des Herrn Schultheiß in seinem handschriftlichen Chronicon Constanciense Band I, Seite 84. (Übersetzung nach Feger 1964, Bd. 2, S. 150.) Die achtbändige Chronik des Christoph Schulthaiß von 1570 befindet sich im Stadtarchiv Konstanz, A I 8.

2 In omnem terram exivit sonus eorum, et in fines orbis terre verba eorum.
Scribitur psalmo decimo octavo, et hec verba proprie apponuntur apostolis, qui et ewangelium predicaverunt in universo mundo.
Etiam digne potest apponi civitati Constanciensi in Almania, provincie Maguntinensis; quasi diceret civitas Constanciensis de se ipsa cum mansueto propheta David: In omnem terram exivit nomen Constancie, et divulgatum est nomen eius in universa terra.
PSALMUS LAUS EIUS IN ECCLESIA SANCTORUM
(Übersetzung nach Feger 1964, Bd. 2, S. 150).

Omnipotens Deus, qui es retributor omnium bonorum, vindictor malorum, da michi viam recte scribendi, qui es trinus et unus.[3]

1 REC

Hier beginnt die Geschichte, wie es dazu kam, dass das Konzil nach Konstanz gelegt wurde, wie es begann, welche Dinge sich damals auf dem Konzil abgespielt und ereignet haben, wie es beendet wurde, wie viele geistliche und weltliche Herren hierherkamen und mit wie viel Gefolge ein jeder daherkam, mit wie vielen Personen und Pferden, und mit ihren Wappen, die sie in Konstanz an ihre Herbergen anschlugen. Etliche ehrbare Leute haben all dies erfragt und zusammengetragen, damit es im Gedächtnis bleibt und damit man besser verstehen mag, wie die Dinge vor sich gegangen sind.

So muss man wissen, dass die Christenheit in fünf Teile geteilt ist, und diese Teile heißen auf Lateinisch „Naciones". Da ist zum Ersten die italienische Nation[4], das sind das Römerland und die Lombardei und alle Länder, die zu diesem Teil gehören; der zweite Teil ist die germanische Nation, das sind die deutschen Lande und alle, die zu ihnen gehören; die dritte Nation ist die französische, das ist Frankreich und ebenfalls die, welche dazugehören; die vierte ist die spanische Nation, das ist das Spanierland und die Königreiche, die sich dort befinden, wir ihr noch sehen werdet; die fünfte Nation, das sind die Anglici, das sind England und Schottland und diejenigen, die auch dazugehören. Die Engländer hatten vor dem Konzil keine Nation, denn sie gehörten zur germanischen Nation, und erst in Konstanz wurde ihnen eine Nation zugestanden, wie man nachher noch sehen wird. Und welche Königreiche und Länder zu jeder Nation gehören, das findet man hier im Anschluss; und dass den Englischen eine eigene Nation gegeben wurde in Konstanz, das geschah, weil die Spanier sich so lange weigerten, nach Konstanz zu kommen, nachdem ihnen verkündet worden war, dass sie kommen sollten.

3 Allmächtiger Gott, der Du alle Guten belohnst und die Bösen bestrafst, führe mich auf den Weg, recht zu schreiben, der Du dreieinig bist.

4 Wir verwenden im Weiteren die moderne Schreibweise „Nation", obwohl unser heutiger Nationenbegriff sich nicht genau mit den im Text aufgeführten „naciones" deckt.

Als unser Heiliger Vater und Herr, Papst Alexander, zum Papst gewählt worden war – er war aus dem Orden der Minderbrüder, das sind die Barfüßer[5] –, als er nun also gewählt worden war, gab es ein allgemeines Konzil Pisanensis, nämlich in Pisa in der Lombardei. Auf diesem Konzil gelobte und verhieß dieser Papst Alexander demselben Konzil, dass er innerhalb der nächsten drei Jahre nach dem Konzil alles daransetzen werde, der Christenheit Einigkeit, Frieden und Gnade zurückzugeben, denn er hatte dazumal zwei Widersacher. Der eine davon war der hochgeborene Fürst Petrus de Luna, ein gefürsteter Herr aus gräflichem Geschlecht, der nannte sich in seiner Obödienz, das
1 VERS heißt so viel wie: unter denen, die ihm gehorsam waren und die zu ihm hielten, Benedikt XIII. Der andere hieß Angelus Corvarus, ein Ritter aus ehrbarem Geschlecht, der nannte sich in seiner Obödienz, also bei den ihm Gehorsamen, Gregor XII. Doch bevor die drei Jahre vergangen waren und er sein Vorhaben umsetzen konnte, starb Papst Alexander, und so lag die Sache ganz darnieder und in der Christenheit herrschte eine große Verwirrung. Doch der allmächtige Gott lässt das Schiff seines Fürsten, des Apostels Petrus, nicht ertrinken noch versinken.

Danach wurde der ehrsame Herr Balthasar de Cossis, Mitglied eines ehrbaren Bürgergeschlechts, zum Papst gewählt. Als er nun gewählt war, nahm er in seiner Obödienz den Namen Johannes XXIII. an. Auch dieser Papst Johannes schwor, nachdem er gewählt war, dem ganzen Kollegium – dazu muss man wissen, dass, wenn man vom Kollegium schreibt oder dies so benennt, nur die Kardinäle gemeint sind, die den Papst zu wählen haben; schreibt man aber vom Konzil, dann sind die Kardinäle, Erzbischöfe, Bischöfe, Patriarchen, Universitätsgelehrten und andere gelehrte Kleriker und Orden gemeint, die sich in der Not und in Anliegen der Christenheit versammeln –, er schwor also dem Kollegium, dass auch er alles tun werde, was in seinem Vermögen stehe, um Frieden und Einigkeit in der Christenheit wiederherzustellen. Dieser Papst Johannes XXIII. ließ die Sache aber auf sich beruhen und wollte sich vielleicht mit der Würde begnügen, die ihm gegeben und auferlegt war, denn er war zeitlichen Ehren und Gütern sehr zugeneigt. Damit zog sich alles so in die Länge, dass großer Ärger

5 Franziskaner.

und Diskussionen unter den geistlichen und weltlichen Fürsten und Herren entstanden und die Kurfürsten heftig zur Rede gestellt wurden deswegen. Darum kamen die Kurfürsten nun oft und viel zusammen, sie trafen sich untereinander, sandten aber auch ihre Botschafter nach Frankfurt, Boppart, Oppenheim, nach Wesel und in manch andere Reichsstädte, die am Rhein und in der Umgebung lagen. Und auch die Reichsstädte des Römischen Reichs selbst trafen sich mit ihnen und untereinander, um zu bereden, wie man vorgehen sollte, damit eine solche Verirrung nicht die Christenheit zerbrechen würde, und damit das Schisma, also die Verirrung, beendet würde.

Die Kurfürsten sind diejenigen, die den Römischen König zu wählen haben, wenn ein König stirbt oder abgesetzt wird, oder die einen Römischen König abzusetzen und einen neuen zu wählen haben, wenn er Missetaten am christlichen Glauben oder an anderen Dingen und Artikeln begeht, die im Recht vorgeschrieben sind.

Der Erzbischof von Mainz *(Wappen)* 2 REC

Der erste Kurfürst ist der Erzbischof von Mainz. Wer dort Erzbischof ist, der ist unter den anderen Kurfürsten so etwas wie der Dekan in einem Dom oder Kapitel; er hat die Gewalt, alle anderen Kurfürsten und Wähler des Heiligen Römischen Reichs zu berufen. Diese müssen ihm gehorsam folgen bei ihrem Eid, den sie dem Reich geschworen haben, in allen Anliegen des Reiches und der Christenheit, selbst wenn es darum geht, einen Römischen König abzusetzen, und in allen anderen Dingen dergleichen. Dieser Erzbischof ist auch der oberste Erzkanzler aller deutschen Lande und der Nation, die man Nation Germanica nennt, und er hat das Recht, zu gebieten und zu rufen, dass alle Fürsten und Herren, die in diesen Landen wohnen, kommen müssen und ihm zu Gebote stehen, und wenn sie von ihm an einen beliebigen Ort gerufen werden, dann müssen sie dorthin kommen, wenn sich das Reich in Not befindet. Auch hat er das Majestätssiegel des Römischen Reiches inne.

Der zweite Kurfürst ist der Erzbischof von Köln. *(Wappen)*

Er ist ein Erzkanzler des Heiligen Römischen Reichs und wie der Dompropst in einem Stift. Er muss alle Könige, Fürsten und Herren einberufen, die in der Nation, die man Italia nennt, wohnen, also in der Lombardei, wenn das Reich in Not gerät, wie es vorher geschrieben steht, ebenso diejenigen im Kaiserreich Konstantinopel, das in Griechenland liegt, und er ist Kanzler über alle Königreiche, die christlich sind und jenseits des Meeres liegen; und wohin seine Macht reicht, da sollen ihm alle gehorsam sein, wenn er sie mahnt und das Reich in Not kommt.

Der dritte ist der Erzbischof von Trier. *(Wappen)*

Der dritte geistliche Kurfürst und Wähler ist der Erzbischof von Trier. Auch er ist ein oberster Erzkanzler des Heiligen Römischen Reichs, und wenn das Reich in Not gerät, hat er alle Könige, Fürsten und Herren des Heiligen Römischen Reichs zu rufen und zu mahnen, die zur Nation von Spanien, Frankreich und Portugal gehören, also
2 VERS zu der Nation, die man die französische nennt. Und er ist für das Heilige Römische Reich wie ein Küster, das heißt ein Erhalter und Hüter des Heiligen Römischen Reichs.

Nun folgen die weltlichen Kurfürsten, die ebenfalls den Römischen König wählen, wenn das Reich ohne einen solchen ist, oder den Römischen König absetzen, wenn er Missetaten vollbringt.

Der Herzog von Bayern *(Wappen)*

Derjenige Herzog von Bayern, der die Pfalz am Rhein innehat und besitzt, ist auch Kurfürst. Außerdem waltet er als oberster Truchsess des Römischen Königs und Reiches. Dies ist sein Amt, das er selber versehen oder durch einen frommen Herrn ausüben lassen soll, damit der König in Frieden sein Mahl einnehmen kann. Er hat auch Gewalt, über diejenigen zu richten, die gegen das Römische Reich Klage führen, und Macht über alle anderen Fürsten des Römischen Reiches, und wenn sie nicht gehorsam sein sollten, so kann er die Acht über sie verhängen.

Der zweite Laien-Kurfürst ist der Herzog von Sachsen, des Römischen Reiches Marschall. *(Wappen)*

Der Herzog von Sachsen, wer auch immer das Herzogtum Sachsen innehat, ist weltlicher Kurfürst und des Heiligen Römischen Reiches oberster Marschall, Besorger und Behüter des Hofes mit Pferden, Dienstboten und allem anderen. Er soll jegliche Unzucht und Frevel abwehren, die am Hofe vorkommen, alle bösen Spiele am Hof und alle Ausschweifungen mit Frauen und sonstiger Art. Und er hat auch die Macht, über alle Vergehen am Hof des Römischen Königs zu richten mit Schwert und Strick. Auch soll er dem Römischen König ein blankes Schwert voraustragen, wenn er bei ihm ist und mit ihm geht.

Der dritte Laien-Kurfürst ist der Markgraf von Brandenburg.

(Wappen)

Der Markgraf von Brandenburg ist der oberste Vertreter und Propst und der oberste Kämmerer des Römischen Reichs für alle Einnahmen und Ausgaben. Außerdem soll er dem Römischen König das Zepter vorantragen und der Römischen Königin den Hof pflegen und versorgen mit allen Dingen, die sie zu ihrem Hof und Leben braucht.

Die sechs geistlichen und weltlichen Kurfürsten haben die Macht 3 REC
und Gewalt, einen Römischen König zu wählen, wenn das Römische Reich nicht besetzt ist, und einen König abzusetzen, falls er unrecht handelt, und auch zusammenzukommen und sich gegenseitig einzuberufen, wohin und in welche Stadt sie wollen und sooft sie wollen, um die Angelegenheiten des Heiligen Römischen Reiches zu besprechen.

Der König von Böhmen ist Unparteiischer und Schiedsrichter und kein Kurfürst[6], außer wenn die sechs in Streit geraten. Sollte es aber geschehen, dass die sechs bei der Wahl eines Römischen Königs in Streit geraten, also drei den einen wählen und drei einen anderen und es keine Mehrheit unter ihnen gibt, so sollen sie nach dem König von Böhmen schicken, der dann als Obervogt und Schiedsrichter den Streit beilegen soll. Und welchem von beiden, um die der Streit geht, er seine Stimme gibt, der ist dann Römischer König. Der soll dann nach Frankfurt ziehen und dort sechs Wochen bleiben, ob er sich gegen seinen Widersacher behaupten kann. Gibt es aber eine Mehrheit unter den sechsen, dann bedürfen sie des Königs von Böhmen nicht.

Diese Anordnungen und Gesetze hat der heilige Herr und Fürst Kaiser Karl, Römischer König, König von Böhmen, ein geborener König von Frankreich, der auch das Römische Reich den Römern nahm

6 Spätestens seit der „Goldenen Bulle“ 1356, die die zukünftige Wahl eines römisch-deutschen Königs genau festlegte, gehörte der böhmische König zum festen Kreis der Kurfürsten (vgl. Bautier 1998, Bd. 5, Sp. 1582).

und es den Deutschen gab, mit Rat und Unterweisung seiner Fürsten und Herren bestimmt.[7]

Und als nun diese Fürsten wegen der großen Missstände, in denen sich die Christenheit befand, oft und viel zusammenkamen – dies geschah vielleicht auch durch die Ermahnung und das Einwirken des Heiligen Geistes oder der Heiligen Dreifaltigkeit –, da kamen sie allgemein zu dem Beschluss, dass sie diese Sache in großer Deutlichkeit dem allerdurchlauchtigsten Fürsten und Herren, dem Römischen König Sigismund, anempfehlen sollten. Dieser war zuvor von allen sechsen zum Römischen König gewählt worden, an seines Bruders König Wenzel statt, der Römischer König und König von Böhmen gewesen, wegen seiner Missetaten von ihnen aber abgesetzt worden war. Derselbe König Sigismund, Römischer König, war damals auch König von Ungarn, Dalmatien, Bosnien, Kroatien, die noch heidnisch sind[8], und außerdem Markgraf von Brandenburg. Diese Markgrafschaft gab er aber in Konstanz auf und übertrug sie seinem Oheim, dem Burggrafen Friedrich von Nürnberg. Die Belehnung fand öffentlich in Konstanz auf dem Oberen Markt statt, wie später geschrieben und
3 VERS auch gemalt steht. Nach dem Tod seines Bruders König Wenzel wurde Sigismund König von Böhmen und zehn Jahre nach dem Konzil auch Römischer Kaiser.[9]

Da ihm nun also diese Sache übertragen ward, forderte unser Herr, der Römische König, den Heiligen Vater, Papst Johannes XXIII. mit Namen, durch Boten auf, endlich dem Eid Genüge zu leisten, den er vormals dem Konzil geschworen hatte, und der Christenheit Frieden und Ruhe zu bringen durch viele ernsthafte Botschaften. Doch dieser entzog sich immer wieder, und erst als die Sache nicht mehr länger aufgeschoben werden konnte und geistliche und weltliche Fürsten, Herren und Städte merkten, dass der heiligen Christenheit großes Ungemach bevorstand und dass das heilige Schifflein Petri bei solchem Unwetter ersaufen würde, da besann sich Papst Johannes. Und als er merkte, dass man ihn aber nicht an seinem Hof aufsuchen wollte, da ließ er unserem

7 Der Autor vermischt hier verschiedene Personen. In Frage kommen Kaiser Karl d. Gr. (747–814), Karl IV. (1316–1378) oder gar Karl VI. als französischer König (1368–1422).

8 Es ist fraglich, was mit der Bemerkung „heidnisch“ gemeint ist, da alle Teilreiche unter Sigismunds Herrschaft christlich geprägt waren.

9 Sigismund wurde 1433 zum Kaiser gekrönt.

Herrn König Sigismund durch Boten mitteilen, dass er zu ihm nach Lodi komme – das ist ein Bistum und eine Stadt in der Lombardei –, dort wolle er ihn anhören und nach seinem und anderer Herren und gelehrter Leute Rat bedenken, was in der Sache zu tun wäre.

Und so begab sich unser Herr, der Römische König Sigismund, mit seinen Räten, Rittern und Dienern nach Lodi in der Lombardei, und unser Heiliger Vater, der Papst Johannes XXIII., kam auch dahin, und sie trafen sich in einem großen Saal. Dort stand eine lange Bank bereit, und unser Heiliger Vater, der Papst, saß mit seiner Inful[10] und seinem Habit auf der einen Seite, und unser Herr König mit seiner Krone und seinem Habit auf der anderen Seite, aber nur mit kleinem Abstand, und so redeten sie viel miteinander auf Latein, und berieten sich auf diese Weise.

Als sie nun in Lodi zusammengekommen waren, da sprach unser Herr, der Römische König: Heiliger Vater, wollt Ihr dem Genüge tun, was Ihr beim Konzil geschworen habt? Da antwortete der Papst, er wolle gern zu dem stehen, was er geschworen und verheißen habe, und er wolle ein Konzil veranstalten in seinem Land, in der Lombardei, wo und in welcher Stadt der König wolle; denn es sei zu befürchten, dass er seine Kardinäle, Patriarchen, Erzbischöfe und Bischöfe, die zum Konzil gehörten, nicht dazu bringen könne, außer Landes über das Gebirge zu reisen. Da wiederum antwortete unser Herr, der König, er habe drei geistliche Kurfürsten, Wähler des Königs des Heiligen Römischen Reiches, die sehr mächtige Fürsten seien und die Macht hätten, den König zu wählen und abzusetzen, die würde er wohl ebenfalls schwerlich über das Gebirge bringen und sie würden wohl unter keinen Umständen zu dieser Reise bereit sein. Und so wurde viel hin und her geredet, wo man das Konzil abhalten wolle.

Nach all diesen Gesprächen fragte unser Herr, der Römische König,
seine Herren, die um ihn standen und bei ihm waren, ob am Gebirge 4 REC
oder in dessen Nähe nicht eine Stadt liege, die zum Römischen Reich gehöre. Unter den Anwesenden befand sich auch der edle Herzog Ulrich von Teck, damals ein Diener unseres Herrn Königs. Der sagte, es gebe eine Stadt, die gehöre zum Reich und heiße Kempten. Sie liege am Fuß des Berges, den man Fern[11] nennt. Dagegen wandte sich aber

10 Mitra, Kopfbedeckung eines Bischofs oder Abtes.

11 Nach Buck 2011, S. 7 zu übersetzen mit „Fernpass“.

der ehrbare Herr Landgraf Eberhard von Nellenburg, der auch zugegen war, und sagte, es sei zwar richtig, dass Kempten eine Reichsstadt sei, aber dort gebe es nicht genügend Nahrung, dass so viele Menschen davon leben könnten. Aber es liege eine Stadt eine Tagesreise oder etwas mehr von Kempten entfernt, dort habe man von allem im Überfluss. Sie heiße Konstanz und gehöre zum Römischen Reich und liege am Bodensee, und der Rhein fließe an der Stadt vorbei und durch die Stadt hindurch. Der Bodensee sei acht Meilen[12] lang und drei Meilen breit, sodass man mit großen Schiffen darauf fahren könne und alles Nötige herbeiführen und auch wieder davonfahren könne, wie man wolle. Und dort sei ein Bistum, das zum Erzbistum Mainz gehöre. Außerdem sei es eine sehr gut gebaute Stadt mit vielen Wohnungen und Stallungen.

Nun muss man wissen, dass vor nicht allzu langer Zeit die Bauern aus dem Appenzell und der Schweiz und die Bauern, die bei ihnen im Gebirge leben, einen großen Krieg mit den Konstanzern angefangen haben. Da kamen den Konstanzern alle Grafen, Freiherrn, Ritter und Knappen zu Hilfe, darunter auch der Herzog von Teck selber und die ganze Ritterschaft, die mit ihrem Anhang in der Stadt lag. [Und er sagte:] Selbst wenn wir dreimal so viele gewesen wären, hätten wir Herberge und Stallungen genug gehabt. Und da kam auch der allerdurchlauchtigste Fürst, König Ruprecht selig, euer Vorfahr, mit seinem ganzen Kriegsvolk und lag sechs Wochen in der Stadt, doch niemand litt Not, und die Sache wurde in Ehren vollbracht. Und wer dorthin zu diesem Kriegszug kam, der hatte Herberge, Essen und Trinken, Futter, Heu und Stroh genug, zu gleichen Preisen wie zu normalen Zeiten, sodass wir uns alle wunderten, dass wir alle Dinge bekommen konnten. Und Fisch und Fleisch gab es im Überfluss. Dazu ist es eine Stadt, die von alters her dem Adel hold und treu gesinnt ist und mit dem Adel nie Krieg oder Streit hatte, sodass man gewöhnlich alle Gerichtstage dorthin legt.

Da wandte sich unser Herr, der Römische König, zum Papst um und sagte auf Latein: „Da sich dort also ein Bistum befindet, das zum Reich gehört, ist Eurer Heiligkeit die Stadt Konstanz denn gefällig, von der man so viel Gutes spricht?“ Da nahm sich unser Heiliger Vater, der Papst, eine Bedenkzeit mit seinen Herren und Räten; und diese

12 Eine Meile entsprach ca. 7,5 Kilometern.

rieten ihm, die Stadt zu akzeptieren, wo sie doch einen solchen Namen habe, dass daraus nimmermehr ein Unglück entstehen könne. Und so akzeptierte er Konstanz und sandte zur selben Stunde seine Exploratores aus, das heißt: die Landbeschauer.

Daraufhin sandte der wohlgeborene Herr Graf Eberhard von Nellenburg eine Nachricht an Ulrich von Richental, wie sich die Dinge in Lodi zugetragen hatten und dass das Konzil nun stattfinden werde. Und er forderte ihn auf, er solle sich um Futter, Heu, Stroh und Betten kümmern. Diese Botschaft kam vor Weihnachten 1413.

Bald darauf kamen die genannten Exploratores und ihre Diener mit 4 VERS
ihnen und wollten dieses Land und diese Gegend in Augenschein nehmen, ob man das Konzil in Konstanz wirklich durchführen könne oder nicht. Unter ihnen waren auch zwei Welsche[13], doch sie konnten Latein und baten Ulrich Richental, mit ihnen in das Thurgau zu reiten, um das Land zu sehen. Danach sagten sie, man könne das Konzil hier nicht durchführen, denn da würden Leute aus allen Ländern kommen, von denen würde nicht einmal die Hälfte Herberge finden. Doch sie hatten Unrecht, denn es wohnten später ein Menge Leute in der Stadt. Tatsächlich lagen aber viele Ungarn in Petershausen, etliche Leute wohnten im Paradies, einige auch in Gottlieben, aber wenige, wir ihr nachher noch hören werdet.

Also sandte unser Heiliger Vater, Papst Johannes XXIII., die Bulle, die nach den folgenden Bildern steht, allen Erzbischöfen, damit sie das Konzil allen zur ihrer Erzdiözese gehörenden Bischöfen kundtun würden, dass diese sich bereit machen würden, zum Konzil nach Konstanz zu kommen. Und vor allen anderen sandte er sie dem Erzbischof von Mainz, in dessen Erzdiözese Konstanz liegt und der der oberste Herr der Diözese Konstanz ist. Die Bulle steht später hier geschrieben.

Nun bereitete sich also Papst Johannes mit den Seinen vor, nach Konstanz zu reisen. Dazu muss man wissen, dass man einem Papst, der über Land reiten will, einen besonderen Schirm voranführt. Den trägt ein starker, gewappneter Mann auf einem weißen Pferd, das mit einem roten, goldgesprenkelten Tuch umhüllt ist. Der Schirm ist rot und gelb, und man führt ihn mit, damit der Papst darunter Schutz finde gegen Regen und Sonne. Zuoberst auf dem Schirm steht ein goldener Engel, der ein goldenes Kreuz in der Hand hält. Dieser Schirm ist

13 Italiener oder Franzosen.

unten gute vierzig Schuh[14] weit, wie man auf dem nächsten Blatt gemalt sieht.

Auch sieht man danach auf einem anderen Blatt gemalt, wie unser Heiliger Vater, der Papst, und der Römische König in Lodi beieinander saßen.

Anschließend ist zu sehen, wie man dem Papst das heilige Sakrament voranführt. Er reitet auf einem weißen Ross, das mit einem rotgoldenen Tuch verhüllt ist und das sogar brennende Kerzen trägt. Dies ist der Schirm, den man ihm voranführt.

5 REC *Bild: Reiter mit Schirm*

6 REC 5v: Sancte pater, eligite Constanciam (Heiliger Vater, wählt Konstanz!).

6r: Der Römische König sprach zum Papst: „Heiliger Vater, will eure Heiligkeit das Versprechen erfüllen, das dem Konzil gegeben wurde, so macht ein Konzil in deutschen Landen, sodass es wirklich ein allgemeines Konzil sei.“

5v: *(Der Papst spricht:)* „Lieber Sohn, ich soll und will halten, was ich verheißen und versprochen habe, aber ich will das Konzil in der Lombardei machen, denn ich kann nicht alle meine Kardinäle über das Gebirge bringen.“

6r: Aber da sprach der Römische König: „Ich muss noch mehr fürchten, dass ich die drei geistlichen Kurfürsten, die mächtig sind und die Gewalt haben, den Römischen König einzusetzen und abzusetzen und allen christlichen Fürsten zu gebieten und sie zu bannen, dass ich diese niemals über das Gebirge bringen werde. Sie werden es nicht tun, denn sie sind große Herren und ihnen steht viel Macht zu.“

Damit fragte er den Herzog Ulrich von Teck, ob keine [deutsche] Stadt am Gebirge liege. Der sprach: „Kempten liegt am Fuß des Berges Fern.“ Da sprach Graf Eberhard von Nellenburg: „Nein, mächtiger König! Dort gibt es nicht genügend Nahrung. Aber etwa eine Tagesreise davon liegt eine Stadt, die heißt Konstanz. Sie ist eine Reichsstadt und hat ein Bistum. Und dort gibt es genug von allem.“

14 Einem Schuh entsprechen ca. 30 Zentimeter.

Folio 5 verso und Folio 6 recto: Die Verhandlungen in Lodi, links sitzt der Papst, rechts der König. Auf beiden Seiten sind Texte ins Bild eingefügt, die als Dialog angelegt sind.

6 REC

5v: Da besprach sich der Papst mit seinen Räten, die rieten ihm das: [Sancte pater eligite Constanciam!]
(Antwort des Papstes:) Fili, Constancia placet michi. (Mein Sohn, ich bin mit Konstanz einverstanden!)

Bild: Drei Pferde, von denen das mittlere ein Sakramentshäuschen trägt 6 VERS

So führte man unserem Heiligen Vater das Sakrament voran, wenn er unterwegs war.

Dies ist die Bulle, die der Papst aussandte. 7 REC

Johannes, Bischof, Diener der Diener Gottes, dem ehrwürdigen Erzbischof von Mainz und seinen Suffraganen sowie allen Kapiteln und allen Äbten der Mainzer Kirchenprovinz Gruß und apostolischen Segen. Alles, was den Frieden der Kirche und die Befriedung des christlichen Volkes fördert, wollen wir gerne anordnen und anstreben. Papst Alexander V., unser Vorgänger, hat mit Zustimmung des Konzils von Pisa unter anderem beschlossen, nach Ablauf von drei Jahren ein weiteres Konzil einzuberufen, um die Beratung dessen, was für die Erneuerung der Kirche nützlich ist, fortzusetzen. Wir haben daher nach dem Tod des Papstes Alexander ein solches Konzil nach Rom einberufen. Da aber die Prälaten in ungenügender Zahl dort eintrafen, haben wir das Konzil auf den 1. Dezember dieses Jahres vertagt und uns die Festsetzung eines neuen Tagungsortes vorbehalten. Darauf wurden wir durch den erwählten römischen König Sigismund dringend ersucht, die Festsetzung dieses Tagungsortes nicht hinauszuzögern; nach dem Fall von Rom kamen zu uns nach Florenz des 7 VERS
Königs Gesandte, und wir haben nach ihrer Anhörung den Kardinälen Anton Challant und Francesco Zabarella sowie dem edlen Manuel Chrysoloras aus Konstantinopel Vollmacht gegeben, mit dem König Ort und Zeit des Konzils zu bestimmen; worauf diese die Eröffnung des Konzils zum 1. November des kommenden Jahres in der Stadt Konstanz im Mainzer Erzbistum festgesetzt haben. Der König hat die Eignung und Sicherheit dieser Stadt gewährleistet und seine persönliche Anwesenheit zugesagt. Wir haben daher diese Entscheidung bestätigt und alle unsere ehrwürdigen Brüder, die Patriarchen, Erzbischöfe und Bischöfe, sowie unsere geliebten Söhne, die Äbte und Vorsteher der anderen Kirchen und Klöster, ebenso auch die Könige, Fürsten, Herzöge, Markgrafen und alle anderen, die dem Kon-

zil nützlich sein können, zu diesem Konzil berufen. Wir beauftragen
Dich, dass Du innerhalb Deines Erzbistums alle, die auf diese Art be-
8 REC rufen sind, bei ihrem Eid des Gehorsams aufforderst, sich zur vorge-
sehenen Zeit an den bestimmten Ort des Konzils zu begeben und diesem persönlich beizuwohnen oder geeignete Vertreter zu entsenden. Gegeben zu Lodi an den 2. Iden des November im 4. Jahre unseres Pontifikats.[15]

Als nun diese Bulle ausgesandt worden war und die Erzbischöfe das Mandat all ihren Suffraganen und Bischöfen geschickt hatten, wurde zunächst darüber geschwiegen und niemand redete mehr davon. Dies dauerte ungefähr acht Wochen, sodass niemand mehr daran glauben wollte. Doch dann kamen plötzlich viele Herolde, Pfeifer und die Knechte der Herren nach Konstanz, die für ihre Herren Herbergen suchten, deren Wappen an Häuser und Türen anschlugen und Futter, Heu und Stroh bestellten.

Etwa drei Wochen vor dem Tag Johannes des Täufers im Jahre des Herrn 1414 kamen dann der ehrsame Herr Friedrich Grafeneck vom Benediktinerorden und Abt in Szerad in Ungarn sowie designierter Bischof von Augsburg und mit ihm Graf Eberhard von Nellenburg und Herr Frischhans von Bodman nach Konstanz. Sie verteilten die Herbergen gerecht, nachdem sie sich beraten hatten, was jeder Herr benötigte, und ließen entsprechend die Wappen der Herren an Herbergen und Häuser anschlagen. Doch es blieb nicht dabei, denn später, als die Herren einritten, da lief es so ab, dass, wenn einer zu einer guten Herberge kam, er sie einfach in Beschlag nahm.

Dennoch gab es immer noch Zweifel, ob das Konzil wirklich statt-
8 VERS finden werde oder nicht. Und diese Zweifel bestanden bis zum dritten
Tag vor dem Tag unserer lieben Frau Mitte August.[16]

Am dritten Tag vor dem Tag unserer lieben Frau Mitte August im Jahre des Herrn 1414 ritt der hochwürdige geistliche Fürst und Kardinal Jean de Brogny von Ostia in Konstanz ein. Er ist der oberste Erzkanzler des Heiligen Römischen Stuhls und des Papstes in Rom.

15 12. Dezember 1413. Zusammenfassende Übersetzung nach Feger 1964, Bd. 2, S. 158. In der Aulendorfer Ausgabe ist noch hinzugefügt: Diese Bulle habe ich, Ulrich Richental, abgeschrieben, und habe dafür einem Höfling einen Gulden gegeben (siehe Buck 2011, S. 11).

16 2. August 1414.

Außerdem hat er die Paniot in Asien[17] inne, also die Almosenbehörde. Deshalb konnte er während des ganzen Konzils jeden Tag vor seiner Herberge viele Almosen verteilen, mit Essen und Trinken. Er kam in die Stadt geritten mit 84 Pferden, zwei Wagen und vielen Leuten. Hier zog er in das Haus, wenn man über den Unteren Münsterhof zum Stauf geht, auf der linken Seite. Dort wohnte zu jener Zeit Herr Albrecht von Beutelsbach, Dekan und Domherr zu Konstanz. Der Dekan war aufgrund einer Krankheit lahm geworden, sodass er nicht mehr gehen konnte. Daher trugen ihn seine Knechte hinab in den Hof, wo er die Ankunft des Kardinals erwartete, wie es recht und billig war. Und als der Kardinal in den Hof kam, da begrüßte er ihn mit allen Würden. Da sprach der Kardinal zu ihm, er möge ihm Aufenthalt gewähren, denn er vertraue auf Gott, dass er diesen Hof und diese Herberge nicht verlassen werde, bevor nicht einhellig der Christenheit ein neues Haupt erwählt und ihr Frieden und Ruhe zurückgegeben sein würden. Diese Worte wurden auf Latein gesprochen. Da antwortete der Dekan mit den Worten des Evangeliums: „Salus huic domui facta est: Heil ist diesem Haus widerfahren."

Erst danach wollte man glauben, dass das Konzil wirklich stattfinden werde, und alle begannen sich mit Heu, Stroh, Betten und Futter einzudecken, was die Leute eben so benötigen und nutzen würden.

Danach trafen jeden Tag Botschafter ein, die berichteten, dass unser Heiliger Vater, Papst Johannes XXIII., auf dem Weg sei und nach Konstanz ziehe. Und so war es auch. Und als er auf den Arlberg kam, in die Nähe des Klösterleins[18], da fiel sein Wagen um und lag im Schnee, und er lag unter dem Wagen im Schnee, denn damals hatte es schon geschneit. Und wie er dort lag, kamen die Diener und Höflinge herbeigelaufen, die zu seinem Gefolge gehörten, und sprachen zu ihm: „Heiliger Vater, fehlt Eurer Heiligkeit etwas?" Da antwortete er auf Latein: „Ich liege hier im Namen des Teufels!"

Hernach steht geschrieben und gemalt, wie er nach Konstanz fuhr.

17 Gemeint ist die Almosenbehörde, genannt „Pignotta", in Avignon. In der Konstanzer Ausgabe offensichtlich ein Kopistenfehler. Siehe Buck 2011, S. 12. Brogny war nicht Erzkanzler des römisch-deutschen Reiches, sondern Leiter der päpstlichen Kanzlei und Dekan des Kardinalkollegiums.

18 Es handelt sich wohl um das Hospiz St. Christoph am Arlberg, das 1386 gegründet wurde.

9 REC *Bild: Der umgefallene Wagen des Papstes; der Papst liegt davor, hinter und vor dem Wagen Leute aus seinem Gefolge.*
Bildinschrift: Jacio hic in nomine diaboli.

Als er nun wieder hochkam und anschließend über Klösterle herabzog, da sah er eine weite Ebene, den Bodensee und das umliegende Land. Der Arlberg trennt dieses Land von der Lombardei, jedenfalls in alter Zeit, bevor sie dort Deutsch lernten und annahmen. Als er nun dieses Land betrachtete und den Bodensee, Bludenz und das Gebirge, da schien es ihm, dass es in einem Tal liege. Da sprach der Papst auf Latein: „Sic capiuntur vulpes“; das heißt auf Deutsch: „So werden Füchse gefangen.“ Und am selben Tag kam er nach Feldkirch und am folgenden Morgen nach Rheineck, danach begab er sich Richtung Konstanz.

Am Tag vor Sankt Simon und Judas und den heiligen Zwölfboten im Jahre 1414, am 27. Tag, einem Samstag,[19] nach dem Imbiss, zwischen der zwölften Stunde und eins, da kam der allerheiligste Vater Papst Johannes XXIII. nach Konstanz. Zunächst begab er sich in das Gotteshaus und Kloster zu Kreuzlingen vor der Stadt und verbrachte die Nacht im Kloster. Dem dortigen Abt – er hieß Erhart Lind und war von Konstanz gebürtig – verlieh er eine Inful[20] und setzte sie ihm auf das Haupt, damit er und seine Nachfolger sie ewiglich besitzen und tragen sollten, denn weder er noch seine Vorgänger hatten eine solche jemals benutzt noch besessen. Und man sieht dies hiernach gemalt.

9 VERS *Bild: Der thronende Papst setzt im Beisein zweier Kardinäle und zweier Chorherren dem vor ihm knienden Abt die Inful auf das Haupt.*

Am folgenden Sonntag, dem Tag von Sankt Simon und Judas[21], nach dem Imbiss, um die elfte Stunde, da wurde der Papst Johannes mit großer Ehre und Pracht vom Kloster Kreuzlingen nach Konstanz hineingeführt. Es waren alle Prälaten, die in der Gegend um Konstanz sesshaft sind, gekommen, um ihn mit einer Prozession[22] zu empfangen:

19 27. Oktober 1414.
20 Inful = Mitra. Der Abt wird mit der Verleihung dem Rang eines Bischofs gleichgestellt.
21 28. Oktober 1414.
22 Im Text heißt eine Prozession „Kreuzgang“, weil ein Kreuz vorangetragen wird.

der Abt der Reichenau und andere Äbte, deren Klöster sich in einem Umkreis von vier Meilen befinden, die Äbte von Kreuzlingen und Petershausen, alle Domherren, die Chorherren von Sankt Stephan, Sankt Johann und Sankt Paul, alle Priester und Orden. Sie gingen ihm bis Kreuzlingen entgegen und führten ihn dann gleich durch Stadelhofen in die Stadt, dann über die Sankt-Pauls-Gasse[23] und die Plattengasse[24] ins Münster. Dort wurde das „Te Deum laudamus“[25] gesungen und man läutete alle Glocken. Danach zog der Papst in die Pfalz, wo er auch blieb. Seine obersten Diener zogen in die Küsterei neben der Pfalz. Mit ihm kamen neun Kardinäle seiner Obödienz, die hiernach genannt werden.

Und die Prozession beim Einzug verlief so: Unser heiliger Vater, 10 REC
Papst Johannes XXIII., stieg vor dem Kreuzlinger Tor auf ein weißes Ross, das mit einem goldgesprenkelten roten Tuch bedeckt war. Er trug Priestergewänder, so als ob er am Altar stünde, und war ganz in Weiß gekleidet, mit einer schlichten weißen Inful auf dem Haupt, und über ihn wurde ein goldenes Tuch gehalten. Dieses Tuch war ein Geschenk der Stadt Konstanz, und es wurde von vier Bürgern auf vier Stangen getragen. Der eine von ihnen war Heinrich von Ulm, der damalige Bürgermeister, ein anderer Heinrich Schilling, dann Hanns Hagen, der damalige Vogt, sowie Heinrich Ehinger, der Ammann. Neben dem Pferd gingen zu Fuß Graf Berthold Orsini, ein Römer, der mit dem Papst gekommen war, der hielt auf einer Seite den Zaum des Pferdes, auf der anderen Seite führte Graf Rudolf von Montfort zu Scheer das Pferd am Zaum, und so geleiteten sie ihn zum Münster. Neun weiße Rosse wurden dem Papst vorangeführt, alle bedeckt mit einem roten Tuch. Acht von ihnen waren mit Kleidersäcken beladen, das neunte trug eine vergoldete Lade aus Silber mit einer Monstranz. Darin befand sich das heilige Sakrament, das auch mit einem roten Tuch bedeckt war. Auf diesem roten Tuch standen zwei vergoldete Kerzenleuchter aus Silber mit brennenden Kerzen, und das Pferd trug ein Glöcklein am Hals. Hinter dem Papst ritt einer auf einem großen Pferd, der trug eine lange Stange in seiner Hand. Diese Stange hatte er auf den Sattel gestellt, und auf der Stange befand sich ein

23 Heutige Hussenstraße.
24 Heutige Wessenbergstraße.
25 „Gott, wir loben dich.“

Schirm aus rotem und gelbem Tuch (wie vorher schon im Bild dargestellt wurde[26]). Der Schirm war unten so weit, dass wohl fünf Pferde darunter Platz gefunden hätten. Oben auf der Spitze des Schirms befand sich ein goldener Knopf, darauf stand ein goldener Engel mit einem goldenen Kreuz in der Hand. Hinter dem Schirm ritten die neun Kardinäle, alle auf ihren Pferden und Maultieren und alle mit roten Mänteln, die bis zur Erde reichten. Sie hatten rote Kappen auf und ein jeder trug einen breiten roten Hut auf dem Haupt mit langen seidenen Schnüren. Jeder von ihnen hatte einen Knecht oder Knaben, der hinter seinem Ross herging, um ihm den Schwanz festzuhalten, damit er nicht gegen das Gewand schlug. Und wenn die Kardinäle durch die Stadt ritten, trugen sie ihre roten Hüte, aber wenn sie zu Fuß gingen, trugen sie keine Hüte, sondern große Kapuzen, die an die Mäntel genäht waren, und dann schritt eineinhalb Ellen hinter jedem Kardinal ein Knecht und hielt ihm den Mantel empor.

Als nun der Papst vor dem Kreuzlinger Tor anhielt und mit ihm die neun Kardinäle, da kam ihm die ganze Priesterschaft mit dem Kreuz und allen Reliquien[27], die es in Konstanz gab, entgegen. Sie zogen mit dem Kreuz und den Reliquien einmal um den Papst und die
10 VERS Kardinäle herum und dann wieder durch das Tor hinein. Und er gab allen Priestern den Segen. Als dann das Kreuz, die Priester und die Reliquien wieder in die Stadt zurückkehrten, saß da ein Priester auf einem Pferd, der war wie ein Diakon[28] gekleidet und trug eine Chorkappe. In seiner Hand hielt er eine Stange mit einem goldenen Kreuz darauf. Dieses trug er nun dem Papst und dem Sakrament voran, und vor ihnen gingen langsam die acht weißen Pferde mit ihren Decken und den Kleidersäcken. Hinter ihnen ritt der Priester mit der Stange und dem Kreuz. Danach kam das Ross mit dem Sakrament. Anschließend kam unser Heiliger Vater, der Papst, unter dem goldenen Baldachin, und vor, neben und hinter ihm trug man die Kerzen der Zünfte und der Domherren. Danach ritt der mit dem Schirm, und nach dem Schirm ritten die Kardinäle je zwei und zwei miteinander, und danach ihre Diener. Neben dem Papst ritt ein Priester, der warf Pfennige

26 Fol. 2 recto.

27 Im Text steht der schöne, aber heute nicht mehr gebräuchliche Ausdruck „hailtum".

28 Der Verfasser schreibt „ewangelier", weil der Diakon bei der Messe das Evangelium las.

unter die Leute, damit der Papst etwas weniger bedrängt wurde. So zogen sie alle gemeinsam auf den Unteren Münsterhof und stiegen von den Pferden. Das Pferd des Papstes und die seiner Diener führte man in die Küsterei und in die Domschule. Dann gingen alle in das Münster, man sang das „Te Deum laudamus" und läutete alle Glocken. Das zog sich hin bis zur Vesperzeit, dann ging der Papst zu Fuß durch die Sankt-Margarethen-Kapelle in die Pfalz. Die Kardinäle ritten alle zu ihren Herbergen. Den Montag und den Dienstag verbrachten nun alle Fremden damit, sich mit Speise, Futter und anderen notwendigen Dingen zu versorgen.

Und hier ist nun gemalt, wie man ihn mit dem Kreuz, den Reliquien und der gesamten Geistlichkeit empfing: zuerst die Fahnen und Kreuze, dann die kleinen Schüler, danach die Barfüßer und die Augustiner[29] und schließlich die Prediger, alle in ihrem Habit und mit ihren Reliquien. Dann kamen die großen Schüler[30] und alle Kapläne der Stadt, alle in ihrem Habit mit ihren Reliquien, alle Chorherren von Sankt Stephan, Sankt Johann und Sankt Paul mit ihrem Habit und ihren Reliquien, alle Benediktiner, alle Regularkleriker[31], alle Domherren mit ihren Chorkappen, alle Äbte und Pröpste, die um Konstanz sesshaft sind, und schließlich der Papst, so wie es vorher beschrieben wurde.

Auf vier Seiten Darstellung des Einzuges von Papst Johannes XXIII. 11 REC –
12 VERS

Bild: Auf vier Reihen aufgeteilt ist die Prozession der Schüler, Barfüßer, 11 REC
Augustiner, Prediger, Studenten und verschiedener Chorherren dargestellt.
Bild: Auf vier Reihen aufgeteilt sieht man den Einzug der Benediktiner 11 VERS
und Regularkleriker, der Domherren und Äbte sowie Pferde, die mit Säcken und Kisten beladen sind.

29 Gemeint sind hier die Augustinereremiten, einer der drei Bettelorden des späten Mittelalters neben Franziskanern und Dominikanern. Die Augustinereremiten hatten einen Konvent in der Stadt, während im Kloster Kreuzlingen die Augustiner-Chorherren residierten.

30 Die Schüler besuchten die Domschule, wo die „kleinen" Schüler Grammatik, Rhetorik und Logik lernten, während die „großen" Theologie oder Kirchenrecht studierten. Siehe Feger 1964, Bd. 2, S. 164.

31 Gemeint sind Ordensgeistliche im Unterschied zum Weltklerus.

12 REC *Bild: In zwei Reihen ist der Einzug des Papstes dargestellt mit den Trägern der Zunftkerzen, den geschmückten Pferden, dem Baldachin und seinen Trägern, wie oben beschrieben.*

12 VERS *Bild: In zwei Reihen sind die einreitenden Kardinäle dargestellt, von Klerikern und Dienern begleitet.*

13 REC Als nun der Papst auf dem Unteren Münsterhof vom Pferd gestiegen war, da führte man das weiße Pferd, auf dem er gesessen hatte, auf den Oberen Münsterhof und wollte es in die Pfalz ziehen. Da kamen die Kammerdiener und Torhüter des Papstes und wollten es an sich nehmen und sagten, es gehöre ihnen, und desgleichen tat sein Marschall[32]. Daraus entstand ein Streit, denn es kamen auch noch die Söhne und Knechte Heinrichs von Ulm dazu. Diese nahmen das Pferd und sagten, es stehe ihnen zu, weil ihr Vater Bürgermeister sei. Und dabei blieb es, und sie führten es heim.

Bild: Das Pferd wird von einem vornehm gekleideten Mann weggeführt, während drei Knechte versuchen, es zurückzuhalten.

Am vierten Tag, nachdem unser Heiliger Vater, Papst Johannes, nach Konstanz gekommen war, an einem Mittwoch[33], machten die Stadt und die Bürger von Konstanz unserem Heiligen Vater, dem Papst, einige Geschenke: zum Ersten ein vergoldetes Trinkgefäß aus Silber mit einem Wert von etwa fünf Mark Silber; vier Fässchen mit welschem Wein, vier große Fässer mit Elsässer, acht Fässer mit Landwein, insgesamt mehr als ein halbes Fuder[34]; außerdem vierzig Malter[35] Hafer. Die Geschenke wurden mit Karren und Pferden auf den Oberen Münsterhof gebracht. Diese hielten vor dem Erker der Pfalz an. Das silberne Trinkgefäß trug Heinrich von Ulm, denn er war der Bürgermeister. Auch er hielt mit seinem Pferd vor dem Erker an der Ecke der Pfalz an, und mit ihm sechs Ratsherren, ebenfalls auf ihren Pferden. Da erschien der Papst in seinem Erker und sandte ihnen seinen

32 Hofbeamter, der für die Pferde des Königs zuständig war, aber auch Oberbefehlshaber der Reitertruppen war.

33 31. Oktober 1414.

34 Ein Fuder entsprach ca. 1150 Litern.

35 Ein Malter entsprach zwischen 120 und 220 Litern (bei Hafer).

Auditor[36] hinab. Er hieß Meister Johannes Nass und stammte aus Böhmen, aber er sprach gut Deutsch. Der diente ihnen nun als Dolmetscher, und er erklärte dem Papst auf Latein, dass dies alles Geschenke der Konstanzer Bürger seien. Dann brachte man den Wein auf den Karren und das Korn auf den Pferden in die Pfalz hinein. Der Papst dankte den Bürgern sehr, doch der Bürgermeister und die Räte ant-
worteten, sie wollten immer tun, was seiner Heiligkeit und dessen 13 VERS
Dienern lieb sei. Da nahm der Auditor das Silbergeschirr und brachte es dem Papst. Sogleich ließ ihnen der Papst durch denselben Auditor einen wohlduftenden, schwarzseidenen Rock überbringen, den er dem Bürgermeister Heinrich von Ulm schenkte.

Damals war Hanns Hagen Vogt, Bürgermeister war Heinrich von Ulm und Stadtammann war Heinrich Ehinger, deren Wappen auch hier dargestellt sind.

Bild: Drei Wappen

Am folgenden Freitag[37] ritten gegen elf Uhr vor dem Imbiss sechs Kardinäle in Konstanz ein. Sie gehörten alle zur Obödienz von Papst Johannes, das heißt, sie waren ihm gehorsam. Ihnen ritten die neun Kardinäle entgegen, die bereits in Konstanz waren; und was sonst an geistlichen oder weltlichen Prälaten in Konstanz weilte, ritt ihnen ebenfalls auf eine Viertelmeile Wegs entgegen und dann wieder mit ihnen in die Stadt. Diese sechs Kardinäle kamen mit 272 Pferden, ebenso vielen Leuten und 20 Saumrossen in die Stadt geritten. Später wird man auch noch ihr Wappen sehen.

Am selben Tag wurden auch die Auditoren des Papstes zu Richtern eingesetzt, die über alle ernstlichen und großen Sachen zu Gericht sitzen. Dieses Gericht nennt man die Rota. Es waren zwölf Richter, die man in die Sankt-Stephans-Kirche geleitete. Dort hatte man zwölf Gerichtsstühle gemacht, einer für jeden Auditor, jeder vom anderen zwei Klafter[38] entfernt. Die Richter saßen jede Woche dreimal zu Ge-

36 Auditoren waren Beamte der römischen Kurie: Mit Auditoriat wurde ursprünglich die päpstliche Gesandtschaftsschreiberei bezeichnet. Später hießen die Untersuchungsrichter an kirchlichen Gerichten ebenfalls Auditoren.

37 2. November 1414.

38 Ein Klafter sind ca. 1,90 Meter.

richt, montags, mittwochs und freitags, außer wenn Feiertag war. Und wenn sie zu Gericht saßen, dann war vor jedem Richter ein solches Gedränge, dass man vor lauter Leuten kaum durchkam. Und wenn die Richter aufstanden, dann nahm derjenige, der seinen Fall gewonnen hatte, seinen Verteidiger, den Notar, all seine Gesellen und sogar die Kuriere, also die Büttel, und führte sie zum welschen Wein, zu dem er sie einlud.

Am darauffolgenden Samstag[39] sandte unser Heiliger Vater Papst Johannes während der Ratssitzung seine ehrbaren Botschafter, zwei Auditoren und seinen Kämmerer, zum Konstanzer Rat. Er ließ den Rat durch sie bitten, eine Ordnung zu erlassen wegen der Herber-
14 REC gen, darüber, wie viel Miete man für eine bestimmte Zeit zahlen sollte und wie die Herbergen ihre Gäste in Ehren bewirten sollten. Die Räte wählten ihrerseits drei Vertreter, und diese sechs gingen zusammen zu den Botschaftern unseres Herrn, des Römischen Königs, denn der König selbst war noch nicht in Konstanz eingetroffen. Dies waren Herr Friedrich Grafeneck, Abt zu Szerad in Ungarn sowie designierter Bischof von Augsburg, Graf Eberhard von Nellenburg und der Ritter Herr Frischhans von Bodman, die damals für unseren Herrn, den Römischen König, in Konstanz weilten. Alle neun saßen nun zusammen und erließen folgende Ordnung: zum Ersten, dass man für ein Bett mit Zubehör, in dem zwei Schläfer in Ehren liegen konnten, jeden Monat zwei Rheinische Gulden[40] bezahlen sollte, und für ein Pferd, auch wenn es nur in einem Stand untergebracht war, drei Pfennig pro Nacht. Der Hauswirt sollte seinen Gästen außerdem Tische, Tischdecken, Leintücher, Bettdecken, Kissen, Töpfe, Kannen, Kessel, Pfannen und was man sonst noch braucht, zur Verfügung stellen, und alle leinenen Sachen wie Betttücher, Tischdecken, Handtücher und was sonst der Wäsche bedarf, alle 14 Tage frisch gewaschen aushändigen. Diese Ordnung wurde aber nicht länger als zwei Monate eingehalten, dann wurde es wieder schlimmer.

Am sechsten Tag des dritten Herbstmonats, am Sonntag vor dem Martinstag[41], berief unser Heiliger Vater Papst Johannes alle Kardinäle, damals 15, alle Erzbischöfe, damals 23, alle Bischöfe, damals 27,

39 3. November 1414.

40 Ein Rheinischer Gulden entsprach zur Zeit des Konzils ca. 150–160 Pfennigen.

41 4. November 1414. Der Eröffnungsgottesdienst fand am 5. November statt.

alle Äbte und fremden Prälaten und die gesamte Geistlichkeit, die sich in Konstanz aufhielt, in das Münster, die Bischofskirche, und führte dort mit ihnen früh zur siebten Stunde ein Gespräch. Nach diesem Gespräch läutete man dreimal die große Glocke. Beim dritten Zeichen betraten das Münster: der Abt von Kreuzlingen mit seiner Inful und all seinen Mönchen und Priestern, der Abt von Petershausen mit seinen Mönchen und Priestern und seinem Stab, der Abt des Schottenklosters, alle Domherren und ihre Kapläne, alle Chorherren und Kapläne von Sankt Stephan, die Chorherren von Sankt Johann und ihre Kapläne, die Kapläne von Sankt Lorenz und vom Spital, alle mit ihren Überröcken und ihren Reliquien in den Händen, außerdem die Prediger[42], die Augustiner und die Barfüßer. Alle waren gekleidet, als ob sie Messe halten wollten, und führten ihre Reliquien mit sich.

Als sie ins Münster kamen, läuteten alle Glocken, und man fing an, eine Messe zum Heiligen Geist zu singen. Nach der Messe gab es
eine Prozession. Zuerst ging man durch die Sankt-Margarethen-Kapel- 14 VERS
le bei der Pfalz auf den Oberen Münsterhof, von dort zum großen Tor hinaus, um das Zeughaus herum und auf den Unteren Münsterhof bis zu dem Tor, das in den Kreuzgang führt. Dort ging man hinein bis zu dem Tor beim Taufstein und von dort in den Chor. Die Prozession lief folgendermaßen: Allen voran gingen die Kreuzträger des Münsters, dann die von Kreuzlingen, von Petershausen, vom Schottenkloster, von Sankt Stephan, von Sankt Johann und Sankt Paul und alle Träger der Zunftkerzen. Nach den Kreuzträgern kamen die kleinen Schüler, und nach diesen die drei Bettelorden, je zwei und zwei nebeneinander, alle mit ihrem Messgewand und ihrem Habit und den Reliquien. Nach den Orden kamen alle Gelehrten, die Auditoren und die anderen Gelehrten, ebenfalls zwei und zwei nebeneinander. Danach kamen die großen Schüler, danach alle Kapläne, auch sie mit Überröcken und Reliquien in den Händen. Nach den Kaplänen gingen die oben genannten Mönche, alle mit ihren Chorkappen und Reliquien. Danach folgten alle Äbte, dann die Domherren, ebenfalls mit ihren Chorkappen, und alle Pröpste, die keine Infuln trugen, schließlich die Äbte, die Infuln trugen, ebenfalls zwei und zwei nebeneinander. Und nach den Äbten kamen alle Bischöfe mit ihren weißen Infuln, nach den Bischöfen die Erzbischöfe, auch zwei und zwei nebeneinander, und vor jedem

42 Dominikaner.

Erzbischof ging ein Knecht, der ein goldenes Doppelkreuz trug. Nach den Erzbischöfen kamen die Kardinäle, und vor jedem von ihnen ging ebenfalls ein Knecht, der einen hohen Silberstab trug mit einem silbernen Knopf, und auf dem Knopf stand ein silbernes Kreuz. Und hinter jedem Kardinal ging ein ehrbarer Priester, der sein Diener war und ihm hinten das Gewand hochhielt, und sonst niemand. Nach den Kardinälen kamen noch zwei Patriarchen, und vor ihnen ging jeweils ein Knecht mit einem Doppelkreuz und hinter ihnen ein Priester, der ihnen das Gewand hochhielt. Auch die Erzbischöfe, Bischöfe, Kardinäle und Patriarchen gingen immer zwei und zwei nebeneinander, alle mit weißen Überröcken und weißen Infuln. Diese waren aus edlem weißem Tuch, aber völlig schmucklos, ohne Silber, Gold oder Edelsteine.

Danach gingen die Sänger des Papstes und sangen. Dann kam ein Priester, der wie zur Messe gekleidet war, mit einem goldenen Kreuz, nach ihm ein Priester, ebenfalls im Messgewand, der trug das heilige Sakrament. Und dazwischen, davor, dahinter und daneben wurden die Kerzen der Domherren und noch viele weitere Kerzen getragen. Danach kamen zwei Priester, die waren wie Diakone gekleidet, einer
15 REC auf der rechten und einer auf der linken Seite. Die beiden trugen ein goldenes Tuch aufgespannt vor dem Papst her. Hinter dem Tuch ging der Papst, gekleidet wie ein Priester, außer dass er noch einen Rock mehr anhatte als ein Priester. Sein Gewand war ganz aus kostbarstem weißem Tuch. Und auf seinem Haupt trug er eine schlichte weiße Inful aus schlichtem edlem Tuch, so wie die anderen auch, und nichts Besonderes, und er ging unter dem goldenen Tuch, das ihm die Konstanzer geschenkt hatten. Dieses wurde von den vier besten und edelsten Herren von Konstanz getragen. So gab er den Leuten den Segen. Hinter ihm gingen sechs Erzpriester mit Chorkappen, vor ihm und nach ihm die Büttel des Papstes mit ihren vergoldeten Silberstäben. Diese waren groß und trugen wertvolle Kleider und hielten das Volksgedränge ab. Danach kamen die Adligen, dann das gemeine Volk und am Ende die Frauen. So kamen sie alle in das Münster, und der Papst ging zum Altar des Leutpriesters[43], wo große Kerzen standen. Dort gab

43 Dies war der Konradsaltar, der im Unterbau des Lettners stand. Siehe Reiners 1955, S. 294. Leutpriester waren Weltgeistliche, die eine Pfarrstelle besetzten bzw. stellvertretend für den Pfarrpfründeninhaber die Rolle des Pfarrers ausübten.

er dem Volk den Segen, danach ging er in die Pfalz. Die Herren aber ritten und gingen wieder heim, jeder in seine Herberge.

[Folgende Beschreibung ist eine Anweisung an den Maler für die Darstellung der Prozession.]

So soll das Bild von der Prozession aussehen: Wie die Fahnen- und Kreuzträger gingen, die kleinen Schüler, danach die Bettelorden, die großen Schüler, die Kapläne, die Mönche, die Chorherren, die Domherren und die Äbte, alle mit ihren Gewändern und Kutten und ihren Reliquien, das muss nicht unbedingt dargestellt werden, denn es wurde vorher schon gemalt beim Einzug des Papstes. Fang an mit dem Bild, wie die Studenten und die Schulpriester je zwei und zwei mit ihren normalen Gewändern gehen, jeder mit einem Käppchen auf dem Kopf. Und jeder Schule trug man auf einem Stöckchen eine Burg aus vergoldetem Silber voran, an der das Schulwappen hing.

Bild: Prozession der Studenten und ihrer Lehrer. 15 VERS/

Bild: Auf zwei Bildseiten ist eine Konzilssitzung im Münster dargestellt. 16 REC
Die Kardinäle, Bischöfe und Gelehrten sitzen auf hölzernen Tribünen, der Papst auf einem Thron, im Hintergrund sieht man den Lettner der Kirche.

Diese Ordnung, die vorher beschrieben und gemalt ist, hielt man 16 VERS
immer, wenn der Papst eine Prozession veranstaltete.

Am folgenden Montag in der Frühe fing man an, im Münster zu bauen, um für die Herren Sitzgelegenheiten zu schaffen, wenn sie zu einer Session[44] oder einer Besprechung zusammenkamen. Als Erstes deckte man vorsichtig den großen Altar im Chor mit gehobelten Brettern ab, dann errichtete man daneben beim Sigental, dem Sakramentshäuschen, einen hölzernen Altar und davor einen schönen Sessel. Auf diesem Sitz empfing der Papst das Sakrament, das ihm seine Messdiener brachten. Denn kein Papst empfängt das Sakrament

44 Konzilssitzung. Es gab verschiedene Arten von Sitzungen. Insgesamt 45 Mal fand eine „Sessio solemnis" statt, d. h. eine feierliche Generalversammlung aller Delegierten der „Nationen" und der Kardinäle. Daneben gab es Generalkongregationen („Sessio sine solemnitate"), Versammlungen der Nationen und des Kardinalkollegiums sowie der Spezialausschüsse. Bei Richental kommt es öfters zu Verwechslungen der unterschiedlichen Sitzungsformen.

am Altar, sondern, wenn er es empfangen will, dann verlässt er den Altar und setzt sich auf einen Stuhl. Dann bringt man ihm das Sakrament, damit er es dort empfangen kann. Deshalb wurde dieser Sitz gezimmert.

Vor dem Altar des Leutpriesters außerhalb des Chors wurde ebenfalls ein Thronsessel errichtet, darauf saß der Papst während der Sessionen, damit man ihn im Münster auch gut sehen konnte. Daneben wurde eine Bank gebaut mit vier Sitzplätzen, direkt neben dem Sankt-Georgs-Altar[45]. Darauf saßen die Patriarchen und der Hochmeister von Rhodos. Vor dem Tagmess-Altar[46] wurde ebenfalls eine Sitzbank gezimmert, auf der unser Herr, der König, saß und neben ihm noch drei von ihm ausgewählte Herren. Auch das Mittelschiff wurde zugebaut, mit Tannenbrettern entlang der Säulen von vorne bis ganz nach hinten, zwei Klafter hoch, sodass die Seitenaltäre alle außerhalb waren und man nur noch vom Oberen und Unteren Münsterhof, bei der Kanzel und bei der Orgel hineingelangen konnte. An diesen Holzwänden im Mittelschiff wurden beidseitig von oben bis unten Sitzbänke angebracht, je drei übereinander an jeder Seite. Auf den obersten Bänken saßen die Kardinäle, die Erzbischöfe und die großen Fürsten sich gegenüber. In der zweiten Sitzreihe saßen Bischöfe und Äbte, in der untersten und dritten Reihe saßen Pröpste, Auditoren, Sekretäre, die Herren von den Universitäten und viele andere gelehrte Leute. Außerdem wurden für das Mittelschiff Stühle gemacht, die man aufnehmen und forttragen konnte. Darauf saßen weitere gelehrte Geistliche, Schreiber, Prokuratoren und sonstige dazugehörige Personen. Mitten im Langhaus wurde auf einem breiten Sockel eine Kanzel gezimmert, wo bei jeder Session eine lateinische Predigt gehalten wurde. Am Altar des heiligen Alexius indes wurde eine hohe Kanzel gebaut, von wo aus alle wichtigen Beschlüsse verkündet wurden, die man in der Session gefasst hatte. Und diese gezimmerte Holztribüne und die Kanzeln blieben während der ganzen Konzilszeit stehen.

45 Einer der drei Altäre im Unterbau des Lettners, neben dem Konradsaltar und dem Marienaltar. Er war den Heiligen Georg und Benedikt geweiht. Siehe Reiners 1955, S. 292.

46 Der mittlere Altar im Unterbau des Lettners, der Marienaltar. Siehe Reiners 1955, S. 296.

Hier nun die großen Herren und Fürsten, weltliche und geistliche, die zum Konzil nach Konstanz geritten kamen:

Am Tag vor dem Martinstag, als man 1414 Jahre von Christi Ge-
burt zählte[47], ritten fünf Kardinäle aus der Obödienz von Papst Johan- 17 REC
nes, viele Erzbischöfe, Bischöfe, außerdem viele geistliche und weltliche große Herren und gelehrte Leute in Konstanz ein, und sie kamen mit 164 Pferden und Personen. Diese überbrachten nun dem Papst die Botschaft von der Stadt Rom und dem sie umgebenden Land, dass sich Rom und das ganze Römerland wieder unserem Heiligen Vater Papst Johannes XXIII. unterworfen hatte und ihm gehorsam sein wollte wie zuvor. Denn sie hatten sich von ihm losgesagt und Papst Gregor Gehorsam gelobt, den sie nun aber aufgegeben hatten, um es ganz mit Papst Johannes zu halten. Als nun Papst Johannes diese frohe Botschaft erhalten hatte, ließ er ein Freudengeläut anstimmen und Laudes singen. Und dieses Freudengeläut mit allen Glocken ließ er früh morgens, am Mittag und zum dritten Mal am Abend anstimmen.

Als nun das Volk in der Stadt immer mehr anwuchs – dabei war bisher weder unser Herr, der König, eingetroffen noch die anderen Kurfürsten, noch die Spanier oder die Gelehrten der Universität von Paris –, da kamen auch viele Apotheker, Goldschmiede, Hufschmiede, Schneider, Schuhmacher, Kürschner, Scherer und andere Handwerker nach Konstanz, sodass man befürchtete, dies könnte Unmut bei den in Konstanz ansässigen Handwerkern gegen die Fremden auslösen. Und so kamen die päpstlichen Botschafter, die vorher schon genannt wurden, ebenso die vorher genannten königlichen Botschafter sowie die Botschafter etlicher Kardinäle und anderer Herren zum städtischen Rat und baten ihn, dafür zu sorgen, dass solcher Unmut gar nicht erst aufkommen werde. Diese beratschlagten und einigten sich auf folgende Ordnung: zum einen, dass alle städtischen Bürger, die Handwerksleute waren und ein Handwerk betreiben wollten, jedes Handwerk bewerben und ausüben durften, auf das sie sich verstanden, um sich zu ernähren und Gewinn zu machen, und dass während des ganzen Konzils kein Handwerk aus der Stadt verbannt werden sollte. Aber auch alle fremden Handwerker, die nach Konstanz kamen, egal welches Handwerk sie betrieben, sollten und durften, solange das Konzil währte, in Konstanz ihr Handwerk ausüben, mit Geschäft und allem

47 10. November 1414.

anderen, so wie die eingesessenen Bürger, und sie sollten die gleiche Freiheit und den gleichen Schutz genießen ohne Zölle und Abgaben wie jeder eingesessene Bürger. Auch sollten sie das gleiche Bürgerrecht erhalten wie die anderen städtischen Bürger.

Das befriedigte die Botschafter und die anderen Herren wohl, und diese Ordnung wurde freundlich und getreu während des ganzen Konzils eingehalten, sodass es nie Missstimmung zwischen den Handwerkern gab.

Dieselben Botschafter und der gesamte Rat machten aber auf den Ratschlag aller Herren hin auch noch folgende Ordnung: Sollte es zwischen Konstanzern und Fremden zu irgendwelchen Reibereien und Meinungsverschiedenheiten kommen, egal aus welchem Grund, ob wegen Mieten oder anderer Dinge, so sollten die streitenden Parteien sich an folgende Gerichtsherren wenden: Wenn ein Konstanzer einen
17 VERS Anspruch gegen einen Fremden geltend machen wollte, in welcher Sache auch immer, so sollte er sich an den Auditor der päpstlichen Kammer wenden, dem der Papst noch zwei weitere Beisitzer zuordnete. Was diese drei nach Anhörung von Rede und Widerrede beider Parteien entschieden, das sollte gültig sein und Bestand haben. Hingegen sollte ein Fremder, der einen Anspruch gegen einen Konstanzer Bürger geltend machen wollte, vor drei Mitgliedern des Konstanzer Rates, die der Rat bestimmte, sein Recht suchen. Und was diese drei nach Rede und Widerrede entschieden, das sollte Bestand haben. Diese Regelung wurde während des ganzen Konzils eingehalten. Allerdings waren die meisten der Meinung, dass denjenigen, die bei den Geistlichen ihr Recht suchten, schneller und gerechter geholfen wurde als bei den Konstanzer Räten.

Als dies alles nun festgelegt war, da fingen die fremden Mechaniker, also alle Handwerker, an zu bauen, je nach Gewerbe unterschiedlich. So errichteten auf dem Unteren Münsterhof die Krämer, Scherer, Gürtler, Goldschmiede und allerlei Handwerksleute Holzbuden, kleine Häuschen und Leinenzelte. Es gab auch Wirte, die die Leute mit Essen versorgten. Desgleichen geschah auf dem Oberen Münsterhof und danach auf dem Platz beim Zeughaus. Dort wurden auch Fleischbänke aufgebaut. Die Metzger verkauften öffentlich allerlei Fleisch und Wildbret, so wie es nachher beschrieben steht. Vor Sankt Stephan und auf dem Kirchhof der Barfüßer, an den Mauern, unter den Lauben und innen im Kreuzgang ließen sich Krämer und Schreiber nieder und errichteten ebenfalls kleine Häuschen. Und sie bestimmten untereinander jede Nacht Wächter, die Nachtwache hielten, wenn der Kirchhof verschlossen wurde, damit jemand ihre Häuschen behüte. Und in der ganzen Stadt wurden Hütten gebaut, wo immer man einen freien Winkel fand. Die Wirte, egal ob ehrbare oder Hurenwirte, bekamen Herbergen in der Stadt und in Stadelhofen oder wo immer sie unterkommen mochten. So blieb es während des ganzen Konzils, sodass niemand betrübt war und keinem ein Leid geschah.

Acht Tage vor dem Sankt-Nikolaus-Tag[48] des vorher genannten Jahres wurde Hans Schwarzach zum Bürgermeister von Konstanz gewählt, der sollte am zwölften Tag sein Amt antreten und ein ganzes Jahr im Amt bleiben. Und er blieb auch wirklich das ganze Jahr Bürgermeister.

So warteten alle Fremden auf die Ankunft unseres Herrn, des Römischen Königs, und der Kurfürsten. Und täglich trafen Botschafter ein, die verkündeten, diese seien auf dem Weg nach Konstanz.

Am Freitag nach dem Sankt-Nikolaus-Tag[49] vor dem Mittagessen ritten die Botschafter des Königs von England und des Königs von Schottland in die Stadt ein,[50] und mit ihnen zwei Erzbischöfe und sieben Bischöfe sowie der gefürstete Graf Herr Richard[51] von Warwick und viele weitere Grafen, Freie, Ritter und Knechte von England und Schottland, die alle am Ende genannt werden. Sie kamen mit 454 Pferden und ebenso vielen Leuten.

Danach, am zwölften Tag vor Weihnachten[52], kamen vier Kardi- 18 REC
näle aus der Obödienz von Papst Johannes nach Konstanz. Ihnen ritten die meisten Kardinäle, die schon in Konstanz waren, die meisten Patriarchen, Erzbischöfe, Bischöfe und sonst viele geistliche und weltliche Herren sowie viele andere Leute entgegen. Unter den vier Kardinälen war auch Oddo Colonna, der später einstimmig zum Papst gewählt wurde. Sie ritten mit 180 Pferden, ebenso vielen Leuten und zwölf Saumrossen in die Stadt.

48 29. November 1414.

49 7. Dezember 1414.

50 Die Ankunft der englischen Delegation fand tatsächlich erst im Januar 1415 statt, also nach König Sigismund. Siehe Feger 1964, Bd. 2, S. 164 f.

51 Im Text irrtümlich „Bernhart“. Siehe auch Folio 27 verso.

52 13. Dezember 1414.

Noch waren aber die Spanier nicht gekommen und auch nicht die Gelehrten der Pariser Universität, und ohne diese mochte man nicht recht anfangen, denn zu den Spaniern und ihren Ländern zählen neun Königreiche, die später genannt werden. Sie alle hielten mit Macht an Papst Petrus de Luna fest, denn er war in ihren Landen ein fürstlicher Herr und Graf, der sich in seiner Obödienz Benedikt XIII.[53] nannte.

Am Freitag vor dem Sankt-Thomas-Tag[54] kamen die studierten Geistlichen, die Magister und Gelehrten aus Frankreich und von der Pariser Universität, und mit ihnen viele Erzbischöfe und Bischöfe dieses Landes, mit Vollmachten des Königs und aller Fürsten und Herren ausgestattet. Sie kamen mit 370 Pferden und zehn Wagen, und viele Erzbischöfe, Bischöfe und die meisten Gelehrten zogen ihnen entgegen, doch kein Kardinal außer dem Kardinal von Ostia, der als Erster gekommen war, denn der größte Teil seiner Besitztümer lag auf dem Gebiet des Königs von Frankreich. Und sie zogen in des Rasters Hof, der gleich vor dem Stauf liegt, und blieben dort während des ganzen Konzils wohnen.

Danach warteten alle auf die Ankunft des Königs und der Kurfürsten, es fand keine Session statt und niemand tat irgendetwas. Doch es ritten weiterhin jeden Tag geistliche und weltliche Herren in die Stadt. Die Fremden, die als Gesandte ihrer Herrschaften hier waren, suchten sich Herbergen und kauften Futter, Heu und Stroh sowie alles andere, was sie benötigten, damit sie über die Feiertage kommen würden. Unter ihnen befand sich auch Graf Hugo von Montfort, in deutschen Landen geboren und Meister des Johanniterordens in Deutschland mit Sitz in Tobel, Komtur zu Küsnacht, Wädenswil, Leuggen und in allen deutschen Landen. Er zog mit 36 Pferden und ebenso vielen Personen in das Haus gleich gegenüber von Sankt Lorenz, das dem Ulrich Englin gehörte.

Außerdem kamen der große und mächtige Hochmeister des Antoniterordens, Meister zu Villingen[55], und viele weitere Meister des Anto-
18 VERS niterordens nach Konstanz. Sie zogen mit 32 Pferden und drei Wagen in das Konstanzer Haus desselben Ordens.

53 Im Text irrtümlich „Benedictus der zwelft“.

54 14. Dezember 1414.

55 Feger 1964, Bd. 2, S. 168 vermutet mit „Villingen“ einen „Hörfehler“ des Kopisten. Gemeint ist wohl „Philippus“.

Am Tag vor dem Hilariustag[56] zogen auch die Boten des Hochmeisters von Preußen[57] in Konstanz ein. Das waren neun mächtige Komture von Preußen und die besten Männer aus allen Niederlassungen, die es in Deutschland gibt. Wohl mit 200 Pferden zogen sie in das Haus von Ulrich Hartzer an der Plattengasse. Doch sie kamen nicht allein wegen des Konzils nach Konstanz, sondern auch weil sie vor allen geistlichen und weltlichen Fürsten, Herren, Freiherrn, Rittern und Knappen Klage führen wollten gegen den König von Polen und Herzog Witold von Litauen, die nach ihren Worten einen ungerechten Krieg gegen sie führten und die Ihrigen erschlagen und beraubt hätten.

Am selben Tag um die Vesperzeit ritt Meister Antonius de Pereto, Magister der Theologie und Oberster aller Barfüßer, in Konstanz ein, und mit ihm 15 Brüder seines Ordens, alle Magister der Theologie, mit 32 Pferden. Ihnen gingen 200 Barfüßer zu Fuß entgegen und führten sie mit Kerzen und Gesang in ihr Kloster.

Danach am dritten Tag kamen zwei oberste Meister an: Bruder Johannes von Pisis, oberster Meister des Augustinerordens, und mit ihm vier Lehrer der Theologie, sowie Bruder Lienhart von Florenz, oberster Prior des Predigerordens, und mit ihm zwei Doktoren der Theologie. Doch die beiden wurden nicht so prächtig empfangen wie die Barfüßer von den ihren.

Auch traf Meister Nikolaus ein, der oberste Prior des Heiligen Grabes in Jerusalem, und mit ihm sieben Priesterbrüder, die hatten alle lange Bärte und Haare, und sie ritten mit acht Pferden ein.

Nun berichte ich wieder über das vorhergehende Jahr, wie unser Herr, der Römische König, nach Konstanz kam. Am Heiligen Abend vor Weihnachten trafen Botschafter des Königs ein, die sagten, dass er nahe sei. Aber sie sagten nicht deutlich, wie nahe er schon war. Denn er und seine Ehefrau, die Römische Königin, kamen am Heiligen Abend bereits gegen Abend in Überlingen an, wo sie sich bis eine Stunde nach Mitternacht ausruhten. Sie baten aber unseren Heiligen Vater, den Papst, er möge mit den Messen, die man vor Tag singt, noch auf sie warten. So geschah es auch. Da sandten die Bürger von Konstanz all ihre Schiffe und Schiffsleute noch in derselben Nacht gen

56 12. Januar 1415. Der Text macht hier einen zeitlichen Sprung.

57 Deutscher Orden.

Überlingen, und man ließ die Ratsstube anheizen, damit sie sich bei ihrer Ankunft aufwärmen konnten, wie es dann auch geschah.

Am heiligen Weihnachtstag des Jahres 1415[58] zwei Stunden nach Mitternacht kamen, wie vorher beschrieben, der allerdurchlauchtigste Fürst und Herr Sigismund, Römischer König etc., und seine Ehefrau Barbara, die Römische Königin, geborene Gräfin von Cilli, und mit ihr die durchlauchtigste Frau und Fürstin Elisabeth, Königin von
19 REC Bosnien,[59] sowie die geborene Fürstin Frau Elisabeth[60] von Württemberg, eine geborene Gräfin von Nürnberg, von Überlingen nach Konstanz gefahren. Mit dem König kam auch der allerdurchlauchtigste Kurfürst Herzog Rudolf[61] von Sachsen. Von den Schiffen kommend kehrten sie zunächst in der Ratsstube ein und wärmten sich wohl eine Stunde. Da schenkten ihnen die Konstanzer zwei vergoldete Tücher und viel Malvasier-Wein[62], den sie und alle ihre Diener tranken, bevor sie zur Messe gingen. Eines der zwei Tücher trugen vier Konstanzer Bürger auf Stangen als Baldachin über dem König. Dies waren Heinrich von Ulm, Heinrich Schiltar, Hanns Hagen und Heinrich Ehinger. Das andere Tuch trugen ebenfalls vier Konstanzer Bürger namens Conrat Mangolt, Conrad in der Bünd, Caspar Gumpost und Heinrich von Tettikoven auf vier Stangen über der Römischen Königin und der Königin von Bosnien. Sie begaben sich ins Münster, begleitet von allen Trägern der Zunftkerzen und sonstiger Kerzen, und deren waren so viele, dass man, wenn man den Lichtschein von draußen sah, glaubte, ein Haus brenne. Und so blieben sie im Münster bis zum Ende der Mette.

Danach hielt unser Heiliger Vater, der Papst, die erste Messe am Hauptaltar[63]. Er hatte eine schöne Inful bei sich, beschlagen mit Gold

58 Mit der Weihnachtsnacht beginnt das neue Jahr, daher 1415. In Wirklichkeit sind wir im Jahr 1414. Siehe Feger 1964, Bd. 2, S. 169.

59 Zur Identität der „Königin von Bosnien“ gibt es in der Literatur eine Reihe von Vermutungen. Zusammenfassend siehe dazu http://www.kompetenzzentrum-konstanzer-konzil.de/wer-war-die-koenigin-von-bosnien-0.

60 Im Text irrtümlich „Anna“.

61 Im Text irrtümlich „Ludwig“.

62 Griechischer Wein, benannt vermutlich nach dem Schloss Malvasia auf Kreta. Siehe Sprandel 1998, S. 25. Malvasier war der teuerste Wein, den es damals gab.

63 Offenbar waren die gehobelten Bretter, mit denen man den Hochaltar während der Bauarbeiten im Münster abgedeckt hatte, wieder entfernt worden (siehe Fol. 16 verso).

Der Hl. Sigismund von Burgund (gest. 524) in der Konstanzer Dreifaltigkeitskirche (Augustinerkirche). Getrost kann man in den Gesichtszügen des Heiligen ein Portrait des Auftragsgebers, des Königs Sigismund sehen.

und Edelsteinen. Diese Inful, die aussah wie ein Hut mit drei goldenen Kronen, einem goldenen Knopf und einem goldenen Kreuz, hatte er neben sich auf dem Altar liegen, auf der linken Seite zum Sakramentshäuschen hin. Er setzte sie aber nie auf.

Der Römische König kniete unter seinem goldenen Baldachin ebenfalls auf der linken Seite hinter dem Papst. Er war als Diakon gekleidet mit einem kostbaren Messgewand, und die Römische Königin und die Königin von Bosnien knieten unter ihrem Baldachin hinter dem König. So sang man das Amt „Dominus dixit a me etc.“[64]. Als man zum Evangelium kam, da ging der Römische König mit vielen brennenden Kerzen auf die Kanzel und sang das Evangelium „Exiit edictum etc.“[65].

64 „Der Herr sprach zu mir usw.“

65 „Es erging ein Befehl des Kaisers Augustus usw.“

Während er dies sang, stand der Herzog von Sachsen über ihm mit einem gezückten Schwert in der Hand, das er mit der Spitze gegen das Haupt des Kaisers[66] hielt. Das Zepter trug anstelle des Pfalzgrafen ein Herr aus Ungarn vor ihm her, und auch die Krone trug ein Ungar anstelle des Markgrafen von Brandenburg, denn beide waren noch nicht eingetroffen. Nach der Messe sang man die Laudes. Dies zog sich bis Tagesanbruch hin.

Nach der Laudes-Mette hielt der Papst die zweite Messe, die man nennt „Lux fulgebit“[67]. Nach der Messe sang man Prim, Terz und Sext. Dies dauerte bis gegen neun. Danach las der Papst die dritte Messe, die heißt „Puer natus etc.“[68], die zog sich bis um elf hin. Und obwohl dies alles lange dauerte, waren doch bei allen Messen und Gebeten der Römische König, die Königin und die vorher genannte Königin von Bosnien, außerdem alle Kardinäle, Bischöfe, Erzbischöfe, Patriarchen sowie alle geistlichen und weltlichen Fürsten und Herren zugegen. Nach all dem verließ der Papst den Chor und begab sich zum Altar des Leutpriesters, wo er allem Volk den Segen gab. Anschließend ging er in die Pfalz und jedermann kehrte heim in seine Herberge.

Das Bild, wie man den König und die Königin von der Ratsstube ins Münster führte und wie die Messen verliefen, das ist hier nun gemalt.

Fol. 19 verso bis Fol. 21 recto stellen Bilder vom Weihnachtsgottesdienst dar.

19 VERS/ 20 REC *Bild: Über beide Seiten Prozession zum Münster. Oben: Zug des Königs. Unten: Zug der Königin.*

20 VERS/ 21 REC *Bild: Über beide Seiten Weihnachtsgottesdienst. Oben: Der Papst am Altar mit allen Reliquien des Münsterschatzes und der Tiara sowie der König als Diakon mit seinen Begleitern. Unten: Singende Chorherren und Königin Barbara mit ihren Begleiterinnen.*

21 VERS Gleich danach zog unser Herr, der König, mit der Königin und der Gräfin von Württemberg ins Haus zur Leiter bei Sankt Stephan. Es gehörte damals Conrad in der Bünd, genannt Rüll. Dort blieben sie drei

66 Im Text wird Sigismund immer wieder als Kaiser bezeichnet, obwohl er zur Zeit des Konzils diesen Titel noch nicht trug.

67 „Licht wird heute über uns leuchten.“

68 „Ein Kind ist uns geboren usw.“

Tage und Nächte. Der Herzog von Sachsen hingegen zog in das Haus der Kirchherren an der Plattengasse, wo er so lange blieb, bis er wieder von Konstanz fortritt.

Nach drei Tagen zog unser Herr, der König, mit der Königin aus dem Haus zur Leiter in das Kloster Petershausen, wo er längere Zeit blieb. Es wurde gemunkelt, dies sei deshalb geschehen, weil er seine ungarischen Knechte nicht gut in der Stadt lassen konnte wegen des großen Unfriedens, den sie stifteten. Denn diese glaubten, die Leute ständig so hart behandeln zu können, als ob sie in ihrem eigenen Land wären. Das aber konnten die Schwaben und die Deutschen nicht vertragen. Darum zog der König mit den Ungarn über den Rhein, denn sie wollten unbedingt möglichst nahe bei der Herberge ihres Königs sein, also nahm er sie mit nach Petershausen und gebot ihnen dort zu bleiben. Da sie aber auch dort ihren Übermut treiben wollten, legten sich die Petershauser mit ihnen an und züchtigten sie so mit Streichen, dass sie in Zukunft niemanden mehr behelligten.

Nach etwa vier Wochen zog unser Herr, der König, wieder in die Stadt und ließ seine ungarischen Knechte und Diener in Petershausen. Die fingen gerade wieder an, sich ungehörig zu benehmen. Wie schon vorher beschrieben, bekam ihnen dieses Verhalten aber nicht, denn wenn es zu Geschrei kam oder Leute zusammenliefen, da kamen sofort die Petershauser herbei und legten sich mit den Ungarn an und schlugen sie, ob sie im Recht waren oder nicht. Unser Herr, der König, gestand dies den Petershausern zu, und somit wurden die Ungarn zahm.

Der König zog also in den Freiburgerhof in der Münstergasse.[69] Die Römische Königin und die Königin von Bosnien zogen in den Bündrichshof, der gleich nebenan liegt, und die Gräfin von Württemberg in den Hof von Bischof Johann, der zu Sankt Stephan gehört. Die drei Höfe lagen dicht beieinander, sodass sie Tag und Nacht zusammenkommen konnten. Die Frauen blieben in diesen Höfen während des gesamten Konzils.

An den Feiertagen nach Weihnachten geschah nicht viel, außer dass unser Herr, der König, und seine Diener häufig mit dem Papst ausritten. Außerdem kamen von Tag zu Tag weitere Erzbischöfe in Konstanz

69 Heutige Katzgasse.

an. Besonders zu erwähnen ist der Kardinal von Foix[70], ein gefürsteter Graf aus Spanien, dem der Papst den Kardinalshut und -mantel von Rom nach Spanien gesandt und ihm außerdem zwei Bistümer verliehen hatte, damit sein Land und seine Freunde für Papst Johannes sein und nicht mehr zu Papst Benedikt halten würden. Dieser Kardinal gehörte zum Barfüßerorden. Und so befanden sich inzwischen 24 Kardinäle in Konstanz. Einer war im Römerland geblieben, der war schon
22 REC so alt, dass er von Alters wegen nirgendwo mehr hingehen konnte. Dessen Botschafter kamen auch nach Konstanz, wie später beschrieben wird. Und der genannte Kardinal kam mit 60 Pferden und ebenso vielen Leuten.

In den Festtagen vor dem neuen Jahr, am Dienstag[71], zog auch der allerdurchlauchtigste Kurfürst Herzog Ludwig von Bayern, Pfalzgraf bei Rhein und Herr zu Heidelberg, mit 400 Pferden, ebenso vielen Personen und acht Wagen in die Stadt. Er zog in das Haus von Jakob Schwartz am Fischmarkt, und danach in den Hof des Domherrn von Fridingen hinter dem Münster, wo er blieb, bis er wieder aus Konstanz fortritt.

In derselben Zeit, vor dem zwölften Tag, ritt außerdem der hochgeborene Fürst Burggraf Friedrich von Nürnberg in Konstanz ein, als Statthalter des Fürstentums von Brandenburg, das ihm später als Kurfürstentum zum Lehen gegeben wurde, wie nachher noch geschrieben steht. Er zog in das Haus des Heinrich von Tettikoven am Fischmarkt, genannt Zum Hohen Haus. Dort blieb er während der ganzen Konzilszeit. Er kam mit 400 Pferden, ebenso vielen Gefolgsleuten und vier Wagen.

Nach dem zwölften Tag zog der durchlauchtigste Fürst Herzog Ludwig[72] aus Schlesien im Königreich Polen[73] in Konstanz ein. Er zog in Heinrich Hutters Haus in der Plattengasse mit 200 Pferden, ebenso vielen Personen und vier Wagen. Man sagt, er stamme aus dem Geschlecht der heiligen Elisabeth und des heiligen Wenzel.

70 Im Text „Füssi“.

71 25. Dezember 1415.

72 Gemeint ist Ludwig II., Herzog von Brieg.

73 Gemeint ist Böhmen.

Außerdem kam der große Herr Strobor aus Polen und den Windischen Landen[74], zwischen Mähren und Polen an dem Fluss gelegen, den man Waag nennt und an dem es fünf [sic!] Städte gibt: Tränsch, Plunsch, Ungarisch Brod, Weißenkirchen, Galizien und Freistadt. Er kam mit 120 Pferden und drei Wagen und zog in das Haus von Hug Flach ganz unten an der Marktstätte vor dem Kaufhaus.

Dann zog auch ein ungarischer Herr in Konstanz ein, Herr Pipo, dessen Land ganz unten in Ungarn liegt bei der Eisernen Pforte. Es stößt an die Kleine Walachei und an das Land zu Siebenbürgen. Dort ist die Grenze, an der immer wieder die Türken einfallen, wenn sie auf Raubzug nach Ungarn kommen. Dagegen muss er beständig ankämp- 22 VERS
fen und immer Kriegsvolk mit sich führen. Er kam mit 150 Pferden, ebenso viel Gefolge und drei Wagen. Er zog nach Petershausen in das Haus derer von Breitenstein gleich an der Brücke.

Außerdem kam ein weiterer ungarischer Herr nach Konstanz, Herr Stechpeter von Schora aus den Windischen Landen, der Herr von Brisnitz und Koppelstein. Mit 80 Pferden, ebenso vielen Personen und zwei Wagen zog er in das Haus Jakobs von Ulm, wo sich jetzt das Haus zur Katz befindet.

Danach kam der große Graf Hermann von Cilli, der Schwiegervater des Römischen Königs, und mit ihm sein Sohn Graf Friedrich von Cilli mit 300 Pferden und vier Wagen. Er zog hinter Sankt Stephan in der Schmerlinen Haus, das jetzt im Besitz von Heinrich von Roggwil ist.

Am zwölften Tag[75], nachdem Hans von Schwarzach sein Bürgermeisteramt angetreten hatte, kamen Botschafter des Papstes, des Römischen Königs und anderer Herren zum Konstanzer Rat und meinten, die Herbergen seien zu teuer und auch um den Kauf von Nahrungsmitteln sei es nicht wohl bestellt. Da entsandte der Rat ebenfalls einige Abgeordnete. Sie setzten sich alle zusammen und erließen folgende Ordnung: zum Ersten, dass man für ein Bett, in dem zwei Schläfer in Ehren liegen konnten, nicht mehr als anderthalb Rheinische Gulden pro Monat bezahlen sollte. Der Hauswirt sollte außerdem Leintücher, Bettdecken, Kissen und was man sonst noch braucht, zur Verfügung stellen und jeden Monat waschen. Für ein Pferd sollte man pro Nacht zwei Pfennige bezahlen.

74 Gemeint sind wahrscheinlich „Slawische Länder".

75 Gerechnet nach Weihnachten, also am 6. Januar 1415, dem Dreikönigstag.

Diese Ordnung für Betten und Stallungen wurde aber nicht lange eingehalten, denn jeder Fremde einigte sich selber mit seinem Hauswirt. So kam es, dass man nach Jahresfrist für ein Bett zu den vorgenannten Bedingungen nur noch einen Rheinischen Gulden pro Monat und für ein Pferd drei Heller[76] oder einen Pfennig, an vielen Orten sogar noch weniger bezahlte.

Bei alledem hielten die Bürger und die Fremden Frieden miteinander, sodass weder Streit noch Klagen aufkamen, auch keine Feuersbrunst oder Klagen vor Gericht. Und jedermann war der Meinung, dass dies nicht aufgrund menschlicher Weisheit so geschehe, sondern wegen der Fügung und Ordnung Gottes.

23 REC Die vorgenannten Botschafter erließen auch eine Ordnung bezüglich der Nahrungsmittel und anderer Dinge, wie viel man dafür erhalten und geben sollte. Diese Ordnung wurde eine Zeitlang eingehalten, und auch überall in der Umgebung der Stadt wurde damit geregelt, was man wofür bezahlen sollte, doch dann wurden von vielerlei Dingen solche Mengen in die Stadt gebracht, dass man dafür weniger bezahlen musste, als in der Ordnung festgesetzt war. Vor allem Getreide gab es immer genug. Zu dem Zeitpunkt, als der Dinkel seinen Höchstpreis erreichte, bezahlte man für einen Mutt[77] allerbesten Dinkel 18 Schilling Pfennig[78], und für guten normalen Dinkel 16 bis 17 Schilling Pfennig. Doch es dauerte nicht mehr als drei Freitage, dass er so teuer war.[79] Danach bezahlte man für einen Mutt besten Dinkel 15 Schilling Pfennig und später sogar nur 14 oder 13. Die ganze Zeit über, die das Konzil dauerte, war das Getreide nie teurer und es gab immer genug davon, sodass niemals eine Not ausbrach. Man verkaufte auch ein gutes Weißbrot für 1 Pfennig oder 14 davon für 1 Schilling. Auch davon fand man immer, so viel man wollte, denn es wurde viel Brot auf Wagen, Karren oder Schiffen in die Stadt gebracht. Es waren auch viele fremde Bäcker nach Konstanz gekommen, die immer auf dem Markt

76 Ein Pfennig waren zwei Heller.

77 Ein Mutt ist ein altes Hohlmaß und entspricht etwa einem viertel Malter. Der Inhalt eines Malters variierte stark von Stadt zu Stadt. In Stein am Rhein entsprach ein Malter glatte Frucht etwa 130 Litern und das Malter raue Früchte 300 Litern.

78 1 Schilling Pfennig = 12 Pfennige.

79 Getreide durfte in der Stadt nur am Freitag gehandelt werden.

buken, und unter den Konstanzern selbst gab es ebenfalls viele Bäcker. Außerdem waren in Konstanz Bäcker mit kleinen, leichten Öfen unterwegs. Die fuhren sie auf Stoßkarren durch die Stadt und buken darin Pasteten, Ringe, Brezeln und ähnliches Brot. Die Pasteten waren gefüllt mit Hühnern, etliche mit Vögeln, Gewürz und guten Spezereien, und einige waren auch mit Fleisch oder Fisch gebacken, wie man sie gern haben wollte. Davon gab es genug, man konnte sie überall zu gleichem und gutem Preis kaufen, je nachdem, wie sie gefüllt waren und wie man sie haben wollte. Und hier ist die Darstellung:

Bild: Pastetenbäcker mit „stoskerlin", dem fahrbaren Backofen und mit Verkaufsstand

Den Hafer verkaufte man in der Zeit, als er am teuersten war, um 30 Schilling Pfennig für einen Malter. Doch auch das dauerte nur drei Freitage. Danach sank der Preis, sodass man einen Malter Hafer schon für 18 Schilling Pfennig kaufen konnte. Und dann kam so viel Hafer nach Konstanz durch fremde Kaufleute, dass man einen Malter Hafer sogar für 1 Gulden bekam. Und so blieb es dann während des ganzen Konzils. Ein Viertelpfund guter roter Erbsen verkaufte man um viereinhalb Schilling Pfennig und die weißen ebenfalls. Davon gab es genug. Bohnen, Linsen, Gerste und anderes Gemüse, das man essen muss, gab es auch genug und zu billigen Preisen. Ein Viertelpfund guter Zwiebeln kostete 20 Schilling, ein Viertelpfund Rüben 8 Schilling, ein großer Kohlkopf 2 Pfennige und ein kleiner 1 Pfennig. 23 VERS

Der Wein wurde die ganze Zeit über günstig verkauft, denn es gab genug davon, welchen man auch immer haben wollte, weil man viel Wein aus allen Ländern herbeibrachte. So gab es ihn zu günstigen Preisen: Ein Maß guter Malvasier kostete 3 Schilling Pfennig, und ebenso der Wein aus Romagna. Ein Maß guter Rainfan[80] kostete 20 Pfennig, ein Maß Elsässer 6 Pfennig, aber man fand ihn auch für 5 oder gar 4 Pfennig. Ein Maß Landwein wurde für 4 oder 3 Pfennig verkauft und guter Knechtewein für 2 Pfennig. Die welschen Weine, Malvasier, Romagnawein und was es sonst noch an welschen Weinen gab, wurden von vielen ausgeschenkt, ob Bürgern oder Gästen, und sie muss-

80 Auch Rainfal genannt. Rötlicher oder gelblicher Wein, ursprünglich aus Istrien, später aus ganz Oberitalien. Siehe Sprandel 1998, S. 27.

ten dafür keine Steuer[81] bezahlen und auch keine anderen Abgaben. So hatten es die Räte auf Bitten der Herren beschlossen.

Es gab auch allerlei Fleisch, was immer man sich wünschen konnte, Rindfleisch, Lammfleisch, Zicklein, Schwein, Kalb, Vögel, Hühner und was einer begehrt. Ein Pfund Rindfleisch kostete 3 Pfennig, ein Pfund abgewogenes Lammfleisch 4 Pfennig, ein Stück Lammfleisch, das nicht gewogen wurde, 18 Pfennig, ein Pfund rohes Schweinefleisch 4 Pfennig, das teure 7 Pfennig. Für ein gutes altes Huhn war der beste Preis 3 alte Plappart, also 18 Pfennig, je nachdem, wie man es gerade traf und wie das Wetter war, ob dementsprechend viele fremde Händler auf dem Markt waren. Ein Ei kostete 1 Heller, und man wagte nicht, es teurer zu verkaufen, denn dies hatte der Rat untersagt. Denn wenn Freitag oder Fasttag war, dann wollten die Händler mit den Preisen aufschlagen, doch dies hatte der Rat verboten. Sie mussten die Eier offen auf den Markt tragen, damit jeder sie kaufen konnte, ob arm oder reich. Eine Wacholderdrossel kostete 6 Heller, eine Drossel 3 Heller, eine Amsel 4 Heller. Dies alles wurde also angeboten. Und es gab auch genug davon, außer bei Unwettern, wenn die Händler nicht zum Markt kommen konnten.

Ein Pfund Wildbret vom Wildschwein kostete 7 Pfennig, Reh 5 Pfennig, Hirsch 4 Pfennig, Dachs, Otter und Biber 8 Pfennig das Pfund, ein Hase 6 oder 4 Plappart, weiße Hasen von der Etsch 3 Plappart, ein Rebhuhn 2 Plappart und ein Steinhuhn 1 Schilling Pfennig.

Auf dem folgenden Bild sind die Metzgerstände gemalt, wie man Fleisch und Wildbret auswog vor Sankt Stephan, vor dem Zeughaus und wo sonst noch Platz war.

24 REC *Bild: Fleischstände mit Hirsch, Hase und anderem Wildbret.*

24 VERS *Bild: Fischstände.*

25 REC *Bild: Fischstände mit Fröschen und Schnecken.*

25 VERS Folgende Ordnung hatte man für den Fischverkauf erlassen: Auf dem Fischmarkt fand man allerlei Fische, lebende und solche, die man nicht lebend verkaufen kann: gesalzene und geräucherte. So gab es geräucherte Hechte und Aale, Hausen[82], Forellen, Gangfische und was

81 Im Text „ungelt“, eine Art Umsatzsteuer.

82 Fischgattung aus der Familie der Störe.

man sonst noch haben wollte aus allen Gewässern in diesem Land und in anderen Ländern. Es gab von allen genug, sodass Käufer wie Verkäufer ein gutes Geschäft dabei machten. Die großen Fische verkaufte man nach Gewicht, die kleineren nach Maß und einige auch nach der Stückzahl.

Ein Pfund Schnetz[83] oder Hecht kosteten 17 Pfennig, ein Pfund Karpfen 18 Pfennig, ein Pfund Schleien 18 Pfennig, ein Pfund Brachsen[84] 20 Pfennig, ein Pfund Felchen 1 Schilling Pfennig, ein Maß Grundeln[85] 27 Pfennig, ein Maß Quellfisch[86] 20 Pfennig, ein Maß Groppen 18 Pfennig, ein Maß Heuerling[87] 1 Schilling Pfennig, ein Pfund Hausen 3 oder 2 Plappart, je nachdem, wie viele man an Land gezogen hatte. Ein großer Stockfisch kostete 3 Schilling Pfennig, ein kleiner je nach Größe und Angebot, ein Viertelpfund Hering 3 Schilling Pfennig, und davon kamen so viele nach Konstanz, dass man sie manchmal in der Stadt ausrief und ein Viertelpfund sogar um 2 Plappart und weniger verkaufte. Gesalzener Fisch und Gangfisch hatten keinen festgesetzten Marktpreis. Auch aus Verona und der Lombardei, aber besonders aus dem Gardasee kamen viele frische und gebackene Fische, in Baumöl[88], die konnte man besonders lange aufbewahren, und sie waren wie Felchen, die man im Herbst um 4 Pfennig verkaufte, während diese um 6 Pfennig feilgeboten wurden. Außerdem gab es auch Frösche und Schnecken im Angebot, die vor allem von den Welschen gekauft wurden.

Heu gab es im Überfluss. Es kam auf großen Schiffen oder auf Karren nach Konstanz. An einem Tag fand man etwa 25 Schiffe mit Heu an den Konstanzer Anlegebrücken, dazu kamen die Karren aus dem Thurgau und dem Hegau. Alles wurde geschätzt, und so kostete eine Bürde[89] besten Heus mit Traglohn 32 Pfennig, weniger gutes Heu 26 Pfennig pro Bürde. Und es wurde während des ganzen Konzils nicht

83 Fischart, wahrscheinlich anderer Name für Hecht.

84 Fischart aus der Familie der Karpfen.

85 Fischart, mit den Barschen verwandt.

86 Junge Aale.

87 Fischart aus der Familie der Renken.

88 Olivenöl. In der Konstanzer Ausgabe der Richental-Chronik steht hier ein unverständliches Wort (karpplon), vermutlich ein Schreibfehler, sodass wir uns in diesem Fall an der Aulendorfer Ausgabe orientiert haben (siehe Buck 2011, S. 27).

89 Maßeinheit für Heu oder Holz.

teurer, im Gegenteil, es wurde sehr viel günstiger. Die Sache war nämlich die, dass im Rheintal nun viel Brachland und Sumpfgebiet, ja sogar Waldwiesen gemäht wurden, die man vorher nie gemäht hatte. So kosteten hundert große Bund Stroh 4 Schilling Pfennig, eine Bürde Stroh, wie sie die Frauen von Wollmatingen in die Stadt trugen, 6 Pfennig, und das fand man auf jeden Fall genug.

Ebenso das Holz. Es kam über den Rhein herauf oder herab, über den See oder auf Karren aus dem Hegau und dem Thurgau. Dann wurde es geschätzt, je nachdem, wie viel es wert war. Eine gute Langenargener Ledi[90] voll Holz kostete 1 Pfund Pfennig und nicht mehr, eher weniger, je nachdem, wie das Holz war und wie viel sie geladen hatte, eine kleinere Ledi voll kostete 18 Schilling Pfennig. Für andere große Schiffe, die Holz brachten, ordnete der Rat Leute ab, die den Wert auf
26 REC ihren Eid schätzten. Und so, wie es geschätzt wurde, musste es auch verkauft werden. Ein Karren Holz aus dem Thurgau wurde auf dem Oberen Markt oder in der Sankt-Pauls-Gasse von den Gutachtern, die der Rat abgestellt hatte, auf 2 Schilling Pfennig geschätzt, aber nicht viel darüber, eher auf weniger, je nachdem, wie das Holz war. Und es kam so viel davon in die Stadt, dass nie Not daran war.

Was Gewürze anbelangte, so kostete ein Pfund Pfeffer 12 Schilling Pfennig, ein Pfund Safran 4 Rheinische Gulden, aber es kam so viel Safran in die Stadt, dass der Preis nachgab. Denn mit des Königs Erlaubnis und aller Herren Willen und Gunst hatte man angeordnet, dass alles, was an Essbarem und sonst Nötigem nach Konstanz eingeführt wurde, nicht mehr ausgeführt werden durfte. Man musste es in der Stadt lassen und hier verkaufen.

Bretter, Ziegel, Leim, Kalk, Schindeln, Rafen[91] und was man sonst zum Bauen brauchte, fand man immer, so viel man benötigte, und zu günstigeren Preisen als vor und nach dem Konzil. Diese Dinge standen also alle zum Besten, und das blieb auch so.

Und nun komme ich wieder auf das Konzil und berichte, was nach Weihnachten geschah.

Zu Jahresbeginn hielt unser Heiliger Vater, der Papst Johannes, Messe im Dom zu Konstanz. Daran nahmen alle geistlichen und welt-

90 Ledi oder Lädine = Lastschiff.

91 Auf Firstbalken aufgelegtes tragendes Holz.

lichen Fürsten, unser Herr, der Römische König, alle weltlichen Kurfürsten, Fürsten, Grafen, Ritter und Knappen teil, die sich damals in Konstanz befanden. Nach dieser Messe gab er allen den Segen und ließ ihnen den Sankt-Johannes-Trunk austeilen aus einem großen, prächtigen Goldkelch, der den Domherren von Konstanz gehörte. Und danach spendete er dem Volk vor dem Chor am Altar des Leutpriesters den Segen.

Auch am zwölften Tag danach hielt er die Messe, und alles verlief so wie eben beschrieben, in Anwesenheit der genannten Herren, außer dass unser Heiliger Vater, der Papst, dem Volk den Segen vor der Pfalz auf dem Oberen Münsterhof gab. Da warteten so viele Leute auf dem Oberen Hof auf den Segen, dass es anschließend fast eine Stunde dauerte, bis alle den Hof wieder verlassen hatten.

Und wie der Papst den Segen auf dem Hof gab, sieht man nachher gemalt und geschrieben, wenn ich über den Tag von Mariä Lichtmess berichte.

Ansonsten geschah an diesen Feiertagen nicht viel, es fand auch acht Tage lang keine Session statt, und es ereignete sich nichts, außer dass weitere Herren in die Stadt kamen.

Nach dem zwölften Tag ritt der hochwürdige Herr Wipertus in Konstanz ein, Großmeister des Johanniterordens zu Rhodos, der Armenhüter[92] des Spitals in Jerusalem, und mit ihm acht Komture und zwölf Ritter seines Ordens mit 120 Pferden und vier Wagen. Er zog in das Haus der Raißin unter den Säulen[93]. Als man den Papst wählte, war er der Beschließer des Konklaves. Und als der Papst gekrönt wurde, saß er zuoberst auf dem Oberen Münsterhof, neben den zwei Kardinälen.

Am Sankt-Hilarien-Tag[94] zog der durchlauchtige Kurfürst Herzog 26 VERS
Ludwig von Bayern-Heidelberg[95] und Pfalzgraf bei Rhein mit 400 Pferden, ebenso vielen Personen und neun Wagen in Konstanz ein. Er begab sich in das Haus von Jakob Schwartz am Fischmarkt[96]. Drei Mona-

92 Hospitalier, Oberaufseher sämtlicher Wohltätigkeitsinstitutionen der Johanniter.

93 Die Gasse „Unter den Säulen“, heutige Kanzleistraße.

94 13. Januar 1415.

95 In späteren Abschnitten des Textes ist manchmal nur von „Herzog Ludwig“ die Sprache. Ohne Zusatz „von Ingolstadt“ ist immer Kurfürst Ludwig von Bayern-Heidelberg und Pfalzgraf bei Rhein gemeint.

96 Der Text wiederholt hier die Beschreibung der Ankunft des Pfalzgrafen.

te später zog er in den Hof des Herrn von Fridingen hinter dem Münster, wo er auch blieb. Ihm wurde hier von unserem Herrn, dem König, die Pfalz bei Rhein zum Lehen gegeben, und dies geschah mit großer Pracht auf dem Oberen Markt, wie später noch gemalt ist.

Am Freitag nach dem Hilariustag[97] vor dem Mittagessen zog der allerdurchlauchtigste Kurfürst Johannes von Nassau, Erzbischof in Mainz, Dekan des Heiligen Römischen Reiches und oberster Erzkanzler der germanischen Nation, mit 600 Pferden, ebenso vielen Menschen und acht Wagen in Konstanz ein. Zur germanischen Nation zählte man alle deutschen Lande, Ungarn, Böhmen, Griechenland, Litauen und sonstige christliche Regionen, die zur Nation gehören. Mit ihm kamen acht große Grafen und viele Ritter und Knechte nach Konstanz. Er zog in das Haus zur Sonne von Ulrich Imholtz an der Sankt-Pauls-Gasse. Ihm ritten der Großteil der Kardinäle entgegen, viele Erzbischöfe und Bischöfe und die meisten weltlichen Fürsten und Herren, die schon in Konstanz waren. Und er ritt in voller Rüstung in die Stadt, gewappnet bis an die Füße, was die geistlichen Herren unziemlich dünkte, so kriegerisch einzureiten, denn alle geistlichen Fürsten und Herren ritten sonst ohne ihren Harnisch ein, nur in ihren Kleidern.

Am gleichen Tag um die Vesperzeit kamen drei Bischöfe aus Litauen nach Konstanz, (die später bei den Griechen waren)[98] mit acht Pferden, ebenso vielen Personen und zwei Saumpferden mit Reisesäcken beladen. Ihre Namen werden am Ende genannt.

Auch zog am Donnerstag nach dem zwölften Tag[99] der hochwürdige Herr Erzbischof von Gnesen im Königreich Polen, Herr Johann von Wienary, mit 600 Pferden, ebenso vielen Personen und zwölf Wagen in Konstanz ein. Mit ihm kamen sechs polnische Bischöfe aus Plozk, Lebus, Posen, Breslau, Oppeln und Krakau.[100] Diese kamen wegen ihrer geistlichen Anliegen zum Konzil, aber auch wegen des Krieges,

97 18. Januar 1415.

98 „und nach by Kriechen“: Dieser Satz ergibt keinen richtigen Sinn. Vielleicht hat der Schreiber hier etwas weggelassen.

99 10. Januar 1415.

100 Wir haben die lateinischen Bezeichnungen hier weitgehend Feger folgend in heutige Form gebracht, weil der Kopist einige Mühe mit den fremden Namen hatte. Siehe Feger 1964, Bd. 2, S. 177.

den ihr König Wladislaus von Polen mit den Deutschherren, vor allem mit dem Hochmeister von Preußen, führte und diese mit ihm. Die Sache wurde dem Römischen König und dem Konzil vorgelegt, um einen Richtspruch zu erlangen.

Der erste Bischof, Jakobus von Plozk in Masowien, zog in das Haus vor Sankt Stephan in der Plattengasse, das man zum Goldenen Bracken nennt. Dort blieb er während des ganzen Konzils mit 22 Pferden und ebenso vielen Personen.

Der zweite, Nikolaus von Lebus,[101] zog mit 18 Pferden in das Haus
zum Bären, aber er blieb nicht lange dort, denn bald schon ritt er 27 REC
wieder heim mit einer Botschaft der Deutschen Herren von Preußen für den König von Polen.

Der dritte, Andreas, Bischof von Posen[102], zog in das Haus zur Rabengrube in der Amelunggasse[103] mit 18 Pferden und ebenso vielen Personen. Später zog er um in den Hof der Familie Schwartz, wo man zu den Schotten geht, neben dem Lindenhof und einem Chorhof, der dem Domherrn Jörg von Fridingen gehörte. Dort wohnte auch Herzog Ludwig von Bayern-Heidelberg. Dieser Bischof war ein gelehrter Mann, ein Doktor der Heiligen Schrift, doch er sprach nur schlecht Deutsch. Dennoch hielt er drei Predigten in Sankt Stephan, eine davon zur Passionszeit, und er hatte dabei immer einen deutschen Priester neben sich stehen. Und wenn er ein lateinisches Wort nicht auf Deutsch wusste, dann fragte er den Priester neben sich.

Der vierte Bischof hieß Johann von Breslau und war ein geborener Herzog von Masowien[104]. Er kam mit 18 Pferden und zwei Wagen und zog in das Haus bei der alten Badstube in der Amelunggasse. Und er brachte ein Fass Bier mit sich, das wog wohl 4 Ohm[105]. Dies trank er, denn er trank keinen Wein[106].

101 Gemeint ist wohl Bischof Johann von Lebus.

102 Andreas Lascary, Bischof von Posen.

103 Auch Sammlungsgasse, heutige Münzgasse.

104 Für „Johann“ käme Janusz I. Starszy, Herzog von Masowien, in Frage.

105 Ein Ohm (auch Saum) war ein Volumenmaß entsprechend der Belastbarkeit eines Saumtieres. Das Lasttier wurde seitlich mit zwei gleichmäßig belasteten Behältern behängt, den sogenannten Lägeln. Zwei Lägel ergaben also ein Ohm. Dies entsprach etwa 150 Litern.

106 In der Aulendorfer Chronik heißt es zusätzlich: „des biers trank ich Ulrich Richental ze Costentz“. Siehe Buck 2011, S. 30.

Die anderen beiden Bischöfe, der von Oppeln und der von Krakau, zogen beide gemeinsam in den Salmansweilerhof[107] mit 24 Pferden, ebenso vielen Leuten und zwei Wagen. Doch auch sie blieben nicht lange in Konstanz, denn sie mussten als Botschafter nach Hause zurückkehren. Die anderen drei Bischöfe blieben indes mit dem Erzbischof von Gnesen in Konstanz, bis das Konzil sich auflöste.

Mit ihnen kam auch Herr Schwarz Safftins[108], ein hervorragender Ritter und der beste Turnierreiter, der auf dem Konzil war. Doch er fand hier einige Schwaben, gegen die er sich im Kampf beweisen konnte, Truchsess Moll von Diessenhofen und den Freiherrn Junker Georg von End. Auch er war ein Botschafter des polnischen Königs. Er zog mit 24 Pferden und ebenso vielen Leuten in Conrat Ruhens Haus in der Sankt-Pauls-Gasse, gleich vor dem Brunnen.

Vier Tage später kam der hochwürdige Herr Erzbischof Peter von Magdeburg in Schlesien im Königreich Polen nach Konstanz, und mit ihm drei Bischöfe: der Bischof von Merseburg, der Bischof von Brandenburg und der Bischof von Meißen, die ihm alle unterstehen. Sie zogen mit 36 Pferden und ebenso vielen Leuten in den Hof zur Tule.

Auch zog am selben Tag der hochwürdige Fürstbischof Georg von Passau, geborener von Hohenlohe, mit 60 Pferden und ebenso vielen Leuten in die Stadt. Er nahm im Haus von Hans und Heinrich von Hof
27 VERS Quartier, in der Brudergasse, ganz unten bei den Barfüßern. Er war sehr vertraut mit dem Römischen König, sodass dieser in vielen Fragen seinen Rat einholte und oft mit ihm aß.

Danach kam Herzog Heinrich[109] von Schleswig mit 26 Pferden und ebenso vielen Personen an den See. Er zog in das Haus bei Sankt Johann hinten beim Haus des Unterküsters, und auch er erhielt sein Lehen vom Römischen König hier in Konstanz.

Am Freitag nach Mariä Lichtmess[110] kamen zum ersten Mal drei Kardinäle aus der Anhängerschaft von Papst Gregor nach Konstanz. Sie zogen mit 34 Pferden und ebenso vielen Leuten zu den Augustinern in Konstanz. Und danach, am fünften Tag, da kamen abermals drei Kardinäle von Papst Gregor mit 22 Pferden. Diese zogen ins Haus

107 Stadthof des Klosters Salem, der am heutigen Fischmarkt stand.
108 Identität unklar.
109 Im Text steht irrtümlich „Ludwig".
110 8. Februar 1415.

„Zum Engel“ bei den Augustinern und brachten die gute Nachricht, dass ihr Papst Gregor gerne freiwillig zurücktreten und alles tun werde, was das Konzil für richtig erachte. Darüber waren alle froh, und an diesem Tag wurde dreimal Laudes geläutet. Danach teilten sich die fünf [sic!] Kardinäle von Papst Gregor auf und jeder suchte sich eine Herberge.

Zu dieser Zeit kam auch ein Erzbischof aus Ungarn nach Konstanz, der hieß Johannes Erzbischof Strigonensis[111]. Er ist auch ein Erzkanzler des Königreichs Ungarn. Es ist gut bezeugt, dass er mit 160 Pferden und ebenso vielen Personen nach Petershausen in das Kloster zog.

Mit ihm kam noch ein anderer Erzbischof aus Ungarn, der hieß Andreas Erzbischof Colocensis[112]. Er zog mit 18 Pferden und ebenso vielen Personen in des Speckers Haus hinter Sankt Stephan.

Am Donnerstag vor Mariä Lichtmess[113] ritten zwei Erzbischöfe und zwei Bischöfe aus dem Königreich England in Konstanz ein, mit sieben Wagen und 22 Saumpferden, die Reisesäcke und andere Dinge trugen. Mit ihnen kamen 42 gelehrte Geistliche von der Universität in London, die am Meer liegt, sowie von der Hauptstadt Oxford [sic!]. Unter ihnen befanden sich zwölf Doktoren der Theologie, die anderen waren Magister beider Rechte. Mit ihnen kam der gefürstete Graf Richard von Warwick mit drei Posaunenbläsern und vier Pfeifern. Dieser Graf bestritt viele Turniere in Konstanz, und wenn er zum Stechen kam, dann ritt er auf einem verhüllten Ross in die Bahn, das trug vergoldete, mit Hermelin unterlegte Tücher. Und wenn er ein Pferd bei einem Stechen benutzt hatte, dann nahm er es nicht noch einmal, sondern immer ein neues. Seine Posaunenbläser spielten dreistimmig übereinander, so wie man für gewöhnlich singt. Er zog in das Malhaus am Oberen Markt.

Alle Engländer zusammen kamen mit etwa 500 Pferden und eben- 28 REC
so vielen Personen.

111 Der Erzbischof von Estergom oder Gran, Johannes Kanizsa.

112 Erzbischof Andreas von Kalocsa war als einer der Bevollmächtigen des Königs bei der Vorbereitung des Konzils im Sommer 1414 bereits in Konstanz gewesen.

113 31. Januar 1415.

Der erste von ihnen war der Bischof Johannes Erzbischof Salusburgensis.[114] Er zog in den Domherrenhof hinter dem Stauf, der eine Tür zum Kreuzgang hat. Dort blieb er lange Zeit, bis er sich krank nach Gottlieben begab, wo er auch starb.

Der zweite hieß Erzbischof Richard Lodoniensis.[115] Er zog in das Haus zum Goldenen Schwert und blieb dort während des ganzen Konzils.

Der eine Bischof war Gregor Bischof Dublinensis[116]. Er zog in das Haus zum Steinbock in der Mordergasse[117], wo er auch blieb.

Diese Botschafter kamen nach Konstanz sowohl wegen des Konzils als auch im Auftrag ihres Herrn, des englischen Königs, um seine Ehrenhaftigkeit und die Rechtshändel darzulegen, die er mit dem König von Frankreich hatte, weshalb sie heftig miteinander im Krieg lagen und sich gegenseitig Land und Leute verwüsteten.

Außerdem zogen Graf Hugo von Landrico und sein Sohn Graf Hans aus dem Königreich Aragon in Konstanz ein, im Namen und als Botschafter ihres Königs, mit 23 Pferden und ebenso vielen Personen.

Und gegen Abend zogen fünf Magister von der Universität Köln mit zwölf Pferden in das Haus des Babenbergers hinter der Metzig.

Es kam außerdem ein Bischof mit Namen Nikolaus von Konstanz – und dieses Konstanz[118] liegt in der Normandie – mit 5 Pferden hier an. Dazu muss man wissen, dass es drei Städte gibt, die Konstanz heißen, und in jeder Stadt gibt es ein Bistum.[119] Und die Leute, die alle drei Städte besucht haben, sind der Meinung, dass man in ihnen besonders gut leben kann im Vergleich zu anderen Städten. Dieser Bischof Nikolaus war ein junger Herr, doch er starb in Konstanz während des Konzils und wurde bei den Predigern begraben.

Am Freitag nach Lichtmess[120] zogen drei Grafen aus der Lombardei in Italien ein: Graf Lukas de Flisco, Albertus de Schotis und Markgraf

114 In Wirklichkeit hieß der Bischof von Salisbury Robert Hallum.

115 Bischof Richard Clifford von London.

116 Der Erzbischof von Dublin hieß Thomas Cranley.

117 Heute Rosgartenstraße.

118 Gemeint ist wohl Coutances in der Normandie. Der dortige Bischof hieß allerdings Johannes oder Jean und starb 1418.

119 Die dritte Stadt ist vermutlich Constanza in Rumänien.

120 8. Februar 1415.

Nikolaus von Valery. Sie kamen mit 36 Pferden und ebenso vielen Leuten, aber ihr Einzug war nicht sehr prächtig.

Außerdem kamen die ehrbaren und wohlgeborenen Herren von der Leiter[121] aus Verona in der Lombardei mit zwölf Pferden: Herr Paulus, Herr Nicodemus und Herr Bruno. Sie waren die engsten Freunde unseres Herrn, des Römischen Königs. Und mit ihnen kam Graf Ludwig von Roßlin mit fünf Pferden, und sie zogen in des Grünenbergers Haus unter den Säulen.

Weiter zog Herzog Carlo Malatesta aus der Lombardei[122] in Konstanz ein, der ebenfalls auf dem Obermarkt sein Herzogtum von unserem Herrn, dem Römischen König, empfing. Mit ihm kam sein
Vetter, der hochwürdige Herr Pandolfo Malatesta, Erzpriester in Bo- 28 VERS
logna. Er quartierte sich mit 60 Pferden im Haus zum Bart in der Mordergasse ein.

Auch kam gen Konstanz der hochwürdige Erzbischof Eberhard von Salzburg mit 170 Pferden und ebenso vielen Personen, und mit ihm kamen als Diener drei Grafen, die später genannt werden, außerdem viele edle Herren, Ritter und Knappen. Er zog in den Hof der Herren von Salmansweiler.[123] Er kam mit dem Schiff an, und seine Pferde und die dazugehörenden Knechte hatte er in Salmansweiler gelassen. Und während er in Konstanz war, verteilte er täglich große Almosen vor seinem Hof, einem jeden armen Menschen ein Hofbrot, das mindestens einen Heller wert war, ein großes Stück gesottenes Fleisch und Suppe sowie einen guten Trunk Wein. Am Freitag, Samstag und an Fasttagen gab es Mus oder Erbsen.

Es kamen auch zwei Herzöge aus Tropi in Griechenland als Botschafter des Kaisers von Konstantinopel an, Herr Mainols mit 20 Pferden und ebenso vielen Personen. Sie zogen in das Haus zur Tasche in der Sankt-Pauls-Gasse.

Außerdem zogen die Botschafter des Herzogs Witold von Litauen und der Herzöge und Despoten von Ratzen aus der großen und kleinen Walachei in Konstanz ein sowie die Gesandten der Könige der Türkei und der Herzöge aus Weißrussland und Rotrussland. Mit ihnen kamen eine Menge heidnischer Herren und Heiden mit wunderlichen

121 Die Fürsten della Scala aus Verona.

122 Herzog von Rimini und Pesaro.

123 Kloster Salem, das einen Stadthof am heutigen Fischmarkt hatte.

Gewändern, mit um den Kopf gewundenen Tüchern als Hut oder spitzen Hüten oder Hüten wie Infuln. Sie zogen mit 180 Pferden in Hansen Ruhen Haus vor dem Brunnen [in der Sankt-Pauls-Gasse].[124] Viele von ihnen waren Schismatiker, also griechischen Glaubens, doch die meisten waren Mohammedaner oder sonstige Heiden.[125]

Am 21. Tag des Monats Januar ritt ein Erzbischof aus Griechenland, Kiffionensis, mit Namen Georius[126], in Konstanz ein, und auch er war griechischen Glaubens. Er kam zum Konzil aus eigenem Interesse, aber auch im Auftrag all seiner Bischöfe, des Patriarchen von Konstantinopel und vieler anderer griechischer Länder und Bischöfe. Er zog mit 80 Pferden in das Haus zur Sonne von Ulrich Imholtz. Alle seine Priester und Pfaffen hatten lange schwarze Haare und lange Bärte, und sie hielten ihre Messe im Haus. Wie sie die Messe hielten und sich dabei gewandeten und wie sie das Sakrament und das Brot segneten, wird später noch dargestellt. Und es hieß, dass man zu einer Einigung mit ihnen hätte kommen können, doch das Konzil wollte ihnen keine Zugeständnisse machen, sodass sie also ihr Lebtag bei ihrem Glauben blieben.

29 REC Am Montag nach dem Lichtmesstag[127] kam ein Kardinal von Papst Benedikt aus Spanien in Konstanz an, und mit ihm drei Erzbischöfe, zwölf Bischöfe und zwei Grafen, die später genannt werden, und viele geistliche und weltliche Herren aus dem Land, mit 160 Pferden, und sie zogen in des Hürussen Haus an der Marktstätte.

Am Mittwoch vor dem Sankt-Agnes-Tag[128] zog der durchlauchtigste Fürst Herzog Ludwig von Bayern von Mortain, Herr zu Ingolstadt und Pfalzgraf bei Rhein, mit fünf Grafen und vielen Rittern und Knappen in Konstanz ein. Er zog mit 460 Pferden und ebenso vielen Personen in das Haus von Heinrich Muntprat am Oberen Markt. Dort blieb er, bis der Graf von Cilli und sein Sohn wieder fortritten, da zog er an ihrer statt in der Schmerlinen Haus.

124 Ergänzung in der Aulendorfer Chronik. Siehe Buck 2011, S. 33.

125 Die Authentizität dieses Abschnitts ist zweifelhaft.

126 Erzbischof von Kiew in der Ukraine. Gemeint ist wohl Gregor Camblak; siehe Folio 119 verso. Der Verfasser lässt ihn zweimal in Konstanz eintreffen.

127 4. Februar 1415.

128 16. Januar 1415.

Und danach, am Freitag, zog Herzog Heinrich von Bayern-Landshut,[129] Pfalzgraf bei Rhein, mit 300 Pferden und ebenso vielen Leuten in das Haus von Jakob Schwartz am Fischmarkt, anstelle von Herzog Ludwig von Heidelberg, der danach in das Haus der Felixin zog. Vor ihm war bereits der Burggraf Friedrich von Nürnberg nach Konstanz gekommen. Er war der Statthalter des Kurfürstentums Brandenburg, welches ihm später in Konstanz zum Lehen gegeben wurde. Er zog mit 180 Pferden und vier Wagen in das Haus von Heinrich von Tettikoven am Fischmarkt, genannt das Hohe Haus, wo er während des gesamten Konzils blieb[130].

Danach traf Burggraf Hans von Nürnberg in Konstanz ein und zog mit 120 Pferden und ebenso vielen Personen in das Haus des Bürgermeisters von Ulm in der Sankt-Pauls-Gasse. Mit ihm kamen zwei mächtige Grafen von Orlamünde, die seine Diener waren.

Außerdem kamen zwei Herzöge von Lothringen bei Frankreich nach Konstanz, mit 60 Pferden, und zogen in das Haus Conrats von Hof in der Brudergasse. Auch sie empfingen hier in Konstanz am Oberen Markt ihr Lehen.

Dann kam Herzog Friedrich von Österreich mit zwölf Grafen, 600 Pferden und ebenso vielen Gefolgsleuten. Er schickte aber seine Pferde und die dazugehörigen Knechte fort und zog in das Kloster Kreuzlingen. Dort blieb er auch bis zu dem Zeitpunkt, als er Papst Johannes von Konstanz fortführte. Danach musste er als Gefangener nach Konstanz zurückkehren, wo er in das Haus der Felixin zog. Dort blieb er dann, bis sich seine Angelegenheiten zum Schlechten wandten.

Außerdem zog der Bischof von Gran[131] wieder mit 300 Pferden in Konstanz ein, nachdem er vorher als Botschafter ausgesandt worden war. Er zog wieder in das Kloster Petershausen, wo er auch vorher gewohnt hatte.

Am Montag nach Lichtmesstag[132] kam ein mächtiger Ungar nach 29 VERS
Konstanz, genannt Herr Pipo. Sein Land liegt ganz unten in Ungarn bei der Eisernen Pforte, es stößt an die Grenze der Türkei und reicht

129 Im Text irrtümlich „Landsberg".

130 Der Einzug des Burggrafen ist im Text schon einmal aufgeführt (siehe Fol. 22 recto).

131 Siehe Folio 27 verso.

132 4. Februar.

bis nach Siebenbürgen. Deshalb muss er ständig auf der Hut sein und viele Söldner und Kriegsleute bei sich haben, damit die Türken, die Ratzen[133] und die Bewohner der Walachei, die alle Heiden sind, nicht in sein Gebiet eindringen. Solche Einfälle unternehmen sie für gewöhnlich einmal im Jahr, und wenn es ihnen gelingt, dann rauben sie Leute, Kinder, Weiber und Männer sowie Hab und Gut und führen alles in ihr Land, wo sie ihre Bauern damit versorgen. Man gibt dort jedem Hausbesitzer einen gesalzenen Ochsen, einen Schweineschinken und stellt ihm Vieh ein, sodass er gut als Bauer leben kann. Desgleichen tun die Ungarn, wenn sie in deren Länder einfallen. Deshalb muss Herr Pipo sich gegen seine Nachbarn wehren. Er kam mit 160 Pferden nach Konstanz und zog in das Haus derer von Breitenstein in Petershausen, direkt an der Brücke, blieb aber nicht lange in Konstanz, denn er musste bald wieder heimfahren, um sein Land zu behüten.

Doch es zogen so viele Leute in Konstanz ein, dass es gar lang würde, alles zu beschreiben. Darum lasse ich es jetzt also bleiben und komme wieder zum Konzil.

Es waren nun also viele geistliche und weltliche Herren, Fürsten und Prälaten in Konstanz eingetroffen, aber die Spanier waren noch nicht gekommen. Dieses Land hat neun Königreiche, die alle christlich sind und zur spanischen Nation gehören.

Damals gab es noch nicht mehr als vier Nationen. Das waren die italienische, die germanische, die französische und spanische. Als nun die Spanier nicht kamen, da erwählte das Konzil eine fünfte Nation, das waren die Anglici und Scoti, also die Engländer und Hibernier, das heißt die Schotten. Sie wurden vorher noch nicht als eine Nation angesehen, denn ihnen wurde erst damals eine Nation zugestanden mit Willen, Wissen und Gunst der Germani, das heißt der Deutschen, zu deren Nation sie vorher gezählt wurden. So entstanden fünf Nationen, während es vorher nur vier gewesen waren.

Hier wird nun erzählt, welche Länder und Königreiche zu jeder Nation gehörten. Zunächst zur Lombardei:

Zur italienischen Nation gehören das Römerland, die Lombardei, die Toskana, das Königreich von Sizilien-Neapel, das obere Sizilien, das Königreich von Zypern über dem Meer, das Kaiserreich von Konstantinopel in Griechenland, wo noch viele gute Christen leben, und

133 Ein Volk slawischen Ursprungs unter türkischer Herrschaft.

was an christlichen Leuten zu diesem Kaiserreich gehört, das Königreich Bosnien[134], wo aber größtenteils Heiden leben, das königliche Kilikien, das vor langer Zeit zu Candia gehörte, sich jetzt aber in florentinischer Hand befindet und wo auch größtenteils Heiden leben, die Königreiche der großen und kleinen Türkei; das Kaiserreich von Schiltach in der Walachei und alle, die im Reich der Tataren leben. In der Tatarei gibt es sieben Kaiserreiche: die große Stadt und das 30 REC
Königreich von Nowgorod, was auf Deutsch so viel wie der große Baumgarten heißt, und dahinter das Königreich ad Auream Vetulam[135], zum goldenen alten Weib. Das sind zwei Königreiche für sich selbst. Außerdem gehören zur italienischen Nation Venedig, Genua, Florenz und dazu alles Land und alle Leute, die ihnen unterstehen, was sehr viele sind.

Die germanische Nation, das ist Deutschland und alle, die Deutsch sprechen; außerdem das Heilige Römische Reich, das Königreich von Böhmen, das Königreich von Ungarn, das Königreich von Polen, die Herzogtümer von Litauen in Russland – das sind vier Herzogtümer: die richtigen Russen, die Roten Russen, die Weißen Russen und Smolensk – sowie alle Gebiete, die von der Donau berührt werden bis nach Griechenland; das ganze Bayernland und das ganze Schwabenland, das auf Lateinisch Alemania heißt; das Königreich von Schweden, das Königreich von Dänemark, das Königreich von Norwegen, das Königreich von Flandern, Brabant und Holland bis an die Grenze zu Frankreich und den Rhein hinab bis England. Alles, was es dort an Christenleuten gibt, gehört zur germanischen Nation. Allerdings gibt es auch hier in einigen Ländern Heiden und Schismatiker, also Christen griechischen Glaubens, sowie Mohammedaner.

Frankreich ist eine Nation für sich und hat kein weiteres Königreich unter sich, nur den eigenen König, also den König von Frankreich. Wohl gibt es in diesem Land große und mächtige Fürsten und Herren, die ausgedehnte Ländereien besitzen, wie der Herzog von Burgund, der Herzog von Savoyen, der in Konstanz zum Herzog ernannt wurde, denn vor dem Konzil war er nur Graf gewesen, und weitere mächtige Fürsten und Herren wie die Herzöge von Orleans und von

134 Ab hier wird die Beschreibung der „italienischen Nation“ sehr phantasievoll. Auch die Beschreibungen der anderen „naciones“ sind teilweise willkürlich.

135 Gemeint ist wohl das Gebiet der „Goldenen Horde“.

Avignon. Alles, was sich dort im Umkreis befindet, gehört zur französischen Nation. Die Tatsache, dass diese Nation einen so großen Namen hat, obwohl es dort nur einen König gibt, verdankt sie der Universität von Paris.

Zur spanischen Nation gehören folgende Königreiche, die sich dort befinden: Das ist zum Ersten der König von Spanien, dann das Königreich Kastilien, das ist das Untere Sizilien ganz im Westen, das Königreich Aragon, das Königreich Mallorca, das Königreich Navarra, das Königreich Portugal, das Königreich Granada, wo es noch eine rechte Aufgabe ist, gegen die Heiden zu kämpfen und zu fechten, denn die Heiden liegen in ständigem Streit mit dem König von Spanien. Die Stadt Granada liegt im Lande des Königs von Kastilien, und auch die dortigen Bewohner sind Heiden. Der König von Granada hat seinen Sitz jenseits des Meeres, während die Stadt diesseits liegt; sie stößt an das Meer und liegt doch im Land des Königs von Kastilien. Weiter gehört dazu das Königreich von Faist.[136] Diese zwei Königreiche sind
30 VERS nicht christlich, doch gibt es dort etliche Bistümer, Städte und Länder, wo gute Christen sind. Doch sind sie alle ihrem eigenen König unterstellt, obwohl alle neun Königreiche der Herrschaft des Königs von Spanien unterliegen, d.h. von Kastilien oder Sizilien, das sind zwei Königreiche und sie gehören beide ihm. Zu diesen Königreichen zählt auch das Königreich León, das ein eigenes Königreich für sich ist und dem heidnischen Glauben anhängt. Zwar gibt es auch dort viele gute Christenmenschen, aber sie sind den Heiden untertan und die Heiden und Ungläubigen haben Gewalt über sie. Aber es heißt, der König von Spanien bezwinge sie alle, sodass sie zum christlichen Glauben kämen. Daher sind viele Leute der Meinung, dort seien keine Heiden mehr, sondern Christen.

Zu diesen Ländern gehört auch ein Land, das Armenien heißt. Es sind eigentlich zwei Länder, das größere Armenien und das kleinere. Und auch in diesem Land leben viele Heiden, die Jupiter für ihren Gott halten. Sie sind aber die am weitesten gereisten Kaufleute und den Kaufleuten aus allen anderen Ländern überlegen. Man hält sie für wahrhafte und ehrbare Leute, und je nachdem, in welches Land sie kommen, dessen Glauben nehmen sie an, nur daheim haben sie ihren eigenen Glauben.

136 Unklar.

Die Anglici, also die aus England, haben ihre Nation in Konstanz erworben. Dazu gehören das Königreich England, das Königreich Hibernia, das heißt Schottland,[137] sowie das Königreich Arabien jenseits des Meeres, von wo die Engländer ihr gutes Gold erhalten für ihre Tuche. Folgende Königreiche liegen jenseits des Meeres, aber sie haben Häfen und Schiffsanleger in England: der König Medorum, das Königreich der Perser, die zwei indischen Königreiche, das kleinere und das größere, das Land des Priesters Johannes, das Königreich Äthiopien, das Königreich Idemnea, in dem Mohren leben, das Königreich Ägypten, das Königreich Ninife, alles Land, das dem Großkhan gehört und dem Sultan von Babylon, und ganz Indien. Es heißt, dass dort insgesamt mehr als 42 Könige seien und dass dort nur Heiden lebten, doch gebe es allenthalben auch Christen unter ihnen. Über all diese Königreiche oder zumindest den größten Teil von ihnen herrscht der mächtige Großkhan, der in Karthago seinen Sitz hat, et est civitas trium dierum itineris[138]. Dieser hat auch zwei Patriarchate unter sich und besetzt und entsetzt alle Erzbistümer und Bistümer, die in seinem Machtbereich liegen, er zieht die Pfründen ein und ernennt heidnische Bischöfe, die locidi genannt werden, und heidnische Priester, die frantzi genannt werden. Alle Christen aber, die in diesen Ländern leben, zählen zur englischen Nation.

Der König und die Länder dieser fünf Nationen hatten nun alle ihre frommen und ehrbaren Botschafter mit Vollmachten nach Konstanz geschickt. Das waren gelehrte Leute, Christen oder nicht, geistliche oder weltliche Personen, und jeder mit der Vollmacht seines Herrn ausgestattet, mit Briefen und Siegeln und wichtigen Urkunden.

Die Nationen kamen nun jeden Tag zusammen, jede Nation in 31 REC
einem eigenen Konklave, das heißt in einer geschlossenen Sitzung. Und jede Nation hatte ihre ehrbaren Botschafter, die gelehrte Theologen waren, und man sandte Vertreter zu den anderen Nationen, wenn man einen Beschluss gefasst hatte, und die anderen Nationen taten dasselbe. Und das trieben sie täglich.

Alle, die nun zum Konzil gehörten, saßen im Münster, dem Dom, auf Bänken, wie sie vorher beschrieben wurden, und der Papst vor

137 Hibernia ist allerdings der lateinische Name für Irland.

138 „und das ist eine Stadt von drei Tagesreisen" (im Umfang). Siehe Feger 1964, Bd. 2, S. 183, Fußnote 92,1.

ihnen am Altar des Leutpriesters, und die anderen Herren, Patriarchen, Kardinäle, Erzbischöfe, Bischöfe und alle Herren je nach ihrem Rang und ihrer Würde.

Die italienische Nation tagte bei den Predigern im Refektorium. Die von Frankreich trafen sich ebenfalls bei den Predigern, im Kapitelhaus, die germanische Nation bei den Barfüßern im Kapitelhaus und die Spanier bei den Augustinern. Die englische Nation hielt ihre Sitzungen im Refektorium der Barfüßer ab. Auch die Kardinäle von Papst Benedikt und Papst Gregor trafen sich bei den Augustinern im Kapitelhaus, aber nicht lange, denn sie wurden später unter die anderen Kardinäle aufgeteilt. Das Kardinalskollegium tagte beim obersten Kardinal, dem Kardinal von Ostia, im Domherrenhof des Herrn Albrecht von Beutelsbach, wo auch die Patriarchen hinzukamen. Unser Herr, der König, hielt sich jeweils an einem dieser Orte auf, wohin er dann auch seine Berater berief.[139]

Nun beginne ich damit, zu berichten, wie das Konzil, die Nationen, das Kardinalskollegium, die Universitäten, die Erzbischöfe, Patriarchen und alle anderen, die zum Konzil gehörten, mit dem König darüber berieten, was als Nächstes und Bestes zu tun sei, damit der Christenheit die Einheit zurückgegeben und ein gemeinsames Haupt erwählt werden könnte, etc.

Am letzten Tag des Monats Februar des vorher genannten Jahres waren sich alle Nationen, das Kollegium, der König und alle geistlichen und weltlichen Herren einig geworden, dass es nichts Besseres gebe als die Einigkeit der Christenheit, und dass Papst Johannes freiwillig von seiner Würde und vom Papsttum zurücktreten solle, denn man hatte eine Botschaft von Papst Gregor bekommen, dass er gerne abtreten und der heiligen Christenheit ihre Ruhe zurückgeben wolle. Die Boten hatten diese Nachricht aber heimlich überbracht. Als dieser Vorschlag nun dem Konzil und Papst Johannes vorgelegt wurde, nahm sich dieser 14 Tage Bedenkzeit, denn er setzte darauf, dass er glaubte, Papst Benedikt sei ein so mächtiger Mann von Geburt her, dass er niemals zurücktreten würde.

31 VERS Deshalb war er auch der Meinung, dass dessen Botschafter, die er nach Konstanz entsandt hatte, keine Vollmacht hätten, seinen Rück-

139 Dieser Satz ist in der Konstanzer Ausgabe verstümmelt; wir haben ihn aus der Aulendorfer Ausgabe ergänzt. Siehe Buck 2011, S. 39.

tritt zu verkünden noch anzunehmen. Das Gleiche glaubte er auch von Papst Gregor. Die Bedenkzeit wurde ihm vom Konzil und allen Räten zugestanden, damit sie ihn umso leichter erweichen konnten, denn er war in diesem Punkt sehr hart.

Am Tag unserer Frau, dem Lichtmesstag[140], gab es eine Gesamtsession, dazu läutete man in der Frühe mit der großen Glocke. Und als man zum dritten Mal läutete, da kamen alle ins Münster zur Sitzung, und besonders die Gelehrten aus den Königreichen Schweden, Dänemark und Norwegen. Diese berichteten dem Konzil, dass vor Zeiten in ihren Königreichen eine heilige Königin mit Namen Brigitta gelebt habe, die nach Gottes Eingebung in viele Länder gepilgert sei, wobei sie immer auf eigene Kosten einen gottesfürchtigen Magister der Theologie und zwei bewährte gottesfürchtige Priester mit sich geführt und sich immer an Gottes Willen gehalten habe. Auch habe sie zu Lebzeiten und nach ihrem Tod viele deutliche Zeichen gegeben, wie sie von ihren Alten gehört hätten, die diese noch selber gesehen hatten. Und sie vollbringe auch jetzt noch öffentliche Wunder, die sie selbst und viele Menschen in ihrem Land gesehen hätten. Dann baten sie das ganze Konzil, dass man sie zur Heiligen erhebe und kanonisiere. Da bedachte sich das Konzil und antwortete mit einer Stimme: Wenn neun Doktoren oder Magister der Theologie, oder, wenn es nicht alles Magister wären, dann eben Lizenziaten, wenn also diese neun sich hinstellen und bei Gott und allen Heiligen auf das heilige Evangelium schwören würden, dass sie solche Zeichen und Wunder gesehen und gehört hätten und dass diese wirklich geschehen seien, und dass außerdem auch ihre Altvorderen solches gesehen hätten, dann solle es geschehen, dass man sie nach dem vorgeschriebenen Recht kanonisieren und zu einer Heiligen machen werde. Also schworen die neun, die dafür aufgestellt wurden, auf das heilige Evangelium, dass dem so sei. Dieser Schwur fand vor dem Hauptaltar im Münster statt.

Danach hielt ein Erzbischof von Dänemark die Messe, und in dieser Messe wurde sie auf den Altar erhoben, in ihrem Namen eine große Büste aus vergoldetem Silber, mit Haupt und Brust und einer
Krone auf dem Haupt. So wurde sie kanonisiert und zu einer Heiligen 32 REC
gemacht, mit rechtem Urteil und allgemein gesprochenem Recht und

140 2. Februar 1415. In Wirklichkeit fand die Heiligsprechung am 1. Februar statt. Siehe Feger 1964; S. 184, Fußnote 97.

geschworenen Eiden. Dann nahm der Bischof die Büste und erteilte damit den Segen. Und der Erzbischof fing an, mit lauter Stimme auf Latein zu singen: „Ecce nova proles data est“, das heißt: Seht, ein neues Kind ist Gott gegeben. Danach sang man: „Te Deum laudamus“ und läutete dreimal Laudes. An dieser Messe nahmen teil: Papst Johannes, vier Patriarchen, 29 Kardinäle, 47 Erzbischöfe, 162 Bischöfe, alle Prälaten und Gelehrten, unser Herr, der König, alle Kurfürsten, Fürsten, Herzöge, Grafen, Ritter und Knappen.

Zum Mittagessen hatten die Boten der drei Königreiche ein köstliches Mahl bereitet und luden viele Kardinäle, Erzbischöfe, Bischöfe und viele andere gelehrte Leute, unseren Herrn, den König, und viele weltliche Fürsten dazu ein. Und nach dem Mahl predigte einer von ihnen in Latein. Als es dann Abend wurde, läutete man abermals Laudes.

Das folgende Bild zeigt, wie sie erhöht wurde und wie die Magister schworen.

Außerdem sieht man danach gemalt, wie Papst Johannes am Lichtmesstag die Messe hielt und die Kerzen weihte und wie er den Segen gab und die Kerzen herabwarf, und wie er um die Mittagszeit den Herren, die er beschenken wollte, die Kerzen zu ihren Häusern und Höfen bringen ließ.

32 VERS *Bild: Die neun Doktoren schwören auf das Evangelium.*

33 REC *Bild: Vor dem Hauptaltar des Münsters zeigt ein Bischof die Büste der heiligen Brigitta.*

33 VERS *Bild: Papst Johannes XXIII. wirft von der Altane des bischöflichen Palastes geweihte Kerzen unter das Volk.*

34 REC *Bild: Eine weitere Gruppe von Menschen, die Kerzen empfangen*

34 VERS *Bild: Drei Männer tragen geweihte Kerzen durch die Stadt. An den Häusern sieht man die Wappen der jeweiligen Gäste.*

35 REC Am Tag unserer Frau, dem Lichtmesstag, da hielt unser heiliger Vater Papst Johannes die Messe im Dom von Konstanz und weihte die Kerzen. Er sprengte selber Weihwasser darüber und las fünf Gebete über den Kerzen. Nach der Messe ging er in die Pfalz zum Erker, der über dem Kellereingang auf den Oberen Münsterhof zeigt. Bei ihm standen vier Kardinäle in ihren Priestergewändern, ebenso wie er, und alle trugen eine Inful. Auch standen bei ihm unser Herr, der Römische

König, sowie der Hochmeister von Rhodos. Der Papst gab dem Volk den Segen und warf mit eigener Hand Kerzen herab unter das Volk, große Kerzen, von denen jede wohl aus einem halben Viertelpfund Wachs bestand und eine halbe Elle[141] lang war, und davon warf er eine Menge herab. Danach, als er schon sehr viele herabgeworfen hatte, warfen seine Kapläne noch kleinere Kerzen unter das Volk, insgesamt wohl an die 60 Pfund Wachs. Und die Leute hangelten danach und fielen übereinander her, sodass etwa 50 von ihnen auf einem Haufen lagen und darob ein großes Gelächter anhob.

Nach dem Mittagessen sandte unser heiliger Vater, der Papst, allen namhaften geistlichen und weltlichen Herren noch Kerzen in ihre Herbergen. Und wem er sie schenkte, der teilte sie mit seinem Hauswirt oder der Hausfrau, sodass jedermann Kerzen erhielt, der sie begehrte. Und es hieß, das Wachs habe sich insgesamt auf anderthalb Zentner belaufen.

Und während noch Papst Johannes seine Bedenkzeit hatte, kam eine Botschaft von Papst Benedikt, dass er auf keinen Fall zurücktreten werde, denn er sei einstimmig gewählt worden und wolle sein Leben lang Papst bleiben. Außerdem seien auch alle seine Kardinäle gehalten, auf keinen Fall gegen ihn zu stimmen, denn alle, die zur spanischen Nation gehörten, seien für ihn und müssten ihm gehorsam sein. Da erschraken alle geistlichen und weltlichen Fürsten, und es herrschte große Trauer unter all denen, die zum Konzil gehörten, bis am dritten Tag eine andere Gesandtschaft kam, mit 13 Pferden.

Am dritten Tag danach kamen Abgesandte der Spanier und von allen Königreichen unter jener Nation, die vorher genannt wurden, mit zuverlässigen Briefen und der eindeutigen Botschaft, dass sie zu jenem Papst halten würden, den das heilige Konzil erwähle, und sie würden sich freiwillig aus der Obödienz Papst Benedikts lösen. Als diese Botschaft eintraf, waren die Herren wieder froh, außer denjenigen, die davon betroffen waren. Und es wurde dreimal Laudes geläutet, so wie es vorher beschrieben wurde.

Bevor die Bedenkzeit von Papst Johannes um war, ritten noch so viele Herren in Konstanz ein, dass es zu lang würde, alles zu beschreiben. Doch es herrschte eine solche Zucht in der Stadt, dass niemals jemandem ein Leid geschah, etc.

141 Eine Konstanzer Elle entsprach damals 68 Zentimeter.

35 VERS Als Papst Johannes nun merkte, dass es nicht mehr anders ging, da ließ er am 1. März das Konzil zu einer Sitzung zusammenläuten. Es kamen alle Kardinäle, Patriarchen, Erzbischöfe, Bischöfe, alle Äbte, Schulen und Gelehrte, unser Herr, der Römische König, alle Kurfürsten, Fürsten, Herzöge, Markgrafen etc. und alle geistlichen und weltlichen Herren. Papst Johannes feierte zunächst eine gesungene Messe, danach hielt der Erzbischof von Gnesen in Polen eine gesprochene Messe. Nach der zweiten Messe trat Papst Johannes mit seinen Auditoren, Sekretären, Prokuratoren und Notaren vor das Konzil und gab das Papsttum freiwillig auf. Er schwor öffentlich vor dem ganzen Konzil und vor unserem Herrn, dem Römischen König, diese Bulle zu halten. Es war eine Bulle mit einem Bleisiegel, das mit Hanfschnüren angehängt war. [Als er geschworen hatte, weinte er,[142]] und mit ihm weinten seine Diener und Kardinäle, die Erzbischöfe und Bischöfe, kurz alle, die zu seiner Obödienz gehörten, und auch unser Herr, der König. Und es wurde mehrmals Laudes geläutet: vor dem Mittag, nachdem er geschworen hatte, zur Vesperzeit und auch, als die Nacht hereinbrach.

Diese Bulle, die in Latein geschrieben ist, steht hiernach. Er gab sie allen Erzbischöfen, und diese sandten sie ihren Suffraganen und all jenen, die sie gerne haben wollten, mit einem Vidimus.[143] Und danach aßen der König und viele Kardinäle mit dem Papst.

Bulle

Johannes, Bischof, Diener der Diener Gottes, allen, die diesen Brief sehen, Gruß und apostolischen Segen. Aller Welt sei hiermit kundgetan, dass ich um des Friedens des ganzen christlichen Volkes willen verspreche, gelobe und schwöre vor Gott und der Kirche und diesem heiligen Konzil, freiwillig dieser Kirche den Frieden zu geben, indem ich auf das Papsttum verzichte und diesen Verzicht auch durchführen werde, sofern und sowie Petrus de Luna und Angelus Corvarus, die in ihren Obödienzen Benedikt XIII. und Gregor XII. genannt werden, entweder selbst oder durch ihre rechtmäßigen Bevollmächtigten in gleicher Weise verzichten. Gegeben zu Konstanz am 1. März 1415.[144]

142 Ergänzt nach der Aulendorfer Ausgabe, Buck 2011, S. 4.

143 Beglaubigung.

144 Übersetzung nach Feger 1964, Bd. 2, S. 186, Fußnote 104/2.

Nachdem diese Bulle verlesen worden war, ließ Papst Johannes mit allen Glocken ein Freudengeläut anstimmen, vor dem Mittag, zur Vesperzeit und am Abend.

Am dritten Tag danach[145] kamen die Bevollmächtigten von Papst Gregor, die erklärten, dass er freiwillig vom Papsttum zurücktreten wolle.[146] Es waren sechs Kardinäle, und sie sagten, ihr Herr und sie selbst wollten tun, lassen und halten, was das Konzil für richtig erach- 36 REC
te. Sie alle kamen zum Konzil, und mit ihnen der hochwürdige Herr Pandolfus Malatesta, Erzdiakon, der ebenfalls ein Botschafter von Papst Gregor war. Auch all diejenigen seiner Anhänger, die sich bereits in Konstanz befanden, gaben das Papsttum in die Hand des Konzils und schworen auf das Evangelium, das zu halten, was das Konzil entscheiden und tun werde. Da wurden auf der Stelle alle sechs als Kardinäle bestätigt. Sie erhielten Mantel und Hut und wurden noch einmal in ihre Würde eingesetzt.

Als nun die Kardinäle und Botschafter von Benedikt das sahen, traten auch sie zurück und wurden ebenfalls bestätigt wie die anderen.[147]

Danach, zur Mitte der Fastenzeit, am Sonntag, an dem man in der heiligen Kirche Laetare singt, hielt unser Heiliger Vater Papst Johannes am Hauptaltar im Dom die Messe. Da segnete er eine edle goldene Rose[148], die sehr kostbar war, und gab sie mit eigener Hand in die Hand unseres Herrn, des Königs. Der empfing sie sehr würdevoll vor dem Hauptaltar im Münster und hielt sie die ganze Messe hindurch in seiner Hand. Nach der Messe ging unser Heiliger Vater, der Papst, in die Pfalz auf den Erker und mit ihm der König und viele Kardinäle, Erzbischöfe, Bischöfe und sieben Fürsten. Dort hielt man die Rose hoch, sodass alle Leute sie sehen konnten, und der Papst gab den Segen damit.

Nach dem Segen nahm unser Herr, der König, diese Rose mit einem goldenen Tuch in die Hand und ritt damit durch die Stadt, und mit ihm alle Kurfürsten, Fürsten, Grafen, Freiherrn, Ritter und Knappen, und er zeigte allen die Rose. Vor dem König ritten seine Posaunenbläser und die Posaunenbläser der anderen Fürsten, insgesamt 23, sowie alle

145 5. März 1415.

146 Die Rücktrittserklärung erfolgte in Wirklichkeit erst ein Vierteljahr später.

147 Das stimmt nicht; von Benedikts Kardinälen war noch keiner da.

148 Ehrengeschenk eines Papstes an kirchlich oder politisch wichtige Personen oder Institutionen, meist bestehend aus Gold oder vergoldetem Silber.

Pfeifer, das waren 40. Die bliesen und pfiffen die ganze Zeit. Dann ritt der König wieder auf den Oberen Hof vor die Pfalz und stieg dort vor dem Papst ab. Er ging zu Fuß mit der Rose ins Münster und stellte sie auf den Hauptaltar, um sie unserer Lieben Frau zu übergeben, wo sie sich noch heute befindet.[149] Dann ging er wieder in die Pfalz und aß mit dem Papst zu Mittag.

Zu diesem Mittagessen hatte unser Heiliger Vater Papst Johannes unseren Herrn, den König, geladen, aber auch viele Kardinäle, Erzbischöfe, Bischöfe und andere Fürsten und Gelehrte, und denen bot er ein sehr gutes Mahl. Doch saß der Papst abgesondert von den anderen an einem besonderen Tisch, wo er alleine aß. An einem zweiten Tisch saß unser Herr, der König, und neben ihm der Kardinal von Ostia. Danach folgte je ein Kardinal, ein weltlicher Fürst, ein Patriarch, ein Erzbischof oder ein Bischof. Am dritten Tisch saßen die Auditoren und Gelehrten. Dieses Mahl fand in der großen Stube der Pfalz statt, und nach Tisch predigte jemand in Latein. Doch niemand aß mit dem Papst.

36 VERS *Bild: Gruppe von singenden Domherren.*
37 REC *Bild: Papst Johannes XXIII. verleiht König Sigismund die goldene Rose.*
37 VERS *Bild: Eine Gruppe von Menschen kniet andächtig auf dem Oberen Münsterhof, um den Segen zu empfangen.*
38 REC *Bild: Der Papst segnet das Volk vom Erker der Pfalz aus.*
38 VERS *Bild: König Sigismund reitet mit der goldenen Rose durch die Stadt.*
39 REC *Bild: Vor dem König reiten Posaunenbläser und Pfeifer.*

39 VERS Und am Sonntag Laetare hielt Johannes Hus, der schon vorher auf Anweisung des Konzils nach Konstanz gekommen war, im Haus der Pfisterin in der Sankt-Pauls-Gasse die Messe und ließ auch dazu läuten, und einfältige, ungelehrte Leute kamen und hörten seine Messe. Das wurde ihm jedoch im Nu von einem Konstanzer Vikar verboten. Als Hus das bemerkte und auch andere Leute ihm sagten, man wolle ihn wegen seines Unglaubens angehen, da begann er sich zu fürchten, obwohl ihm der Papst, das Konzil und auch unser Herr, der Römische König, gutes Geleit gegeben hatten. Diesem Geleit wollte er nun nicht mehr ganz trauen, und so legte er sich in einen Wagen und be-

149 Bis zur Reformation. 1530 wurde sie mit dem Münsterschatz eingeschmolzen.

deckte sich mit Stroh. Auch nahm er zu essen und zu trinken mit, was er brauchte.[150] Die Knechte wollten mit dem Wagen nach dem Mittagessen ins Holz fahren. Der Wagen gehörte einem böhmischen Ritter namens Latzembock.[151] Dieser wurde beschuldigt, auch ein Hussit zu sein, denn beide waren in einer Herberge, und der Latzembock hatte Hus aus Böhmen hierhergebracht. Doch nun brach Hus selber sein Geleit. Als man sich zu Tisch setzte und Hus fehlte, da lief der Latzembock zusammen mit Kolobrat[152], einem anderen böhmischen Ritter, zu Bürgermeister Heinrich von Ulm und klagte ihm dies. Der Bürgermeister hieß sofort alle Tore schließen und viele Gewappnete mit Pferden zum Obermarkt kommen. Dies geschah auch unverzüglich. Und als so schnell so viele Männer in Rüstung zusammenkamen, da waren die Fremden, die wussten, worum es ging, voll des Lobes, dass die Menschen so gehorsam waren und so viele gut Gewappnete in einer so kleinen Stadt zusammenkamen. Diejenigen, die nicht wussten, worum es ging, erschraken jedoch, als sie die Menge beieinander sahen und jeder einen Befehl erhielt, wohin er reiten oder laufen sollte und in welche Richtung.

Da fand man Meister Hus in dem Wagen. Der Latzembock sprach zu ihm: „Warum habt ihr selber euer Geleit gebrochen?“ Gleich um die Vesperzeit führten der Latzembock und der Kolobrat den Hus auf den Oberen Hof vor die Pfalz und übergaben ihn Papst Johannes, und dabei folgten ihnen mehr als 12 000 Menschen aus Neugierde. Sie überbrachten ihn zu Pferd, doch als er abstieg, entkam er zwischen all den Leuten und wollte flüchten. Es half ihm aber nichts, denn die Büttel des Papstes mit den Silberstäben erwischten ihn. So brachte ihn der Papst als Gefangenen in die Pfalz. Dort lag er etwa acht Tage gefangen. Dann führte man ihn zu den Predigern, wo er gefangen war, bis er verbrannt wurde. Und ständig gingen gelehrte Theologen zu ihm und disputierten mit ihm über seinen Irrglauben. Er wurde immer von ihnen überwunden und hätte wohl auch Abstand genommen vom falschen Glauben, wenn er nicht hätte widerrufen und nach Böhmen schrei-

150 Dieser Fluchtversuch und alles Folgende zu Hus ist wohl eine Legende. Hus war bereits am 28. November 1414 verhaftet worden. Ausführlicher Feger 1964, Bd. 2, S. 188.

151 Ritter Heinrich von Chlum von Letzenbock. Er war bei der Verhaftung von Hus nicht zugegen.

152 Gemeint ist wahrscheinlich Johannes von Chlum.

ben müssen, dass er etwas Falsches gelehrt und gepredigt habe. Das wollte er nicht auf sich nehmen, sondern sich eher verbrennen lassen.

40 REC Nun möchte mancher wohl gerne wissen, wie der Papst dem Volk auf dem Oberen Münsterhof den Segen gab. Dazu muss man wissen, dass in Konstanz auf dem Oberen Hof an der Pfalz ein gewölbter Kellerhals[153] angebaut ist. Darauf befand sich ein Erker, der gleich weit vorstand wie der Kellerhals, darin ein Gemach. Und über diesem Gemach lag ein großer Erker, der noch weiter hervorstand, der hatte nach vorn drei so große Fenster, dass vier Personen gut nebeneinander aus einem Fenster herausschauen konnten, und an jeder Seite noch einmal zwei große Fenster. Diesen Erker betrat man von der Pfalz aus. Und wenn der Papst den Segen geben wollte, dann hängte man kostbare weiße Tücher von bestem Damast aus diesen Fenstern. Innen wurde der Erker ebenfalls mit solchen Tüchern behängt, die Decke hingegen mit goldenen Tüchern. Und auf das Fensterbrett des mittleren Fensters legte man ein langes, kostbares Tuch und darauf ein Kissen und auf dieses Kissen wiederum ein goldenes Tuch, das weit herabhing. Wenn nun der Papst den Segen geben wollte, dann ging vor ihm ein Bischof mit einer weißen Inful und trug ein goldenes Kreuz vor ihm her. Nach dem Kreuz kamen aber zwei Bischöfe mit weißen Infuln, die trugen in ihren Händen zwei sehr große brennende Kerzen und hielten die brennenden Kerzen zum Erker hinaus. Danach kamen vier Kardinäle, auch mit ihren weißen Infuln, manchmal auch sechs, manchmal weniger, manchmal mehr, und stellten sich in die Fenster, und auch unser Herr, der König, stellte sich mit seiner Krone dorthin. Und nach ihnen kam unser Heiliger Vater, der Papst, in seinen kostbarsten Priestergewändern. Er trug eine weiße Inful auf dem Haupt und unter dem Messgewand noch einen Rock mehr als ein Priester. Außerdem hatte er zwei Handschuhe an den Händen und einen großen Fingerring mit einem großen Edelstein am Mittelfinger der rechten Hand. So stellte er sich allein in das mittlere Fenster, damit alle Leute ihn gut sehen konnten.

Danach kamen seine Sänger, alle mit brennenden Kerzen, sodass der Erker aussah, als ob er brenne, und stellten sich hinter ihn. Dann ging ein Bischof zu ihm und nahm ihm die Inful ab. Anschließend fing der Papst an zu singen, mit leiser Stimme, doch so, dass

153 Eingang ins Kellergeschoss.

alle ihn hören konnten, wenn alle stillschwiegen: „Sit nomen Domini benedictum“[154] und machte das Kreuzzeichen vor sich. Die Sänger hinter ihm antworteten: „Ex hoc nunc et usque in seculum.“[155] Wiederum machte der Papst das Kreuzzeichen vor sich und sang: „Adiutorium nostrum in nomine Domini.“[156] Sie antworteten ihm: „Qui fecit celum et terram.“[157] Danach sang der Papst: „Benedicat vos Pater et Filius et Spiritus Sanctus“[158], und machte drei Kreuze. Sie antworteten ihm: „Amen.“ Danach setzte ihm der Bischof die Inful wieder auf, und er ging zurück in die Pfalz. Die Leute aber gingen heim. Dieses Bild ist vorher dargestellt worden.

Am Montag nach dem Sonntag Laetare[159] gab es eine große Session 40 VERS
im Münster. Dazu kamen alle geistlichen Fürsten, Kardinäle, Patriarchen, Erzbischöfe, Bischöfe, alle Äbte, Pröpste und Gelehrten, die ganze Priesterschaft und alle Schulen zusammen. Man beschloss, dass zu überlegen sei, wie man unverzüglich einen einzigen Papst wählen könne. Da stand mittendrin der Kurfürst und Erzbischof von Mainz, ein geborener Graf von Nassau, auf und verkündete öffentlich: Wenn es so weit kommen sollte, dass man einen anderen zum Papst ernennen würde als Papst Johannes, so wolle er nicht mehr an den Sitzungen teilnehmen und werde diesem auch niemals ein gehorsamer Diener sein. Da entgegnete ihm der Patriarch von Konstantinopel auf Latein: „Quis est iste? Dignus est comburendus“, das heißt auf Deutsch: „Wer ist der? Er ist würdig, dass man ihn verbrennt.“[160] Als der Erzbischof von Mainz diese Worte vernahm, begann er sich zu fürchten, obwohl er ein so großer Herr war, und lief aus der Sitzung. So endete diese Session. Der Erzbischof aber begab sich zur gleichen Stunde auf ein Schiff und fuhr gen Schaffhausen und dann nach Hause. Und alle seine Diener ritten ihm nach.

154 „Der Name des Herrn sei gelobt.“

155 „Jetzt und in Ewigkeit.“

156 „Unsere Hilfe ist im Namen des Herrn.“

157 „Der Himmel und Erde erschaffen hat.“

158 „Es segne euch der Vater, der Sohn und der Heilige Geist.“

159 11. März 1415. Das Datum kann nicht stimmen, weil der Erzbischof von Mainz am 15. Februar 1415 Konstanz verlassen hatte. Diese Sitzung muss also am 14. Februar 1415 stattgefunden haben. Siehe Peter 1926, S. 109.

160 Auf Fol. 82 werden diese Worte dem Bischof von Salisbury zugeschrieben.

Am Dienstag danach fand keine Session statt, aber man traf sich innerhalb der Nationen, eine jede an dem Ort, der ihr zugewiesen worden war; ebenso begab sich das Kardinalskollegium an den Ort, der ihm zugeordnet worden war. Und der König ging mit seinen Räten zum Kollegium und zu jeder Nation, von einer zur anderen, und gab allen seinen Rat, denn er sprach gut Latein.

Am Mittwoch fand wieder eine Session statt, so wie am Montag.[161] Da berieten sie und wurden sich einig, dass sie sich selbst untereinander befragen sollten, wie sie möglichst bald und in kürzester Zeit zu einer Einigung und zur Papstwahl gelangen konnten.

Am Donnerstag gab es keine Session, außer dass die Nationen zusammenkamen und sich bedachten. Am Freitag gab es dann wieder eine so große Session wie am Montag, und hier wurde gemeinsam beschlossen, die Gelehrtesten unter ihnen auszuwählen, damit sie möglichst bald einen göttlichen Weg zur Einheit und zur Papstwahl finden würden.

Danach am Sonntag tat man nichts, außer dass man wartete, zu welchem Ergebnis diese Gelehrten gekommen waren. Außerdem hielt am Sonntag Judica der Erzbischof[162] von Salisbury aus England die Messe am Hauptaltar in Konstanz.

Am darauffolgenden Montag[163], als unser Heiliger Vater Papst Johannes bemerkte und begriff, dass man sich einig geworden war, da wurde er unwillig und es wäre ihm lieber gewesen, wenn das Konzil und die Wahl nicht stattgefunden hätten, auch sagte er, er und die Seinen wären in Konstanz nicht sicher. Er habe auch nicht so sicheres Geleit bekommen, wie ihm zugesagt worden sei. Seine Anhänger könnten und wollten wegen dieser Unsicherheit nicht zu ihm kommen oder wieder weggehen. Deshalb gefalle ihm die Stadt nicht mehr, und er wolle das Konzil an einen Ort verlegen, der besser und sicherer sei. Dies kam nun unserem Herrn, dem König, zu Ohren. Der ging zu unserem Heiligen Vater, dem Papst, und fragte ihn, wie ihm das in
41 REC den Sinn gekommen sei, dass er aus Konstanz fortziehen wolle wegen der Unsicherheit. Wenn ihn dünke, dass er oder die Seinen nicht ge-

161 Die Daten der „Sessiones", der Generalversammlungen im Münster, sind manchmal – wie auch hier – ungenau.

162 Bischof.

163 18. März 1415; hat in Wirklichkeit am 14. März stattgefunden.

nügend Schutz hätten, so wolle er, der König, ihnen genügend Schutz verschaffen, wie sie es haben wollten und wie es den Papst selbst dünke, dass er genügend versorgt wäre. Sollte dies dann noch nicht genug sein, dann solle er ihm die Ehre erweisen, dass er ihn selbst mit eigener Hand sicher dorthin führen dürfe, wohin er wolle.

Dann sandte der Römische König nach den Räten von Konstanz und erzählte ihnen, was geschehen war. Auf der Stelle gingen die Räte zu unserem Heiligen Vater, dem Papst, und sprachen: „Heiliger Vater, wenn Eure Heiligkeit der Meinung ist, dass Ihr nicht genügend Schutz habt, dann wollen wir Euch Schutz geben und Euch vor aller Welt behüten." Und sie sagten weiter, selbst wenn es so hart kommen würde, dass sie ihre eigenen Kinder essen müssten, so wollten sie dennoch ihr Geleitversprechen halten und mit ihm sterben. So sprachen sie, und viele Leute hörten es. Da dankte ihnen der Papst, doch wusste er wohl schon, was ihm bevorstand und was er im Sinn hatte, wie es hiernach beschrieben wird.

Danach erfuhr unser Herr, der Römische König, dass der Papst viele heimliche Gespräche führte mit Herzog Friedrich von Österreich. Also sandte er nach diesem und sprach: „Uns ist zu Ohren gekommen, dass Ihr unseren Heiligen Vater, den Papst, von hinnen führen wollt. Wenn er tatsächlich nicht hier bleiben will, so gönnt uns die Ehre, dass wir ihn mit Eurer Hilfe von hinnen führen, in welches Land er will." Da antwortete der Herzog Friedrich von Österreich, er wolle ihn nirgends hinführen und er täte dies auch ungern und der Gedanke sei ihm noch nie gekommen. Das genügte unserem Herrn, dem König. So war also damals die Sachlage.

Jede Woche fand am Montag, am Mittwoch und am Freitag eine Session statt.[164] An den anderen Tagen saßen die Nationen zusammen, ebenso das Kardinalskollegium und die Auditoren, alle an ihren jeweiligen Orten. Immer zur Prim saßen am Montag, Mittwoch und Freitag die Auditoren zu Gericht. Dann musste man früh läuten wegen des Geschreis, das die Leute in der Sankt-Stephans-Kirche machten.

Im Dom von Konstanz hatte man auch zwölf Beichtstühle errichtet. Darin saßen die Bußpriester des Papstes, acht in den Seitenschiffen, vier beim Taufstein und vier beim Sankt-Peters-Altar, die stän-

164 Tatsächlich gab es keinen Sessionsplan.

dig Beichte hörten.[165] An jedem Beichtstuhl stand geschrieben, welche Sprache der jeweilige Beichtvater konnte, aus welchem Land er stammte und zu welcher Nation er gehörte. So hatte jede Sprache ihren Beichtvater.

Am 20. März, dem Tag vor dem Tag des heiligen Abtes Benedikt, eine Stunde nach Mittag, verließ Papst Johannes XXIII. die Stadt Konstanz. Er ritt auf einem kleinen Rösslein und hatte einen grauen Man-
41 VERS tel an, der mit weißem Tuch ausgefüllt und auf der einen Seite offen war, auf seinem Haupt eine graue, zweigeteilte Kappe, die ebenfalls mit einfachem weißem Tuch ausgefüllt war. Den Zipfel hatte er um seinen Kopf gewunden, sodass man ihm darunter nicht in die Augen schauen konnte. An der Seite trug er eine Armbrust, als ob er eines Herrn Knecht oder ein Bote wäre. Vor ihm ritt ein kleiner Knabe, der ebenfalls verkleidet war, sodass niemand auf ihn achtete oder ihn erkannte. Er ritt im schnellen Trab nach Ermatingen zum Haus des Leutpriesters. Dort ruhte er sich aus und bat um einen Trunk Wein, und weder der Leutpriester noch sonst jemand im Haus erkannte ihn. Danach bestieg er ein gut gebautes Schiff, das ihm seine Diener bestellt hatten. Niemand wusste davon außer Herzog Friedrich von Österreich, der ihm bei der Flucht half und alles vorbereitet hatte. Und hier sieht man ein Bild, wie der Papst wegreitet.

Bild: König Sigismund bringt die goldene Rose auf den Altar des Münsters.[166]

Am selben Tag nach der Vesper veranstaltete Herzog Friedrich auf dem inneren Außenfeld[167] im Paradies ein Stechen mit dem jungen Grafen Friedrich von Zilli um einige Kleinode. Später hieß es, er habe dies getan, damit man weniger auf ihn achtete. Als er schon den Helm festgebunden hatte und ebenso der Graf, doch noch bevor das Stechen begann, kam einer seiner Diener zu ihm, Meister Ulrich Saldenhorn, Doktor der Rechte aus Waldsee, der raunte ihm in den Helm, dass

165 Die Zahlen stimmen offensichtlich nicht überein.

166 Hier befindet sich offenbar das falsche Bild. Das passende Bild folgt auf Fol. 42 recto.

167 Gelände vor der Stadtmauer im heutigen Stadtteil Paradies, wo die Armbrustschützen ihren Übungsplatz hatten und öfter Turniere stattfanden.

Papst Johannes fort sei. Das Stechen fand dennoch statt, aber es hieß, der Herzog sei erschrocken. Er verlor die Ringe und Kleinodien und ritt dann sofort in die Stadt zum Hause eines Juden, dem Haus zur 42 REC
Wanne,[168] von wo er nach seinem Oheim, Graf Hans von Lupfen, sandte. Doch der hatte schon erfahren, was passiert war, und wollte nicht zu ihm kommen, sondern ließ ihm ausrichten: Wenn er eine solche Sache ohne ihn angefangen hätte, dann solle er sie auch ohne ihn zu Ende führen. Da kam sein Diener Hans Truchsess von Diessenhofen, genannt Molle, zu ihm und sah ihn an. Als er sah, wie erschrocken der Herzog war, behandelte er ihn übel mit Worten und sagte: „Ihr erschrockener Herr, was habt Ihr getan?“ Dann warf er ihn auf ein Pferd, nahm sich auch eins und nur in Begleitung eines Knaben ritten sie zum Augustinertor hinaus, den Graben entlang und Richtung Schaffhausen dem Papst nach. Und am selben Abend, während der Nacht und früh am Morgen ritten und gingen alle Anhänger des Papstes davon, dem Papst hinterher. Es waren so viele, die aus der Stadt fortzogen, dass unser Herr, der Kaiser, es schließlich bemerkte. Da ritten sie nicht mehr offen fort, denn wenn sie aus der Stadt entwichen, wurden sie auf dem Weg angegriffen.

Und früh am Morgen, als der Tag des heiligen Benedikt heraufzog, da rief unser Herr, der König, den Herzog Ludwig von Bayern-Heidelberg zu sich und ritt mit ihm und seinen Posaunenbläsern durch die Stadt Konstanz, zu allen Wechslern, aus welchem Lande sie auch waren, auch zu allen Apothekern und Krämern, von denen sich etwa dreihundert in Konstanz befanden, und zu allen Handwerksleuten und Kardinälen, Erzbischöfen und Bischöfen sowie zu allen fremden geistlichen oder weltlichen Herren, und er ließ ständig Posaune blasen und verkündete mit eigenem Mund in der Stadt, dass niemand fortziehen oder fortfahren dürfe, bevor klar geworden sei, wie die Sache stehe. Wenn Papst Johannes heimlich weggegangen sei, so solle keiner deswegen erschrecken, egal welchen Standes er sei. Und jeder sei sicher an Leib und Gut, und alle würden mehr Frieden haben als zuvor. Darüber waren alle froh und lobten unseren Herrn, den König, sehr und sprachen: „Wenn dies in welschen Landen geschehen wäre, so wären wir alle um Hab und Gut gekommen.“ Und nach dieser Ankündigung

168 In der heutigen Rosgartenstraße neben dem Rosgartenmuseum.

und diesem Sicherheitsversprechen schlossen sie alle ihre Buden und Wechselbänke wieder auf und verkauften ihre Waren wie zuvor.

Am Morgen sandte dann unser Herr, der König, nach allen geistlichen und weltlichen Fürsten und nach all denen, die wegen des Konzils hier waren, sie sollten zu ihm ins Münster kommen. Dann klagte er ihnen, dass Herzog Friedrich von Österreich den Papst fortgeführt habe, obwohl er dem König versprochen hatte, so etwas nicht zu tun, und dass er damit ihm und dem heiligen Konzil eine große Schmach zugefügt habe mit der Absicht, das Konzil zu behindern und zu be-
42 VERS enden, sodass die Einigung der Christenheit nicht stattfinden könne.

Bild: Flucht des Papstes.

Auch hätten viele mächtige Personen beim König Klage geführt über den Herzog, dass er ihnen mit Gewalt und ohne jedes Recht ihren Besitz genommen habe und diesen weiterhin mit Gewalt besetzt halte. Deren Rechtsansprüchen wollte sich der Herzog nicht stellen, obwohl er versprochen hatte, dies zu tun, aber nun habe er auch davon Abstand genommen. Und darum bat der König um Rat und Hilfe, was er tun solle. Da wurde ihm von allen Herren, geistlichen wie weltlichen, geraten, er solle Herzog Friedrich von Österreich wegen all dieser Dinge vor sein Gericht laden, wo er sich für alles verantworten solle, und danach solle er gerichtet werden, wie es das Recht fordere. Gleichzeitig sagten unserem Herrn, dem Römischen König, alle weltlichen Kurfürsten, Herren, Grafen, Freiherrn, Ritter und Knappen, die ein Lehen von ihm bekommen hatten, ihre Hilfe zu, ebenso die Städte des Römischen Reichs, dass sie ihm alle in dieser Sache mit Leib und Gut helfen wollten, Herzog Friedrich von Österreich zu fangen. Und mehr als 400 namentlich genannte Herren und Städte kündigten mit Fehdebriefen und Boten, die zu Herzog Friedrich nach Schaffhausen geschickt wurden, diesem ihre Freundschaft auf.

Als nun am Mittwoch der Karwoche und am Gründonnerstag viele der Fehdebriefe nach Schaffhausen kamen, da wurde Papst Johannes von Furcht und Schrecken ergriffen, sodass er nicht mehr in Schaffhausen bleiben wollte. Aber am Karfreitag nach der Messe, noch vor dem Imbiss, kam ein so heftiger Regen auf mit Wind und Schnee, wie man ihn seit langer Zeit nicht mehr erlebt hatte. Trotz diesem Regen, Wind und Schnee verließ Papst Johannes Schaffhausen und kam nach

Laufenburg und danach von Laufenburg nach Freiburg im Breisgau. Von Laufenburg aus sandte er eine Bulle nach Konstanz an das Konzil und alle geistlichen Herren, die da lautet:

Johannes, Bischof, Diener der Diener Gottes, allen Christgläubigen Gruß und apostolischen Segen. Wir haben aus ständiger und berechtigter Furcht die Stadt Konstanz verlassen und sind nach Schaffhausen gegangen in dem Glauben, dass wir von hier aus alles tun können, was zu der von uns gewünschten Einigung der Kirche nötig ist. Aber es sind derartige Hindernisse entstanden, dass wir es für richtig hielten, am Karfreitag nach dem Gottesdienst trotz des überaus schlechten Wetters von hier abzureisen, ebenfalls aus ständiger Furcht vor Bedrohung, damit zu geeigneterer Zeit und an sichererem Ort das Konzil wirken könne. Wir haben nicht nur schwerste Gefährdung befürchtet, sondern auch, dass dadurch die Gegenpäpste Benedikt XIII.
und Gregor XII. das Werk der kirchlichen Einigung stören könnten. 43 REC
Zum Verzicht auf das Papsttum sind wir im Interesse des Friedens auch weiterhin bereit. Gegeben zu Laufenburg im Bistum Basel am 4. April 1415.[169]

Als nun diese Bulle nach Konstanz kam, verließen fünf Kardinäle aus der Lombardei und viele italienische Erzbischöfe und Bischöfe sowie etliche Spanier und einige Auditoren die Stadt. Die ließ man dem Papst nachreiten. Doch sie kamen nicht weiter als bis nach Schaffhausen. Dort blieben sie fünf Tage und nicht länger, dann kamen sie wieder nach Konstanz zurück, aber niemand ritt ihnen entgegen, außer denjenigen, die sie verspotten wollten.

Schon vorher schlug unser Herr, der Römische König, Siegelbriefe, die mit seiner Majestät Siegel besiegelt waren, an das Münstertor zum Oberen Hof hin und einen an die Kirchentür von Sankt Stephan an. Mit diesen Briefen lud er Herzog Friedrich von Österreich vor sein königliches Hofgericht wegen der Übeltaten, die er ihm, dem heiligen Konzil und der ganzen Christenheit angetan hatte. Auch sollte er sich verantworten all jenen gegenüber, denen er mit Gewalt und ohne Recht das Ihre genommen hatte und die sich wegen ihrer Ansprüche mit ihm treffen wollten, was er vormals schon mündlich zugesagt hatte vor vielen würdigen Leuten. Danach forderte der König alle Fürs-

169 Zusammenfassende Übersetzung des lateinischen Textes von Feger 1964, Bd. 2, S. 193.

ten, Herren, Grafen, Freiherrn, Ritter und Knappen sowie alle Städte des Heiligen Römischen Reiches und alle seine Lehnsleute auf, gegen Herzog Friedrich von Österreich ins Feld zu ziehen. Da rüsteten sich viele mit Kost, mit Büchsen, Pulver und anderen notwendigen Dingen für den Feldzug. Und so zogen sie mit ganzer Macht und großem Zeug ins Feld. Folgende großen Städte des Heiligen Römischen Reiches rückten aus: Konstanz, Ravensburg, Biberach, Überlingen, Pfullendorf, Buchhorn, Isny, Kempten, Wangen und die anderen, die in deren Kreisen gelegen sind, und mit ihnen alle Thurgauischen Herren und unser Herr, der König, selbst. Sie eroberten Stein und Diessenhofen und schlugen sich vor Frauenfeld. Dessen Bürger leisteten ihnen einige Tage Widerstand, dann ergaben sie sich auch. Danach griffen auch der Bischof von Chur, der Graf von Toggenburg, die Lindauer und andere Städte und Herren aus Churwalden in den Kampf ein und eroberten einige Ländereien des Herzogs, vor allem die Stadt Feldkirch und die Festung, die oberhalb der Stadt liegt.[170] Doch diese konnten sie so lange nicht einnehmen, bis man von Konstanz das große Katapult gebracht hatte.

43 VERS Das wurde auf einen Berg gestellt, der höher lag als die Festung. Es warf so große Steine hinein, dass die Belagerten nicht in der Festung bleiben konnten, denn es zerschlug alle Balken, und so ergaben sie sich schließlich auch.

Es zogen auch die Waldstätte, die Schweizer und alle, die zu ihnen gehörten, in den Aargau und nahmen dort alle Städte ein, die ihnen dann schwören mussten. Bei Baden belagerten sie die Festung und harrten dort noch aus, als Herzog Friedrich sich mit dem Römischen König schon wieder versöhnt hatte. Da gemahnte sie der Römische König durch Graf Friedrich von Schwarzenburg und Herrn Jörg von Katzenstein an den Eid, den sie dem Römischen Reich geschworen hatten, und verlangte von ihnen, von dannen zu ziehen und seinen Besitz unverwüstet zu lassen, denn die Festung sei nun in seinen Händen. Das wollten sie aber nicht tun und beachteten den Eid einfach nicht. Sie eroberten die Burg und fanden darin, wie es heißt, alle Freiheitsbriefe, die die Herrschaft Österreich über ihre Güter besaß. Diese wurden mit der Festung verbrannt, als sie sie brandschatzten und verwüsteten.

170 Die Schattenburg.

Am Freitag in der Osterwoche[171] fand eine Gesamtsession statt, in der die einstige Macht von Papst Johannes vollkommen ausgetilgt wurde und alle seine Urkunden und Bullen vernichtet wurden. Dann verfasste die ganze Versammlung eine neue Bulle, die für alle gültig sein sollte, solange das Papsttum unbesetzt und kein einheitlicher Papst erwählt war. Und diese Bulle sah so aus: Auf einer Seite waren die Häupter des heiligen Petrus und des heiligen Paulus mit Pünktchen gezeichnet, auf der anderen Seite zwei verschränkte Schlüssel, und die Inschrift lautete: Sigillum sacri sancti concilii Constanciensis civitatis.[172]

Danach, am Sonntag Quasi modo geniti[173], dem achten Tag nach Ostern, schlug unser Herr, der Römische König, wiederum Siegelbriefe mit seiner Majestät Siegel an die Kirchentüren von Konstanz an, am Münster und an Sankt Stephan, so wie es vorher beschrieben wurde. Darin forderte er Herzog Friedrich auf, vor Gericht zu erscheinen und sich zu rechtfertigen vor denen, die Ansprüche gegen ihn erhoben, egal ob Herren, Grafen, Freiherrn, Ritter oder Knappen, sowie alle geistlichen Herren, die Klage gegen ihn zu führen hätten, weil er ihnen das Ihrige ohne Recht mit Gewalt genommen habe und heute noch besitze. Er solle ihnen endlich gerecht werden, so wie er es vor ehrbaren Fürsten und Herren mündlich versprochen hatte, ein Versprechen, von dem er aber wieder abgegangen sei. Allerdings erwähnte der König den Papst nicht in diesen Briefen. Doch er verbot in diesen Briefen allen bei seiner königlichen Huld, dem Herzog hinfort zu dienen oder gehorsam zu sein. Es sollte auch hinfort niemand mehr
ein Lehen von ihm empfangen.Und er erlaubte, dass ein jeder ihn an- 44 REC
greifen konnte an Leib und Gut. Wer dies täte, den wollte er schirmen, und auch die Reichsstädte sollten demjenigen ihren Schutz gewähren.

Als nun die Fürsten und Herren, welche Freunde des Herzogs Friedrich von Österreich waren, solch große Worte hörten und vernahmen, wessen er angeklagt war und dass es ihm übel ergehen sollte, auch, dass ihm niemand zu Hilfe kommen mochte und seine eigenen Städte ihn verlassen hatten, da beschlossen sie, den Herzog Ludwig von

171 5. April 1415. Die Sessio solemnis fand allerdings am 6. April statt.

172 Die Inschrift des Bleisiegels des Konstanzer Konzils lautet in Wirklichkeit: S. SACRE. SINODI. CONSTANCIEN. Siegel der heiligen Synode von Konstanz.

173 7. April 1415.

Bayern-Ingolstadt, seinen Oheim, zu ihm zu senden. Und sie wollten ihm raten, sich der Gnade unseres Herrn, des Römischen Königs, auszuliefern. Denn so wie die Sache aussah, würde er in dem Schloss, in dem man ihn ergreifen würde, als Gefangener verderben und als Bösewicht gerichtet werden. Also ritt Herzog Ludwig von Bayern zu ihm nach Schaffhausen[174] und redete so lange mit ihm, bis er bereit war, sich in die Gnade unseres Herrn, des Römischen Königs, zu begeben. So kam Herzog Friedrich von Österreich mit Herzog Ludwig von Bayern nach Konstanz zurück.

Als dies unser Herr, der König, erfuhr, da hieß er sie alle am Morgen in das Refektorium der Barfüßer kommen. Am gleichen Morgen bestellte der König auch die Botschafter des Herrn von Mailand sowie die Gesandten der Genueser, der Florentiner und Venezianer in dasselbe Refektorium und redete mit ihnen über einige andere Dinge. Dabei kehrte er der Stubentür vorne im Winkel den Rücken zu, während die Botschafter, die ebenfalls mächtige Herren waren, so vor ihm standen, dass sie die Stubentür genau im Blick hatten. Da betrat Herzog Friedrich von Österreich die Stube, und neben ihm ging auf der einen Seite Herzog Ludwig von Bayern, auf der anderen Seite der Burggraf von Nürnberg. Sobald sie die Stube betraten, wurde ihnen Platz gemacht, sodass alle sie gut sehen konnten. Da ließen sich alle drei auf ihre Knie nieder, sodass die Botschafter, die vor dem König standen, es gut sehen konnten. Die drei knieten zunächst mitten in der Stube nieder, dann standen sie wieder auf, begaben sich vor den König und knieten abermals nieder. Erst da drehte sich der König um und sprach: „Was ist euer Begehr?“ Da antwortete Herzog Ludwig von Bayern und sprach: „Mächtiger König! Unser Neffe Herzog Friedrich von Österreich ist vor Euch gekommen, um sich Eurer Gnade zu ergeben und zu schwören, zu tun und zu halten, was in dieser Urkunde geschrieben steht, so wie wir es zuvor mit Euren königlichen Gnaden vereinbart haben.“ Da sprach unser Herr, der Römische König: „Unser und des Römischen Reiches Fürst, Herzog Friedrich, wollt Ihr das auch tun?“ Da antwortete Herzog Friedrich, er wolle es tun. Also erbarmte sich
44 VERS der König und sprach: „Es ist mir leid, dass Ihr das verschuldet habt.“ Und so schwor Herzog Friedrich, diese Urkunde, die nachher geschrieben steht, einzuhalten. Dies schwor er vor den Botschaftern und vor

174 Die Unterredung fand in Breisach statt.

allen anderen, denn es befanden sich viele große Herren in der Stube, die es hörten und sahen. Und die Urkunde lautete folgendermaßen:

„Wir Friedrich, von Gottes Gnaden Herzog zu Österreich, Steiermark, Kärnten und Krain etc., bekennen und gestehen öffentlich mit dieser Urkunde: Da wir beim allerdurchlauchtigsten Fürsten und Herren, dem Römischen König Sigismund, zu allen Zeiten Mehrer des Reichs, König zu Ungarn, Dalmatien und Kroatien, in Ungnade gefallen sind, sind wir in eigener Person zu unserem Herrn, dem Römischen König, nach Konstanz gekommen, und haben unseren Leib und unser Land, Leute, Städte, Schlösser und alles, was wir haben oder was unser ist, nichts ausgenommen, in seine königliche Gnade gegeben und gesetzt. Und so übergeben wir ihm nun kraft dieser Urkunde alles Genannte, auf dass er damit tun und lassen mag, was seiner königlichen Gnade beliebt. Und ein jeglicher, egal ob er weltlich oder geistlich, edel oder unedel sei, welche Würde oder welchen Stand er auch immer bekleiden möge, der einen Anspruch gegen uns hat oder wir gegen ihn, worum es sich auch immer handeln möge, nichts ausgenommen: das alles haben wir in die Gnade unseres vorgenannten Herrn, des Römischen Königs, gegeben und ihm überstellt. Was immer er uns auferlegt, einem jeglichen von denen, die gegen uns einen Anspruch haben, zu tun, was immer er anordnet nach seinem Willen, das wollen wir ausführen und vollenden, ohne alles Hinauszögern oder Widersprechen. Auch wollen wir dafür sorgen, dass Papst Johannes zwischen heute und dem Donnerstag vor Pfingsten, also dem nächsten Donnerstag, nach Konstanz geschafft wird und der Macht unseres Herrn, des Königs, und des heiligen Konzils, das gegenwärtig in Konstanz stattfindet, überantwortet wird. Dabei sollen jedoch sowohl Papst Johannes selbst als auch alle diejenigen, die mit ihm nach Konstanz kommen, mit ihrem Leib, aber auch mit ihrem Hab und Gut, das sie mitbringen, sicher sein. Auch die Entscheidung, ob der genannte Papst Johannes von seinem Papsttum entsetzt wird oder als Papst hierherkommt, soll in der Macht des vorgenannten Konzils stehen. Wir sollen und wollen auch in Konstanz als Geisel bleiben, bis der vorgenannte Papst Johannes nach Konstanz gekommen ist und bis alle unsere Amtsleute, Bürger und Einwohner, unsere Schlösser, Städte, Länder und Leute in Schwaben, im Elsass, am Rhein, im Breisgau, in der Grafschaft Tirol, an der Etsch und im Inntal unserem vorgenannten Herrn, dem Römischen

König, gehuldigt und bei allen Heiligen geschworen haben, ihm gehorsam zu sein, so lange, bis wir alles, was hievor geschrieben steht,
45 REC ganz und gar vollendet haben. Und sie sollen an diesen Treueschwur gebunden sein, bis unser Herr, der König, sie mündlich oder schriftlich davon entbindet. Und für den Fall, dass wir das vorher Geschriebene gänzlich oder zum Teil nicht befolgen, nicht vollenden oder ihm zuwiderhandeln werden, was Gott verhüten möge, so sollen unsere vorher genannten Städte, Schlösser, Länder und Leute unserem obengenannten Herrn, dem Römischen König, gänzlich anheimfallen und fortan ihm als ihrem natürlichen Herrn in Treue und Gehorsam untertan sein, ohne jeglichen Einspruch oder Widerrede, ohne Betrug und Hinterlist. Wir haben dies mit unserer fürstlichen Treue gelobt und bei den Heiligen geschworen, und wir geloben und schwören kraft dieser Urkunde, das vorher Geschriebene stets zu halten und zur Gänze getreulich auszuführen. Um dies zu beurkunden, haben wir unser eigenes Siegel mit rechtem Wissen an diese Urkunde angehängt. Und da wir das vorher Geschriebene alles aus eigenem und freiem Willen getan haben, haben wir die durchlauchtigsten und hochgeborenen Fürsten und Herren, Herzog Ludwig von Bayern, Pfalzgraf bei Rhein und Graf zu Mortain[175], unseren lieben Onkel, sowie Burggraf Friedrich von Nürnberg, unseren lieben Schwager, gebeten, dass ein jeder von ihnen zum Zeugnis sein eigenes Siegel an diese Urkunde anhängt, jedoch ohne den Herren zum Schaden zu gereichen.[176]

So bezeugen wir selbst, Herzog Ludwig und Burggraf Friedrich von Nürnberg, diese Dinge, weshalb wir zur Beurkundung unser beider Siegel an diese Urkunde anhängen, ohne uns damit zu schaden. Gegeben am siebenundzwanzigsten Tag im März, tausendvierhundertfünfzehn Jahre nach Christi Geburt.[177]

Als nun diese Urkunde vorgelesen worden war, drehte sich unser Herr, der Römische König, wieder zu den Botschaftern um, die vom Herrn von Mailand, von den Genuesern, den Venezianern und Florentinern gesandt worden waren, sah sie an und sprach: „Ihr Herren aus Italien, ihr glaubt und wisst es auch nicht anders, als dass die Herzö-

175 Mortain in der Normandie.

176 Das bedeutete, dass sie keine Haftung übernahmen.

177 Das Datum stimmt nicht; die Unterwerfung fand am 5. Mai 1415 statt und die Urkunde ist am 7. Mai 1415 ausgefertigt worden.

ge von Österreich die größten Herren in deutschen Landen innerhalb der germanischen Nation seien. Nun seht ihr, dass ich ein mächtiger Fürst bin über die von Österreich und auch sonst über alle anderen Fürsten, Herren und Städte.“ Danach wandte er sich wieder zu Herzog Friedrich von Österreich um und sprach zu ihm: „Seid Ihr bereit, ohne Zwang zu schwören, dass Ihr all das, was diese Urkunde enthält und ausspricht, einhalten und ausführen werdet?“ Da antwortete Herzog Friedrich von Österreich: „Ich will es schwören und halten, dass 45 VERS
ich dabei bleibe und nicht zuwiderhandle.“ Dann hob er seine Hand und die Finger vor den besagten Botschaftern und allen Anwesenden und schwor öffentlich zu Gott und allen Heiligen, sein Versprechen zu halten und nicht dawiderzuhandeln und sich auch nicht zu einer Widerhandlung verleiten zu lassen. Diesen Eid nahm ihm der ehrwürdige Fürst Georg ab, der Bischof zu Passau, ein geborener Herr von Hohenlohe, damals oberster Kanzler des Heiligen Römischen Reiches[178].

Als nun der Eid geleistet worden war und die Botschafter alles gesehen hatten, nahm unser Herr, der Römische König, die Schlösser und Städte in seinen Besitz. Aber er versetzte oder veränderte nichts, solange Herzog Friedrich in Konstanz als Geisel weilte.

Doch der konnte oder wollte nicht in Konstanz bleiben und ritt von dannen[179], denn der hochwürdige Fürstbischof Jörg von Trient, ein geborener Liechtensteiner, hatte gegen ihn vor dem geistlichen Gericht Klage erhoben, weil er ihm seine und seines Bistums Nutznießung und Güter mit Gewalt weggenommen hatte und ihn nicht wieder in seine Rechte einsetzen wollte, wie er es zu tun versprochen hatte. Daraufhin wurde über den Herzog der Bann verhängt, was dazu führte, dass niemand ihm mehr etwas verkaufen oder irgendeine Gemeinsamkeit mit ihm pflegen wollte. Deshalb ritt er heimlich aus der Stadt fort, denn er mochte nicht mehr hierbleiben. Als dies der König erfuhr, nahm er seine Güter in Besitz, griff sie an und versetzte und verkaufte sie nach seinem Willen.

178 Georg war zu diesem Zeitpunkt nicht Kanzler. Dies wurde er erst nach dem Tod von Johannes Kanizsa, Erzbischof von Gran. Erzkanzler war immer der Erzbischof von Mainz.

179 In diesem und den nächsten Abschnitten greift der Autor der Geschichte vor. Die Flucht des Herzogs und die Folgen werden auf Fol. 64 verso, 67 verso und 70 verso chronologisch richtig erzählt.

Und das erste Gut, das er versetzte, war das Landgericht im Thurgau, das wurde den Zürchern angeboten. Doch da kamen viele Herren, Ritter und Knappen und baten die Konstanzer, das Gericht zu ihren Händen zu nehmen, da es versetzt werden sollte. Denn wenn es in die Hände der Zürcher fallen sollte, dann würde es nie mehr in den Besitz des Herzogs von Österreich zurückkehren, gegen kein Lösegeld. Also übernahmen die Konstanzer das Landgericht von unserem Herrn, dem König, zum Pfand, aber ohne es aus der Herrschaft von Österreich zu lösen und ohne dieser zu schaden.

Als der genannte Brief versiegelt wurde, da gebot Herzog Friedrich selber allen Städten und Ländern, die davor genannt wurden, dass sie Treue geloben und darauf schwören sollten. Da kamen die Städte alle und gelobten Treue und schworen, ausgenommen die von Laufenburg, deren Land schon vorher abgegeben worden war. Die von Waldshut und von Villingen wollten jedoch nicht huldigen noch schwören, auch nicht das Inntal und die Leute an der Etsch und alle, die zur Grafschaft Tirol gehörten, die wollten nicht schwören. Sie meinten, sie seien frei und würden niemandem huldigen, außer dem, der Tirol besitze.

Danach kamen die Bürger von Schaffhausen, Radolfzell, Diessen-
46 REC hofen, Neuenburg, Breisach und vieler anderer Städte, die unterhalb von Konstanz am Rhein liegen. Sie alle kamen und gaben unserem Herrn, dem Römischen König, Güter, um sich in das Heilige Römische Reich einzukaufen, dem sie angehören wollten wie andere Reichsstädte. Und so empfahl unser Herr, der Römische König, diese Städte den anderen Reichsstädten, dass sie sie unter ihren Schirm nehmen sollten.

Hiernach ist gemalt, wie Herzog Friedrich von Österreich in der Stube bei den Barfüßern in Konstanz schwor, alles zu halten, was in der vorher genannten Urkunde geschrieben steht, und wie man ihn hineinführte und wie die Botschafter dort standen.

Am selben Tag bestätigte unser Herr, der Römische König, vor allen Herren und vor den Botschaftern der Genueser, der Florentiner und der Venezianer dem Herrn von Mailand seine Herzogswürde und legte auch das Banner und die Fahne mit eigener Hand in die Hand eines großen Herren, der als Botschafter des Herzogs von Mailand gekommen war. Dieser Herr schwor auch anstelle seines Herrn, des Herrn von Mailand, dem Römischen Reich aufzuwarten und zu dienen, so wie auch andere Herzöge und Fürsten des Reichs gehalten sind zu tun und zu schwören. Auch darüber wurden an Ort und Stelle Urkunden verfasst und besiegelt.

Bild: Herzog Friedrich von Österreich, erkennbar am Wappen, wird durch 46 VERS *den Herzog von Bayern (rechts) und den Burggrafen von Nürnberg (links) vor den König geführt.*
Bild: Herzog Friedrich kniet mit seinen Begleitern vor dem König. Im Hin- 47 REC *tergrund die Gesandten der italienischen Städte.*
Bild: König Sigismund verleiht das Herzogtum Mailand.[180] 47 VERS

Im vorgenannten Jahr am ersten Freitag im April,[181] als nun die Fürs- 48 REC ten und Herren solchen Kummer und solche Betrübnis sahen, beschlossen sie, Gott den Allmächtigen anzurufen, damit er mit seiner Gnade der Christenheit zu Hilfe komme, und sie geboten eine Bittprozession mit dem Kreuz. Also ließen sie am Donnerstag in der Stadt ausrufen, dass am Freitagmorgen jedermann die Arbeit ruhen lassen sollte, bis die Prozession zu Ende und das Kreuz wieder daheim sei. Und am Freitag läutete man in der Frühe, als der Tag an den Himmel stieß, und danach noch einmal und schließlich ein drittes Mal, das ging bis zur sechsten Stunde. Dann betraten als Erste vier Patriarchen das Münster, dann 21 Kardinäle – die anderen waren etwas kränklich, sodass sie nicht gut gehen konnten –, 31 Erzbischöfe, 210 Bischöfe, 82 Weihbischöfe, 72 Äbte und Pröpste und 82 Doktoren, die später genannt werden. Auch gingen diejenigen unter ihnen, die von den Universitäten gesandt worden waren, zum Beispiel die Doktoren aus Paris, aus Krakau in Polen, aus Bologna, aus Wien, aus Heidelberg, aus Köln und von anderen Hochschulen, insgesamt über 22 Schulen, bei der Prozession mit. Und jeder Schule ging ein Knecht mit einem hohen, vergoldeten Stab voran, darauf war eine Burg befestigt, und an der Burg hing das Wappen der jeweiligen Hochschule, sodass man sie gut erkennen konnte. Danach kamen alle Domherren, Chorherren, Äbte, Pröpste, Mönche und Kapläne von Konstanz, so wie es hiernach geschrieben und gemalt steht, je zwei und zwei ganz züchtig nebeneinander. Dann kamen unser Herr, der König, und seine Ehefrau, dann die Königin von Bosnien, die von Württemberg und alle Fürsten und

180 Vor ihm kniet der Botschafter, nicht der Herzog von Mailand selbst.
181 5. April 1415.

Herren. Und hinter den geistlichen Herren ging der hochwürdige Patriarch Johannes[182] mit solcher Pracht und so feierlichem Gewand wie ein Papst, und man trug ihm ein goldenes Tuch voran. So ging man mit großen Kerzen vom Münster bis nach Petershausen. Es nahmen aber so viele geistliche und weltliche Personen an der Prozession teil, dass man fürchtete, die Rheinbrücke könnte zusammenbrechen. So ließ man jeweils nur etwa zehntausend Menschen aus der Stadt auf die Brücke gehen, und wenn man sah, dass sie bis über die Hälfte hinübergekommen waren, dann ließ man wiederum so viele losgehen, bis alle drüben waren. Das dauerte etwa eine Stunde. Als alle auf der anderen Seite angekommen waren, sangen die Geistlichen eine schöne Messe, und der Patriarch gab dem Volk im Vorbeigehen den Segen, als ob er der Papst wäre.

Nachdem Herzog Friedrich geschworen hatte, Papst Johannes wieder nach Konstanz zu schaffen, so wie es vorher beschrieben wurde, brachte er ihn nach Radolfzell und ließ das unserem Herrn, dem Römischen König, und auch dem ganzen Konzil mitteilen.[183] Die ließen ihn aber bis zur nächsten Sitzung dort, denn sie wollten nicht mit Gewalt an ihm handeln, sondern auf rechtmäßige Art und Weise.

So wurde Papst Johannes vom Konzil vorgeladen, um sich wegen der Artikel und Dinge, die ihm vorgeworfen wurden, zu verantworten. Man versprach ihm folgendes Geleit: Wenn er persönlich käme, möge
48 VERS er dies ruhig tun, doch wenn er es vorziehen würde, an dem Ort und unter dem Schutz zu bleiben, der ihm gegeben war, dann solle er einen Botschafter nach Konstanz senden, der an seiner Stelle sprechen würde. Doch er wollte weder persönlich nach Konstanz kommen, noch sandte er einen Boten. Da wurde er in den Bann getan und viele böse Artikel und Sachen wurden über ihn geschrieben, die alle auf Latein in einem Sextern[184] aufgeschrieben wurden.

In jener Zeit stiftete der Erzbischof von Riga, Johannes Wallenrode, bei den Barfüßern in Konstanz eine gesungene Messe, die sollte jeden Tag gehalten werden, solange das Konzil währte. Es war eine Messe zu Unserer Lieben Frau, damit sie Gott bitten würde, der Chris-

182 Patriarch Johannes von Antiochien, zu jener Zeit ein Franzose.

183 Nicht Friedrich von Österreich, sondern der Burggraf von Nürnberg brachte Johannes nach Radolfzell.

184 Sechs Bögen Papier oder Pergament, die zusammen gebunden werden.

tenheit ihre Einheit zurückzugeben. Diese Messe wurde tatsächlich während des ganzen Konzils gesungen und danach noch ein halbes Jahr lang.

Am 13. Mai des vorher genannten Jahres fand eine große Session statt. Dabei wurden vier Richter eingesetzt, die gelehrtesten, die sollten zu Gericht sitzen, wenn es um Pfründen und andere Dinge ging, die weder das Konzil noch die Nationen, noch die Kardinäle betrafen, damit die Kardinäle und Erzbischöfe, aber auch die Bischöfe und anderen Konzilsteilnehmer nicht damit behelligt würden und umso besser und in Ruhe einhellig ein neues Oberhaupt wählen konnten. Diese vier Auditoren kamen aus den vier Nationen, der germanischen, englischen, französischen und lombardischen, also aus Italien. Und in derselben Session wurde auch ein Eintreiber für die Renten und Schulden ernannt, die eigentlich dem Papst zustanden, das war der Patriarch von Konstantinopel. Der verteilte die Einnahmen unter den armen Kardinälen, den armen Erzbischöfen und Bischöfen, untern den Magistern und Gelehrten, aber auch unter den Herren, die sich ihren Unterhalt aus der fernen Heimat senden lassen mussten, kurz unter allen Bedürftigen des Konzils, so wie es vorher bestimmt worden war.

Am Tag vor dem Fronleichnamsfest des vorgenannten Jahres 1415 fand eine Session statt, bei der alle geistlichen und weltlichen Fürsten zugegen waren. Diese beschlossen einhellig und mit allen Stimmen, dass sie die drei Päpste absetzen und aller Ämter entheben wollten, was dann auch geschah. Allen dreien wurde ihre Macht genommen, als erstem Johannes, der nun Balthasar de Cossis heißt, dann Gregor dem Zwölften, der nun Angelus Corvarus heißt, und schließlich Benedikt dem Dreizehnten, der nun Petrus de Luna heißt.

Dann sandte man nach Balthasar de Cossis in Radolfzell und führte ihn nach Gottlieben. Dort wurden ihm all die schlimmen Artikel und bösen Dinge vorgelesen, die er getan hatte und derentwegen er angeklagt worden war. Und er wurde zu ewigem Kerker verurteilt.

Danach übergaben das Konzil und unser Herr, der Römische König, 49 REC
ihn dem Herzog Ludwig von Bayern-Heidelberg, Pfalzgraf bei Rhein, der sollte ihn bei sich behalten, bis ein neuer Papst gewählt war. Dieser sollte dann mit ihm machen, was er wollte. Also nahm Herzog Ludwig von Bayern ihn mit sich und brachte ihn von Gottlieben zur alten Burg Heidelberg, und von dort weiter nach Mannheim. Dort blieb er

auch, bis Papst Martin gewählt worden war. Als der dann am Ende des Konzils Konstanz verließ, führte er den alten Papst mit sich in sein Land.

Am Fronleichnamstag[185] veranstaltete der ganze Klerus eine Prozession rund um die Stadt, wie man es in Konstanz für gewöhnlich tut: Vier Patriarchen, 27 Kardinäle – die anderen waren krank und konnten nicht mitgehen –, 49 Erzbischöfe, 270 Bischöfe, 96 Weihbischöfe, alle Hochschulen und Schulpriester und alle Gelehrten waren dabei. Die Patriarchen, Kardinäle, Erzbischöfe, Bischöfe, Weihbischöfe und die Äbte, die das Recht hatten, eine Inful zu tragen, trugen alle schlichte Infuln auf ihren Häuptern; die anderen Äbte und Pröpste trugen Stäbe. Und diejenigen, die Infuln trugen, hatten weiße Überröcke an, während die sonstigen Äbte ihre normalen Kleider trugen. Die Hochschüler, Auditoren und Doktoren trugen ein Barettchen auf dem Haupt. Und jeder Hochschule wurde ein vergoldeter Silberstab mit einer goldenen Burg vorangetragen. Vor jedem Bischof ging ein Knecht mit einer brennenden Kerze und mit seinem Stab. Jedem Erzbischof wurde ein Doppelkreuz vorangetragen, dazu ebenfalls Kerzen und sein Stab. Und vor den Patriarchen und Kardinälen wurden hohe vergoldete Silberstäbe mit einem goldenen Kreuz und Kerzen hergetragen. Hinter jedem von ihnen ging einer, der ihm das Gewand hochhielt. Dann kamen die Domherren mit ihren Chorkappen, alle Chorherren und Kapläne, alle Orden – die Benediktiner, Regularkanoniker und Bettelorden – in ihrem Habit und mit ihren Reliquien in Händen, ebenso alle Schüler. Unser Herr, der König, ging mit seinen weltlichen Kurfürsten unter einem goldenen Baldachin, ebenso die Römische Königin, die Königin von Bosnien, die Herzogin von Kleve und die Gräfin von Württemberg. Vor diesen ging das heilige Sakrament, von vier Domherren getragen und von zwei weiteren gehalten, ebenfalls unter einem goldenen Baldachin. Und der Patriarch von Konstantinopel ging wie ein Papst hinter dem Sakrament, aber vor dem König, ebenfalls unter einem goldenen Baldachin. Außerdem trug man ihm ein goldenes Tuch voran. Hinter ihm kamen seine Sänger, die sangen, und danach wurden viele Kerzen getragen, die Kerzen der Chorherren, der Zünfte und anderer Herren. Der König trug seine Krone und war als Diakon gekleidet, wie es sein soll für einen, der das Evan-

185 30. Mai 1415.

gelium lesen will. Die drei Laienkurfürsten waren als Subdiakone[186] gekleidet, falls einer von ihnen die Epistel singen würde. Der Herzog 49 VERS
von Sachsen trug ein blankes Schwert in der Hand, der Pfalzgraf bei Rhein die Lilie oder das Zepter, der Markgraf von Brandenburg den Apfel mit dem Kreuz. Alle vier gingen unter einem Baldachin. Nach den Laienfürsten kamen der Hochmeister von Rhodos, seine Komture und Ritter, die Komture des Deutschen Ordens aus Preußen und ihre Ritter, danach alle Herzöge, Grafen, Freiherrn, Ritter und Knappen, das gemeine Volk und schließlich die Frauen.

Bilder: Darstellung der beschriebenen Fronleichnamsprozession. 49 VERS – 53 VERS

Am Tag vor Johanni,[187] einem Sonntag, gingen unser Herr, der König, 54 REC
die zwei Königinnen und zwei Herzoginnen sowie viele Fürsten und Herren am Morgen nach der Frühmesse spazieren. Auf dem Gut von Ulrich Richental[188] ließen sie sich ein Mahl bereiten. Vor dem Torkel[189] wurde eine Küche aufgebaut mit einem so großen Feuer, dass man fürchtete, der Torkel könnte abbrennen. Dort kochte man ihnen das Mittagessen und das Nachtmahl, und alle Herren und Frauen aßen ihre Mahlzeiten in den Wiesen unter den Bäumen und verbrachten dort den ganzen Tag. Der König hielt Gericht über viele Sachen und verlieh sogar kleine Lehen an jene von seinen Männern, die dort hingekommen und vor ihn getreten waren. Doch einige der Herren hatten ihre Pferde an die jungen Bäume gebunden, die dort standen. Das wollte unser Herr, der König, nicht dulden und band sogar eigenhändig etliche Pferde los, die man dann an den Weiden festmachen musste.

Am Johannistag nach der Vesper fuhr die Römische Königin mit den anderen Königinnen und Frauen von Konstanz aus spazieren. Auch die Ehefrau des Herzogs Friedrich von Österreich, eine geborene von Braunschweig, war mit dabei, und viele Konstanzer Bürgerinnen ritten mit ihnen und folgten ihnen bis ans Ufer Richtung Überlingen. Einige Frauen fuhren sogar mit hinüber nach Überlingen.

186 Im Text steht „letzner". Subdiakone lasen die Epistel (Lesung) während der Messe.

187 23. Juni 1415.

188 Aulendorfer Ausgabe: „An dem Hard". Siehe Buck 2011, S. 58. Dieses Gut lag jenseits des Rheins im heutigen Stadtteil Petershausen.

189 Gebäude mit einer Weinpresse.

Am Morgen nach dem Johannistag, zwei Stunden nach Mitternacht, noch vor Tagesanbruch, verließ unser Herr, der König, die Stadt Konstanz und fuhr der Königin hinterher mit dem Schiff nach Überlingen. Er empfahl dem Konstanzer Rat, während seiner Abwesenheit niemanden aus der Stadt fortzulassen, der nicht vorher bezahlt hatte und eine Bestätigung des Konstanzer Bürgermeisters besaß.

Am Freitag nach Sankt Peters und Pauls Tag[190], eine Stunde vor Tagesanbruch, kam unser Herr, der Römische König, von Überlingen wieder zurück nach Konstanz. Am selben Tag nach dem Mittagessen kam auch die Römische Königin wieder nach Konstanz, und beide zogen in das Kloster Petershausen, wo sie eine Zeitlang blieben.

Am Sankt-Ulrichs-Tag im Heumonat[191] fand eine Generalversammlung mit allen Geistlichen und Gelehrten statt. Auch unser Herr, der Römische König, und viele andere Fürsten und weltliche Herren nahmen daran teil. In dieser Session gab Papst Gregor XII. sein Papsttum auf und nahm aus freiem Willen und in aller Klarheit davon Abstand, im Namen Gottes und um der heiligen Christenheit Ruhe und Frieden zu bescheren. Dies verkündete er durch eine gesiegelte Urkunde und Bulle sowie durch die sechs Kardinäle, die nach seinem Willen zum Konzil gekommen waren, auch durch die Bischöfe, die seiner Obödienz angehörten, außerdem durch den ehrbaren Herrn Carlo Malatesta, den Herrn von Rimini, der ebenfalls als Gregors Gesandter beim Konzil war. Gregor übergab das Ganze dem heiligen Konzil und seiner Macht, und wie auch immer sie damit und mit ihm umgehen würden, das wollte er akzeptieren. In derselben Session wurden seine sechs Kardinäle in ihrer Kardinalswürde bestätigt und jeder bekam so viel
54 VERS zugesprochen, dass er gut davon leben konnte.Und es wurde dreimal Laudes geläutet, so wie es vorher schon beschrieben steht.

In der gleichen Versammlung wurde auch beschlossen, dass alle Geistlichen, Patriarchen, Kardinäle, Erzbischöfe, Bischöfe, Äbte, Pröpste und alle Gelehrten, die wegen des Konzils nach Konstanz gekommen waren, in der Stadt bleiben mussten, bis das Konzil zu Ende sei, sonst drohte ihnen der Fluch ewiger Verdammnis und die Einziehung ihrer Pfründen. Wer aber so arm war, dass er sich nicht selber

190 29. Juni 1415.
191 4. Juli 1415.

ernähren konnte, demjenigen sollte man, wenn dies bekannt wurde, aus den Einkünften des Konzils etwas geben.

In derselben Session befahl unser Herr, der König, dem Bürgermeister und den Räten von Konstanz mit Brief und Siegel, bei seiner königlichen Macht, Huld und Gnade, das Konzil selbst und alle Geistlichen, Fürsten, Herren, Ritter und Knappen zu beschützen und Frieden mit ihnen zu halten, so gut sie es vermochten, denn er selbst musste wegen dringender Konzilsangelegenheiten mit einer wichtigen und ernsten Botschaft in die Königreiche Spanien, Portugal und Navarra reisen, um die dort ansässigen Könige und Fürsten zu treffen. Er vertraue aber auf Gott, dass er bald wiederkomme.

In der Tat wurde das Konzil so freundlich und ehrbar abgehalten, dass nie ein Auflauf oder Aufruhr geschah, auch gab es keine Feuersbrunst. Und alles, was man zum Leben brauchte, war so billig, das es manch einen wundernahm, wie das sein konnte.

Nun wollen wir das Konzil einmal beiseitelassen, um zu verstehen, wie Hus und Hieronymus nach Konstanz kamen und dort verbrannt wurden.

Als nun das Konzil seine Sessionen abhielt, wurde unter anderem beschlossen, den Unglauben im Böhmerland zu verdammen und die Ketzerei auszutilgen. So lud man Hus und Hieronymus vor das Konzil zu Gericht. Doch sie kamen nicht, auch niemand an ihrer Stelle. Da verhängte das Konzil den Bann über sie. Sie kümmerten sich aber nicht darum. Also schrieb man an Wenzel, den König von Böhmen, dass er um des christlichen Glaubens willen gut daran täte, die beiden nach Konstanz zu schicken, weil sich doch gegenwärtig hier alle wichtigen Theologen befänden. Und sie baten unseren Herrn, den Römischen König, seinem Bruder ebenfalls deswegen zu schreiben, was er auch tat. Dennoch wollten die beiden nicht kommen, also sandte unser Herr, der Römische König, dem Magister Johannes Hus einen gesiegelten Brief, in dem er ihm freies Geleit zusicherte und versprach, dass er in Sicherheit hierherkommen und auch wieder von dannen ziehen könne.

Daraufhin schickte ihn König Wenzel tatsächlich nach Konstanz, 55 REC
und mit ihm ritten als Geleitschutz Herr Wenzel von Duba und Herr Heinrich Latzembock, zwei Ritter, mit mehr als 30 Pferden und zwei Wagen. Der Hus hatte aber selber einen kleinen Wagen, auf dem er

und sein Kaplan saßen, und sie zogen in das Haus der Pfisterin in der Sankt-Pauls-Gasse.

Als sie nun ein oder zwei Tage in dem Haus zugebracht hatten, fing Magister Johannes Hus an, in der Kammer neben der Stube die Messe zu lesen, und es kamen viele Nachbarn und hörten bei ihm die Messe. Er hatte großen Zulauf, hielt er doch die Messe genau wie unsere Priester, und dies hörte schließlich der Bischof von Konstanz. Er hieß Otto und war ein geborener Markgraf von Rötteln.[192] Der sandte seinen Vikar, Magister Hans Tenger, und seinen Amtmann, Magister Cunrat Helig, zu Hus, die ihn zur Rede stellten, warum er Messe halte. Er wisse doch wohl, dass er lange Zeit unter dem Bann des Papstes gestanden habe und jetzt noch besonders vom Konzil gebannt worden sei. Da antwortete er, er akzeptiere keinen Bann und werde die Messe lesen, solange er sich in Gottes Gnade befände. Da verboten der Bischof von Konstanz, sein Vikar und sein Amtmann dem Volk, das sich um ihn geschart hatte, und auch allen anderen, bei ihm die Messe zu hören und zu ihm zu gehen.

Als Hus dies bemerkte und auch von anderen schlimmen Dingen hörte, die man ihm antun wollte, da ergriff er an einem Sonntag in der Fastenzeit, dem Sonntag „Oculi“,[193] nach seiner Messe die Flucht. Er nahm ein Brot und ein Fläschchen Wein und verbarg sich im Wagen von Latzembock, denn mit diesem Wagen wollten die Knechte aufs Land fahren, um Heu und Futter zu kaufen. Als nun die Ritter und das Volk zu Tisch kamen und essen wollten, fragten sie nach Hus. Da man ihn nicht finden konnte, lief Latzembock zum Bürgermeister und klagte ihm sein Verschwinden. Da ließ der Bürgermeister augenblicklich die Stadttore schließen und befahl allen, sich mit Rossen oder zu Fuß bereitzuhalten, um ihm nachzueilen, denn durch all die steilen Hänge, die sich um Konstanz befinden, könne er nicht leicht entkommen. So hielten sich alle bereit, doch da wurde er auf dem Wagen gefunden. Dies berichtete man dem Bürgermeister, der daraufhin alle wieder nach Hause gehen hieß.

Gleich nach dem Mittagessen, als es ein Uhr schlug, nahm Herr Heinrich Latzembock den Magister Johannes Hus auf ein Pferd und setzte auch dessen Kaplan auf ein Pferd, und gemeinsam mit ande-

192 Bischof Otto III. von Hachberg-Rötteln.

193 3. Sonntag in der Fastenzeit.

ren Berittenen aus Böhmen führte er Hus auf den Oberen Hof vor die Pfalz zu Papst Johannes. Da sprach Magister Johannes Hus zu ihm, er solle ihn nicht in Bedrängnis bringen, denn er habe freies, sicheres Geleit für alle Fälle. Der Latzembock antwortete ihm und sprach: „Es scheint aber, dass es besser wäre, wenn ihr eure Sachen in rechte Ordnung bringt, sonst müsst ihr darum sterben.“ Da sprang Hus behände vom Pferd und wollte sich unter das böhmische Volk mischen, denn es 55 VERS
waren mehr als achtzigtausend[194] Menschen auf dem Oberen Hof, die alle aus Neugierde herbeigelaufen waren, damit sie Hus sähen, als sie erfahren hatten, dass man ihn zu Papst Johannes bringen wollte. Doch das sahen die Büttel des Papstes mit den Silberstäben. Sie erwischten ihn und führten ihn in die Pfalz, dann schlossen sie die Pfalz und ließen den Kaplan wegreiten. Als Hus nun in der Pfalz gefangen war, hätte ihm unser Herr, der König, gerne geholfen. Vielleicht fürchtete er auch den Zorn seines Bruders oder er hatte Angst, die Gunst des böhmischen Volkes zu verlieren, außerdem meinte er, es sei eine große Schmach, dass er sein Geleitversprechen brechen müsste. Da antworteten ihm die Gelehrten, es gebe keinerlei Recht, dass ein Ketzer, der noch in der Ketzerei begriffen sei, freies Geleit haben könne. Als unser Herr, der König, das hörte, ließ er es gut sein. Da wurde Magister Johannes Hus aus der Pfalz in die Gefangenschaft zu den Predigern in Konstanz geführt. Er bekam ein besonderes Gemach und wurde streng bewacht. Und jeden Tag gingen diejenigen, die auf dem Konzil am gelehrtesten waren in der Heiligen Schrift, zu ihm und lasen ihm aus der Heiligen Schrift vor und bewiesen ihm damit, dass er einen falschen Glauben gehabt und falsch gepredigt hatte. Und sie taten es, um ihn von seinem falschen Glauben abzubringen.

Danach, am Montag nach dem heiligen Ostertag, kam Hieronymus mit einem Schüler heimlich nach Konstanz, damit niemand aus dem Volk ihn erkennen oder bemerken sollte, und schlug einen Brief an der Kirchentür von Sankt Stephan an. Darin schrieb er auf Latein, er sei sicher, dass Magister Johannes Hus recht gelehrt und gepredigt habe. Doch man habe ihm aus Hass und Feindschaft einige Artikel untergeschoben, derentwegen – sollte er sie tatsächlich gepredigt haben – er ihn nicht schützen könne noch wolle. Aber er glaube nicht, dass Hus dies tatsächlich getan habe.

194 Aulendorfer Chronik: „achtzehntausend“. Siehe Buck 2011, S. 62.

Sobald er den Brief angeschlagen hatte, liefen er und sein Schüler gleich aus Konstanz fort, sodass niemand sie bemerkte. Und dies geschah so in Eile, dass er sein Schwert in der Herberge vergaß oder es aus Furcht vielleicht auch nicht mitnehmen wollte. Nun wurde jedermann gefragt, wo er gewohnt habe, doch niemand wusste es. Erst nach sechs Tagen erfuhr man, dass er Herberge im Hause von Gutjahr in der Sankt-Pauls-Gasse gefunden und aus Furcht sein Schwert dort zurückgelassen hatte.

So kam er bis zum Böhmerwald und wollte sich dort ausruhen. Und da jeder gelehrte Mann andere gelehrte Leute sucht, begab er sich zu einem Leutpriester. Der hatte zufällig viele Geistliche eingeladen, und
56 REC so kam Hieronymus ebenfalls zu ihm zum Mahle. Anschließend fing er an zu erzählen, denn er war sehr beredt in Latein und in Deutsch, dass er in Konstanz beim Konzil gewesen sei und dass dies nichts anderes sei als eine Schule Satans und eine Synagoge unrechttuender und verkehrter Leute. Und er hatte Briefe bei sich mit etwa 70 Siegeln, dass Magister Johannes Hus und er standhaft gewesen seien und kein Gelehrter ihnen hatte Widerrede leisten noch sie überwinden können. Er sprach so viel Schlechtes über das Konzil, dass alle anwesenden Geistlichen heftig erschraken und heimlich beschlossen, dem Herrn des Städtchens darüber zu berichten. Der antwortete ihnen, sie sollten beten und bis zum Morgen stillschweigen und nicht darüber reden. Am anderen Morgen wartete dieser Herr mit seinen Dienern vor der Stadt oder dem Markt auf ihn. Und sobald er aus dem Tor trat, griff er ihn an, nahm ihn gefangen und sprach zu ihm: „Magister Hieronymus, ihr habt gestern Reden geführt über das Konzil von Konstanz. Nun will ich wissen, ob diese wahr sind oder nicht, denn ich und alle Herren haben geschworen, das Konzil zu beschützen. Darum müsst ihr wieder mit mir zum Konzil nach Konstanz kommen." Hieronymus antwortete, er habe freies Geleit, und was er gesagt habe, sei wahr. Da sagte der Herr: „Das kann sein oder auch nicht. Nach dem, was ihr gesagt habt, müsst ihr wieder nach Konstanz."

Also brachte er ihn am 21. Tag nach Ostern wieder nach Konstanz, wo er sofort in die Feste Gottlieben in ein besonderes Gemach geführt wurde.[195] Und es kamen viele Gelehrte zu ihm, die wegen seines falschen Glaubens und anderer theologischer Fragen mit ihm disputier-

195 Falsch. Er war im Sankt-Pauls-Turm eingesperrt.

ten. Diese waren der Meinung, dass er viermal so gelehrt sei wie Hus. Und die Gelehrten gingen so oft zu ihm und Hus und unterwiesen sie, dass schließlich beide bereit waren, von ihrem falschen Glauben abzulassen und all das, was sie gelehrt und gepredigt hatten, zu widerrufen. Da waren alle froh und man läutete dreimal Laudes über die Stadt.[196]

Danach gab es eine Session, und darin wurde beschlossen, dass man die beiden im Schwabenland behalten würde, in dem Kloster und Orden, wo sie selber sein wollten, und dass sie mit allem versorgt werden sollten, was sie benötigten, dass sie jedoch nie mehr nach Böhmen zurückkehren dürften, und dass sie mit ihrer beider Hände und ihren Siegeln nach Böhmen schreiben sollten, sie hätten einem falschen und unrechten Glauben angehangen und diesen gepredigt und gelehrt, und diese Lehren solle hinfort niemand mehr glauben. Doch alles andere wollten sie gerne einhalten und auch dabei bleiben, nur nicht dieses Schreiben nach Böhmen. Das wollten sie auf keinen Fall tun, denn diese Demütigung wollten sie nicht auf sich nehmen. Sie sagten: „Diese schlimme Tat wollen wir nicht begehen, denn wir nähmen mit unseren Worten und unserem Schreiben manchen aus
dem Himmelreich, den wir mit unserer göttlichen Lehre hineinge- 56 VERS
bracht haben.“ So steht es auf Latein geschrieben.

Nun werde ich wieder über das Konzil berichten, wie es den beiden erging und was danach von Tag zu Tag geschah, wie unser Herr, der Römische König, fortritt nach Spanien zu anderen Königen und Herren im dortigen Land, und wie er wiederkam.

Am Freitag nach Sankt-Ulrichs-Tag, dem achten Tag im Heumond,[197] gab es wieder eine allgemeine Session mit allen Geistlichen. Auch unser Herr, der Römische König, war dabei, ebenso Herzog Ludwig von Bayern-Heidelberg und viele andere weltliche Fürsten und Herren. Die Versammlung begann morgens um die sechste Stunde. Da wurde nach Magister Johannes Hus gesandt, und der ehrwürdige Johannes Tatteri, Magister der Theologie an der Hochschule von Paris, hielt ihm eine Predigt wegen seiner falschen ketzerischen Lehren.[198] Und mit

196 Nur Hieronymus widerrief, aber erst nach dem Tod von Hus. Er nahm seinen Widerruf allerdings zurück.

197 Die Session fand am 6. Juli 1415 statt.

198 Gemeint ist der Pariser Theologe Pierre D’Ailly, aber diese Predigt hielt der Bischof von Lodi, Giacomo Arrigoni.

den göttlichen Lehren der Heiligen Schrift wurde er überwunden und es wurde ihm bewiesen, dass seine Artikel und Lehren, die er gepredigt und gelehrt hatte, falsch, unrecht und Ketzerei waren.

Dann wurde das Urteil über ihn gesprochen: zum Ersten, da er ja zum Priester geweiht war, dass man ihn degradieren und ihm seine Weihe abnehmen sollte. Dazu stellte man ihn auf ein hohes Gestell, sodass ihn alle gut sehen konnten. Dann stellte sich der hochwürdige Herr und Magister Nikolaus, Erzbischof von Mailand, neben ihn, außerdem zwei Kardinäle und zwei Weihbischöfe, und legten ihm sein Priestergewand an. Anschließend zogen sie es ihm mit den dazugehörenden Worten wieder aus und wuschen ihm so seine Weihe ab. Doch er spottete nur darüber. Als dies vorüber war, sprachen sie das Urteil über ihn, dass er ein Ketzer und strafwürdiger Mensch sei und zu verstockt, um von seinen bösen Lehren Abstand zu nehmen. Dann übergaben sie ihn dem weltlichen Gericht. Dabei baten sie unseren Herrn, den König, und das weltliche Gericht, ihn nicht zu töten, sondern für ewig in den Kerker zu sperren. Da sprach der König zu Herzog Ludwig von Bayern: „Da ich derjenige bin, der das weltliche Schwert führt: Lieber Oheim und Kurfürst des Heiligen Römischen Reichs und unser Erztruchsess, nehmt ihn an unserer statt und behandelt ihn, wie es einem Ketzer gebührt."

Da rief Herzog Ludwig von Bayern den Vogt des Heiligen Römischen Reichs in Konstanz zu sich, der auch zugegen war und sofort kam.[199] Herzog Ludwig sprach zu ihm: „Nimm Magister Johannes Hus, sowie wir beide es befehlen und vollstrecke unser Urteil: Verbrenne ihn als Ketzer."

Und er übergab Johannes Hus dem Vogt und den Ratsknechten, damit sie ihn hinausführen und verbrennen sollten, doch befahl er
57 REC ihnen, dass sie ihm weder Schuhe noch Kleider ausziehen, sondern ihn damit verbrennen sollten. Und so geschah es auch. Dabei trug er zwei gute schwarze Röcke aus gutem Tuch und einen kleinen silbernen Gürtel. Und auf dem Haupt hatte er eine weiße Inful aus Papier, darauf waren zwei Teufel gemalt und dazwischen stand geschrieben: „Heresiarcha", das heißt Erzketzer. Die Konstanzer führten ihn aus der Stadt mit mehr als tausend Bewaffneten, und auch die Laienfürsten und Herren trugen alle Waffen. Zwei Diener Herzog Ludwigs führten

199 Aulendorfer Chronik: „das war Hanns Hagen". Siehe Buck 2011, S. 64.

ihn, doch war er nicht gebunden. Zwei Ratsknechte gingen jeweils vor und hinter ihm. So führte man ihn zum Geltinger Tor[200] hinaus, und wegen des großen Gedränges musste man ihn um Richmans Widen Haus herum zum Brühl führen. Insgesamt begleiteten ihn mehr als dreitausend Bewaffnete und sonst noch eine unzählige Menge Volks, und man musste die Leute bei der Brücke am Geltinger Tor jeweils so lange aufhalten, bis eine Schar die Brücke überquert hatte, denn man fürchtete, sie könnte zusammenbrechen. Dann führte man ihn auf das kleine innere Außenfeld bis in die Mitte. Während er hinausgeführt wurde, rief er die Leute nicht laut an, sondern betete nur: „Jesu Christe, fili Dei vivi, miserere mei!"[201]

Und als er über die kleine Brücke zum inneren Außenfeld kam und das Holz, Stroh und Feuer sah, fiel er dreimal auf die Knie und sprach laut: „Jesu Christe, fili Dei vivi, qui passus es pro nobis, miserere mei!"[202]

Danach wurde er gefragt, ob er beichten wolle, denn in solchen Nöten sollte niemand ohne Beichte sterben. Da sprach er: „Ich will gerne beichten, aber hier ist es zu eng."[203] Und als er in den Ring kam, rief man einen Priester, der hieß Herr Ulrich Schorand und war Kaplan von Sankt Stephan. Er hatte die Vollmacht des Konzils und des Bischofs. Der trat zu Hus und sprach: „Lieber Herr und Meister, wollt Ihr noch abtreten von Eurem Unglauben und Eurer Ketzerei, derentwegen Ihr hier leiden müsst, so will ich Euch gern die Beichte hören. Wollt Ihr das aber nicht, so wisst Ihr wohl selber, was im Kirchenrecht steht, dass man einem Ketzer keine Sakramente spenden darf." Da antwortete Hus: „Es ist nicht notwendig, ich bin kein Todsünder." Dann wollte er anfangen, auf Deutsch zu predigen, aber das wollte ihm Herzog Ludwig nicht gestatten und befahl, ihn zu verbrennen. Da nahm ihn der Henker und band ihn mit Schuhen und Kleidern an ein langes, aufrecht stehendes Brett. Unter die Füße stellte er einen hohen Sche-

200 Auch Rindportertor, Hägelinstor oder Inneres Paradiesertor genannt.

201 „Jesus Christus, Sohn des lebendigen Gottes, erbarme dich meiner!"

202 „Jesus Christus, Sohn des lebendigen Gottes, der du für uns gelitten hast, erbarme dich meiner!"

203 Aulendorfer Chronik: „Da machte man einen weiten Ring. Da fragte ich [Richental meint sich!] ihn, ob er beichten wolle. Es gebe einen Priester, der heiße Ulrich Schorand. […] Da rief ich denselben Herrn Ulrich …". Siehe Buck 2011, S. 65.

Die Verbrennung des Jan Hus in der sog. Spiezer Chronik (1484/85) von Diebold Schilling d. Ä.

mel, dann legte er Holz und Stroh um ihn herum, schüttete Pech dazu und zündete alles an. Da schrie Hus laut und war bald verbrannt. Doch als er selbst schon verbrannt war, blieb doch die Inful im Feuer noch ganz. Da zerstieß sie der Henker, sodass sie nun erst verbrannte. Dabei stank es fürchterlich, denn der Kardinal Pankratius[204] hatte ein großes altes Maultier, das gestorben und an der Stelle vergraben worden war, an der man nun Hus verbrannte. Wegen der großen Hitze tat sich das Erdreich auf, sodass der schlimme Gestank herauskam.

204 Gemeint ist entweder Kardinal Tommaso oder Rinaldo Brancaccio.

Anschließend schüttete man die ganze Asche, die Knochen und alles, was sonst nicht verbrannt war, in den Rhein. Und dies alles ist in den folgenden Bildern dargestellt.

Bild oben: Hus wird seiner Priesterwürde entkleidet. 57 VERS
Bildinschrift: Hier wird Hus degradiert.
Bild unten: Hus wird aus der Stadt hinausgeführt.

Bild oben: Hus wird auf dem Scheiterhaufen verbrannt. 58 REC
Bildinschrift: Dies ist der Hus.
Bild unten: Zwei Knechte schaufeln die Überreste von Hus in den Rhein.

Am Sonntag, dem neunten Tag des Heumonats,[205] veranstaltete man 58 VERS
eine große Prozession mit allen Kardinälen. Derer waren 27, doch nahmen nicht mehr als 19 an der Prozession teil, die anderen waren so krank, dass sie nicht mitgehen konnten, sondern im Münster blieben. Drei Patriarchen gingen bei der Prozession mit, 37 Erzbischöfe, 227 Bischöfe, 73 Weihbischöfe, alle in weißen Überröcken und mit weißen Infuln, außerdem alle Äbte, Pröpste und Prälaten sowie alle Gelehrten, Geistlichen und Orden. Und am Ende ging der Patriarch Johannes von Antiochien, dem trug man ein goldenes Tuch voran wie einem Papst, auch trug er eine sehr kostbare Inful, doch hatte er keinen Baldachin über sich. Und er gab dem Volk den Segen, so wie es vorher schon beschrieben wurde. Auch unser Herr, der Römische König, nahm an der Prozession teil ebenso wie die Römische Königin, die Königin von Bosnien und alle Fürsten und Herren. Sie gingen vom Münster zum Oberen Markt und von dort die Säulen hinab und die Mordergasse entlang zu den Augustinern, von den Augustinern die Neugasse hoch nach Sankt Paul und von dort zurück über den Markt, dann durch die Brudergasse zu den Barfüßern, von den Barfüßern nach Sankt Stephan und schließlich zurück ins Münster. Dabei beteten sie, dass der allmächtige Gott seine Christenheit und den Glauben seiner Christen beschützen und behüten und ihnen seine Gnade verleihen möge. Dies alles taten sie voller Demut. Danach ging jedermann zurück zu seiner Herberge.

205 In Wirklichkeit am 7. Juli 1415.

Am Dienstag vor der Mitte des Heumondes[206] veranstaltete die Königin einen Tanz für die Frauen. Am Morgen des darauffolgenden Mittwochs verließ sie dann zusammen mit der Königin von Bosnien und ihrem Hofmeister die Stadt Konstanz und dankte den Frauen. Dann fuhr sie mit dem Schiff Richtung Schaffhausen und den Rhein hinab. Am Freitag früh vor dem Tag der heiligen Maria Magdalena[207] fuhr unser Herr, der Römische König, von Konstanz nach Schaffhausen, und seine Rosse brachte man ihm auf dem Landweg nach. In Schaffhausen stieg er aufs Pferd und ritt zunächst in das Königreich Frankreich, dann nach Spanien und in die Königreiche, die in Spanien liegen, zu jenen nämlich, die dem Papst Benedikt gehorsam sind, um ihnen die Botschaft zu bringen, mit der das Konzil ihn ausgesandt hatte. Danach ritt er weiter nach England wegen des Kriegs, den die Engländer mit dem König von Frankreich hatten.

Am Sonntag, dem Tag vor dem Maria-Magdalenen-Tag, veranstaltete das Konzil wiederum eine große Prozession vom Konstanzer
59 REC Münster nach Sankt Paul, und man ging wieder durch die Kirche der Barfüßer, zu Sankt Stephan durch die Kirche und zurück in das Münster. Dabei betete man, dass Gott den König behüten und ihm Vernunft, Glück und Wohlergehen verleihen möge, sodass er fröhlich wiederkomme von den Königen und von Papst Benedikt, der Petrus de Luna heißt. An der Prozession nahmen die vier Patriarchen und alle geistlichen und weltlichen Herren teil, die vorher schon genannt wurden. Und sie meinten, sie wollten nun jeden Sonntag eine solche Prozession veranstalten, was dann auch beschlossen wurde, und zwar so lange, bis unser Herr, der Römische König, wiederkomme. Und wer mit Andacht, Stille und Beichte daran teilnehmen würde, der sollte einen großen Ablass erhalten.

Am Samstag vor dem Heiligkreuztag im Herbst[208] gab es wieder eine große Session mit allen Geistlichen und dem ganzen Konzil, so wie es schon mehrfach beschrieben wurde. In dieser Sitzung war auch Herzog Ludwig von Bayern anwesend, dem unser Herr, der König, das

206 9. Juli 1415.

207 19. Juli 1415.

208 7. September 1415. Die Schilderung ist nicht korrekt; was hier darstellt ist, hat sich ab dem 11. September in mehreren Sitzungen und über Monate hinweg ereignet. Hieronymus wurde erst am 30. Mai 1416 verbrannt.

Konzil anbefohlen hatte. Und nach der Mette läutete man zum ersten Mal, während der Tagmesse zum zweiten Mal, und nach der Tagmesse wurde zum dritten Mal zusammengeläutet. Man sang eine sehr schöne Messe zur Heiligen Dreifaltigkeit.

Nach der Messe wurde Hieronymus, der Ketzer, in die Sitzung gerufen. Ein Magister der Theologie aus England hielt eine Predigt.[209] Nach der Predigt standen die Magister und die Gelehrten auf, gingen gemeinsam zu ihm hin und bewiesen ihm aus der Heiligen Schrift, dass er und Hus falsche Lehren verbreitet und gepredigt hätten. Und als sie ihm das bewiesen hatten, hätte er wohl gern widerrufen, wenn er nicht wiederum hätte nach Böhmen schreiben müssen, dass er falsch gelehrt und gepredigt hatte. So wurde er ebenfalls als Ketzer verurteilt und das Konzil übergab ihn dem Herzog Ludwig von Bayern. Der befahl, ihn hinauszuführen und auch zu verbrennen. Und man führte ihn gleich wie den Hus hinaus vor die Stadt, aber diesmal gingen nicht so viele Bewaffnete mit ihm wie bei Hus. Das war nicht mehr nötig, denn viele Böhmen, die sich vormals in der Stadt befunden hatten, waren mit dem König geritten, die anderen waren nach Böhmen heimgekehrt. Und als man ihn hinausführte, da betete er das „Credo in unum Deum“[210], und als er dieses Gebet beendet hatte, fing er an, laut die Litanei „Sancte Petre, ora pro nobis; Sancte Paule, ora pro nobis“[211] zu singen. Als diese zu Ende war, fing er wieder mit dem „Credo“ an. Auch er beichtete nicht, denn er war ein Ketzer und wollte nicht widerrufen, sodass ihm keiner die Beichte abnehmen wollte, wie es vorher schon beschrieben wurde. Dann wurde er an derselben Stelle verbrannt wie Hus. Doch er lebte viel länger als Hus und schrie grauenvoll, denn er war ein feister, starker Mann mit einem schwarzen, dicken, langen Bart. Als er schließlich verbrannt war, wurde die Asche und alles, was nicht verbrannt war, ebenfalls in den Rhein geschüt- 59 VERS
tet. Und viele Gelehrte weinten um ihn, dass ein so gelehrter Mann an Seele und Leib verderben musste, denn er war viel gelehrter als Magister Johannes Hus. Er war Magister de Artibus in Prag, Köln, London in England und in Erfurt gewesen.

209 In Wirklichkeit predigte auch hier der Bischof von Lodi, Giacomo Arrigoni.
210 „Ich glaube an den einen Gott.“
211 „Heiliger Petrus, heiliger Paulus, bitte für uns.“

Bild: Hieronymus von Prag wird zum Scheiterhaufen geführt.
Bildinschrift: Geronimus.

60 REC Inzwischen lief das Konzil in Ruhe und Frieden weiter, und die Fremden fühlten sich so sicher, dass sie gerne zur Kurzweil in der Umgebung von Konstanz spazieren gingen, auf zwei Meilen weit in Städte, Dörfer, Märkte und Wälder, wohin sie wollten, [und vor allem ins Eichhorn[212]] gingen sie täglich spazieren. Dort waren Wirtshäuser im Wald, die allerlei Wein ausschenkten, welchen man immer haben wollte. Außerdem gab es dort gebratene Hühner, Fleisch, Würste, gebratene Fische und was man sonst begehrte, sowie hübsche Frauen. Die geistlichen Herren konnten jeden Garten und jedes Gut der Bürger betreten, ohne dass man es ihnen verwehrte. In den Zäunen waren nämlich überall Lücken, sodass sie von einem Gut ins andere gehen konnte. Sie verhielten sich aber so anständig in den Gärten, dass niemand je über sie klagte. Sie schadeten ja niemandem, sondern suchten nur einen Zeitvertreib.

Am Mittwoch nach dem Heiligkreuztag im Herbst[213] kam eine Botschaft von unserem Herrn, dem Römischen König. Sie besagte, er sei guten Mutes, dass die Sache, derentwegen ihn das Konzil ausgesandt hatte, zu einem guten Ende kommen werde. Doch habe er täglich großen Kummer wegen Papst Benedikt, denn der sei ein großer gefürsteter Herr, habe viele mächtige Freunde in seinem Land und wolle um nichts in der Welt auf das Papsttum verzichten.

Doch die Mehrheit der Fürsten in seinem Land wolle sich keinesfalls gegen das Konzil stellen. Nachdem diese Botschaft verlesen worden war, läutete man dreimal Laudes.

Am Donnerstag vor dem Sankt-Gallus-Tag[214] starb gegen Mittag der hochwürdige Kardinal Landolfus von Bari, der aus königlichem Geschlecht stammte und im Königreich Sizilien zuhause war, in jenem Teil Italiens, der bei Neapel liegt. Er starb in dem Haus rechter Hand vom Münsterkreuzgang, dort, wo man vom Kreuzgang aus zu den Predigern geht. Dieses Haus gehörte damals Herrn Conrat von Münchwilen, einem Domherrn zu Konstanz. Nachdem der Kardinal

212 Ergänzung aus der Aulendorfer Chronik. Siehe Buck 2011, S. 68.
213 18. September 1415.
214 10. Oktober 1415. Der Kardinal Landolfo Maramaldo starb aber wohl am 16. Oktober 1415.

gestorben war, trug man seinen Leichnam in das Predigerkloster, wo er drei Tage lang aufgebahrt war. Am dritten Tag begrub man ihn im Chor der Predigerkirche auf der linken Seite, dort, wo man den Chor betritt. Er wurde in einen ausgehöhlten Eichenstamm gelegt, den man mit Harz und Gips bestrich. Außerdem legte man viel Bisam[215] zu ihm in den Baum gegen den üblen Geruch. Und man läutete für ihn mit allen Glocken in Konstanz doppelt so lange, wie man gewöhnlich 60 VERS
für einen Konstanzer Domherrn läutet. So lag er da, ohne dass man das Messopfer für ihn hielt, erst später, am Freitag vor Allerheiligen, feierte man die Totenmesse für ihn. Und die spielte sich so ab: Als Erstes wurden in den Seitenschiffen der Predigerkirche Holzbalken ausgelegt, die ganze Länge der Kirche entlang. Auf diese Balken stellte man brennende Wachskerzen, 134 an der Zahl, von denen jede viereinhalb Pfund wog.

Mitten in der Kirche hatte man vor dem Altar im Mittelschiff eine Art Hütte aus Holz gebaut, deren Wände aus gesägten Latten bestanden, so wie bei einem weiten Gatter, durch das ein großer Mann gut hindurchschlüpfen kann. Diese Hütte stand auf vier Säulen. Das Dach hatte zwei Giebel, es war ebenfalls mit Latten gedeckt und viereckig, 8 Schuh[216] breit, 10 Schuh lang und 18 Schuh hoch. Eigentlich sollten zwei Knöpfe[217] auf das Dach kommen, doch an deren Stelle standen zwei brennende Kerzen, so groß wie Osterkerzen. Der Dachstuhl war offen und in jedem Loch standen fünf kleine brennende Kerzen, von denen jede aus einem Viertelpfund Wachs bestand. Insgesamt waren es mehr als 400, je eine von der anderen zwei Fingerbreit entfernt. Damit sah die Hütte aus wie ein Holzhaus, das lichterloh brennt. In diesem Haus stand unter dem Dach die Bahre wie ein großes Bett, das mit vier kostbaren goldenen Tüchern bedeckt war. Diese waren so hingelegt, dass man jedes gut sehen konnte, wenn sie nebeneinander herabhingen, denn sie waren reich mit Gold geschmückt. Am Haupt und zu Füßen des Bettes standen je zwei brennende Wachskerzen, von denen jede etwa vier Pfund wog. Um dieses Haus herum saßen die Diener des Kardinals im Kreis, derer waren 45. Jeder von ihnen hatte ein schwarzes Tuch wie einen langen Frauenmantel um den Leib und

215 Andere Bezeichnung für Moschus. Sehr intensiver Duftstoff.

216 Einem „Schuh“ entsprachen je nach Ort zwischen 24 und 30 Zentimeter.

217 Kugelförmige Verzierung eines Turmes oder Daches.

um das Haupt gewunden. Diese Tücher waren unbeschnitten, sodass man daraus später noch einen Rock oder Mantel machen konnte, und jeder Einzelne von ihnen hatte etwa 10 Ellen gutes schwarzes Tuch um sich geschlungen, als ob es ein Brautgewand wäre, das sie auf der Erde hinter sich herzogen. Auch hatte jeder von ihnen eine brennende Kerze in der Hand, die ein Pfund wog. Auf dem Bett, wo der Tote liegen sollte, stand auf Brusthöhe ein großer wächserner Kelch mit einer wächsernen Patene und am Fuß des Bettes befand sich ein großes Becken voller Pfennige. Auf seinem Grab im Chor lag ein goldenes Tuch und daneben brannten vier große Kerzen, die wogen jede dreieinhalb Pfund, zwei zu seinen Häupten, zwei an den Füßen, und auch auf diesem Tuch stand ein wächserner Kelch mit Patene[218]. Ein Kardinal sang die Seelenmesse, dabei assistierten ihm zwei andere Kardinäle, von denen einer das Evangelium sang, der andere die
61 REC Epistel. Außerdem waren sieben Kardinäle anwesend, die als Priester gekleidet waren, doch ohne Messgewand, die lasen die Kollekte[219]. Insgesamt nahmen an der Beerdigung und der Messe drei Patriarchen teil, dazu alle Kardinäle, alle Erzbischöfe und Bischöfe, Äbte, Pröpste, Prälaten, alle Geistlichen und Orden von Konstanz, alle Auditoren und Gelehrten, alle weltlichen Kurfürsten, Herren, Grafen, Freiherrn, Ritter und Knappen, der Bürgermeister, die Räte und alle namhaften Bürger von Konstanz. Sie alle gingen zum Totenopfer und ließen Messen lesen. Auch alle Edelfrauen, die in Konstanz waren, und alle anderen Frauen und Bürgerinnen waren größtenteils bei dieser Beerdigung. Und jedermann durfte Pfennige aus dem Becken nehmen und opfern, wenn er wollte. Es nahm aber niemand etwas daraus, außer einigen Unverständigen, denn jedermann opferte von seinem eigenen Geld. Doch es bekam auch jeder, egal ob Frau oder Mann, geistlich oder weltlich, eine besondere Kerze in die Hand, um sie zu opfern. Diese Kerzen, von denen jede etwa ein Viertelpfund wog, nahmen alle entgegen. Man konnte sie behalten oder opfern, ganz wie man wollte. Der Finanzverwalter des Kardinals sagte, dieses Begräbnis habe über 1 500 Dukaten[220] gekostet. Innerhalb von 14 Tagen nach

218 Hostienschale, die zusammen mit dem Messkelch verwendet wird. Meistens aus Gold.

219 Kurzes Gebet am Altar.

220 Ein Dukaten entsprach etwa einem Ungarischen Gulden, d. h. etwa 165–175 Pfennigen.

der Beerdigung grub man den Kardinal wieder aus, schloss den Baum nun richtig mit Harz und Wachs und balsamierte seinen Leib ein, so gut man konnte. Dann überführte man ihn in seine Heimat in das Königreich Sizilien, wo er begraben wurde.
Hier folgt nun die Darstellung des Begräbnisses.

Bild: Oben Gruppe von Trauernden, unten tragen vier Männer den Sarg 61 VERS
des Toten.
Bild: Oben der Sarg in der beschriebenen Holzhütte, unten der Trauer- 62 REC
gottesdienst.

In dem vorher genannten Jahr am Mittwoch vor Sankt-Nikolaus- 62 VERS
Tag[221] wurde Conrat Mangolt zum neuen Bürgermeister gewählt. Seine Amtszeit begann am zwölften Tag nach Weihnachten im Jahr 1416.

In der Zeit, in der unser Herr, der Römische König, wegen des Konzils außerhalb von Konstanz weilte, geschah nichts Neues, außer dass jeden Sonntag eine Prozession um das Münster stattfand und jeden Tag die Messe gelesen wurde. Und nach jeder Messe stand ein Magister der Theologie auf und hielt eine Predigt.

Alle Tage ritten Herren in die Stadt ein oder verließen sie. Die Fürsten, aber auch Grafen, Ritter und Knappen veranstalteten immer wieder Stechen auf gepolsterten Sätteln, auf nassen Säcken oder im hohen Zeug[222], entweder um Ringe, um den Tanz mit einer Frau oder einfach zum Zeitvertreib. Diese Kämpfe endeten immer in aller Freundschaft.

Auch gab es einen großen Gottesdienst der geistlichen Herren, die den armen Leuten viele Almosen verteilten, sodass sie gerne in der Stadt blieben.

Außerdem beschlossen die Konstanzer Räte, Bauarbeiten an Stadtmauern, Gräben und anderen Bauwerken anzufangen, obwohl diese gar nicht nötig waren. Sie taten es nur deshalb, damit die armen Priester, Höflinge und Studenten, die wegen des Konzils nach Konstanz gekommen waren, in Brot und Lohn kamen. Diejenigen, die solche Arbeiten annahmen, erhielten pro Tag 18 Pfennige für Speise und Lohn und bekamen den Vormittag frei, damit sie auch um Almosen bitten

221 4. Dezember 1415.
222 Auf besonders hoch aufgebauten Sätteln, in denen der Ritter fast stand.

konnten, die die Herren täglich verteilten. Ebenso hatten sie nachts frei. Und es wurde ernsthaft verkündet, dass kein Arbeiter mit denjenigen unter ihnen, die geweiht waren und eine Tonsur trugen, seinen Spaß treiben oder sie bloßstellen durfte, bei Strafe einer großen Buße, egal ob sie Mörtel, Steine oder Kalk trugen. Manche gelehrten Geistlichen arbeiteten auch in den Weingärten oder wofür man sie sonst noch gewinnen konnte, doch hatten sie alle dieselben Rechte. Dies geschah auch, damit die armen fremden Gesellen sich nicht mit schlimmeren Dingen beschäftigten und sich dann herausreden konnten, sie seien dazu gezwungen gewesen, weil sie keine Arbeit gefunden hätten.

Während des Konzils wurden auch nur wenige Leute hingerichtet, außer ihre Taten waren gut bezeugt und ihre Schuld offenkundig. Trotzdem heißt es, dass viele Leute heimlich ertränkt und hingerichtet worden seien. Das stimmt aber nicht, und später wird noch darüber berichtet werden, zur passenden Zeit.

In dem Jahr, als man 1416 Jahre seit der Geburt unseres lieben Herrn zählte, am Sonntag nach dem heiligen Weihnachtstag, dem Fest des heiligen Thomas von Canterbury[223], begingen alle Erzbischöfe, die in Konstanz waren, den Sankt-Thomas-Tag im Dom von Konstanz mit
63 REC feierlichem Gesang, mit großer Pracht, mit allen Reliquien, die sich in den Konstanzer Kirchen befanden oder die sie selbst mitgebracht hatten und auszuleihen bereit waren, und mit großen brennenden Kerzen. Und den ganzen Tag, zur Vesper, zur Komplet, zur Mette, zur Prim, Terz, Sext und Non ritten Posaunenbläser durch die Stadt, mit dem Wappen des Königs an den Posaunen, und gaben mit ihren Posaunen jeweils die Zeit an, zur Mette, zur Komplet und die anderen Zeiten.

Am Abend desselben Sonntags, dem Tag des heiligen Thomas von Canterbury, kamen neue Nachrichten von unserem Herrn, dem Römischen König, dass der König von Aragon, der König von Kastilien, der König von Navarra, der König von Mallorca und alle anderen Fürsten und wichtigen Herren, die zur Obödienz von Papst Benedikt, Petrus de Luna, gehörten, von seiner Obödienz abgefallen waren, und sie wollten in Zukunft weder ihm noch seinen Geboten gehorchen und nicht mehr zu ihm halten. Daraufhin wurde in dieser Nacht fünfmal mit allen Glocken Laudes geläutet. Und am Montagmorgen ließ der Her-

223 29. Dezember 1415. Im Text heißt er Thomas von Cantzelberg.

zog Ludwig von Bayern-Heidelberg in der Stadt Konstanz ausrufen, dass alle bis zum Mittag die Arbeit ruhen lassen und feiern sollten. Dann sangen alle Geistlichen, die in der Stadt waren, ein feierliches Hochamt für die Heilige Dreifaltigkeit. Bei dieser Messe waren auch alle weltlichen Fürsten und Herren zugegen. Man läutete noch dreimal Laudes, danach veranstaltete man eine Prozession mit allen Reliquien rund um das Münster, und während man umging, läutete man alle Glocken. Außerdem waren bei der Prozession neun Posaunenbläser dabei, die fortwährend bliesen, und die Domherren trugen ihre Kerzen. Nach Mittag läutete man abermals dreimal Laudes.

Am Mittwoch vor Lichtmess[224] kamen schließlich die Botschafter wieder nach Konstanz, die mit unserem Herrn, dem Römischen König, fortgeritten waren, und brachten Verträge, unterschrieben von den oben genannten Königen, dass sie sich ganz und gar von der Obödienz des Petrus de Luna gelöst hätten. Außerdem hatte der König von Irland und Schottland einen Vertrag unterzeichnet und mit ihm alle Fürsten und Herren jener Länder, dass sie nicht mehr zu Benedikt halten und seine Gebote nicht mehr befolgen würden, sondern demjenigen Papst gehorsam und untertan sein wollten, den das Konzil erwählen werde. Da wurde wiederum dreimal Laudes geläutet mit allen Glocken.

Am Donnerstagmorgen fand dann eine Generalsession statt, in der die Verträge vorgelesen wurden, welche die Könige und Herren der Länder, die unser Herr, der König, im Auftrag des Konzils aufgesucht hatte, nach Konstanz geschickt hatten. Und nachdem man sie vorgelesen hatte, wurde einhellig beschlossen, dass in Zukunft niemand mehr, sei er, wer er wolle, egal ob geistlichen oder weltlichen Standes, zu Papst Benedikt halten und ihm gehorsam sein dürfe, bei dem Fluch ewiger Verdammnis und Verlust aller Pfründen, wenn jemand dem zuwiderhandeln sollte.

Am Freitag gebot das Konzil, man möge in der Stadt Konstanz aus- 63 VERS
rufen lassen, dass die Menschen am Samstagmorgen die Arbeit ruhen lassen und feiern sollten, denn man wollte eine Prozession veranstalten und Gott um seine Gnade zu bitten, damit die Christenheit wieder vereint werde. Und man läutete wiederum Laudes, am Mittag, zur Vesperzeit und am Abend.

224 29. Januar 1416.

Am Samstag, das war der Tag vor Mariä Lichtmess, da läutete man um die siebte Stunde abermals Laudes und danach noch dreimal mit allen Glocken. Dann zog die Prozession vom Münster bis zu den Augustinern, und alle Geistlichen von Konstanz und alle geistlichen und weltlichen Fürsten und Herren gingen mit. Diese Prozession und auch alle anderen verliefen so, wie es vorher gemalt wurde.

Am 13. Tag des Monats Februar gab es wieder eine Session. Während dieser ließen der durchlauchtigste Fürst König Wladislaus von Polen, Herzog Alexander aus Litauen, genannt Witold, Herzog Senonitus von Masowien, Herzog Johann[225] und Herzog Wenzel von Masowien sowie die Herren von Plauen durch ihre treuen Botschafter mit Siegelbriefen Klagen und Ansprüche gegen die Deutschen Herren von Preußen erheben. Die Herren von Preußen antworteten ihnen gleich in derselben Sitzung, so gut sie konnten. Doch die Sache wurde aufgeschoben bis zur Rückkehr unseres Herrn, des Königs, denn man hatte Botschaft erhalten, dass er bald kommen würde.

Am 2. März, dem Montag nach „Esto mihi"[226], gab es wieder eine Generalsession. Da kamen Briefe des Königs von Sizilien, also vom König von Aragon in Spanien, die wurden vor dem Konzil verlesen. Der König versicherte in diesen Briefen dem Konzil, er wolle in Kürze Papst Benedikt dazu bringen, von seinem Amt zurückzutreten. Da wurde wiederum Laudes geläutet, zur Mittagszeit, zur Vesper etc.

An diesem Tag veranstaltete Herzog Ludwig von Bayern-Heidelberg ein großes Gestech mit den Herren und den Bürgern von Konstanz, das dauerte den ganzen Montag und Dienstag. An diesem Gestech nahmen drei Herzöge und sechs Grafen, viele Freiherrn, Ritter und Knappen, insgesamt 46 Helme teil. Den Frauen wurde am Montag und Dienstag ein großes Festmahl bereitet.

Am 6. März, dem Freitag vor der Männerfastnacht, gebot man abermals, wegen einer Prozession die Arbeit ruhen zu lassen. Die geistlichen Herren veranstalteten wieder eine große Prozession, und wieder waren Patriarchen, Kardinäle, Erzbischöfe, Bischöfe, Äbte, Pröpste, Prälaten und alle Orden und Geistlichen und alle weltlichen Fürsten und Herren dabei. Man ging wieder vom Münster zu den Augustinern

225 Identitäten unklar. Für „Johann" käme Janusz I. Starszy, für „Senonitus" käme Siemowit IV. in Frage; beide Herzöge von Masowien.

226 1. Fastensonntag.

Das Konstanzer Münster Unserer Lieben Frau diente dem Konzil als Sitzungssaal.

und durch die Barfüßerkirche und die Stephanskirche zurück zum Münster. Man betete darum, dass der allmächtige Gott einen einhellig gewählten Papst geben möge und die Könige von Aragon, Kastilien, Mallorca, Navarra, Granada und die anderen Fürsten jener Länder bei ihrem guten Willen bleiben und nicht wieder abfallen würden.

Bereits zuvor, am Donnerstag nach Lichtmess[227], fand eine weitere Session statt. Darin baten die Samaritaner[228], die noch Heiden waren, durch ihre ehrbaren Botschafter sowie durch Brief und Siegel das Kon- 64 REC

227 6. Februar 1416. In Wirklichkeit fand die Sitzung am 13. Februar statt.

228 Samogitier aus Litauen.

zil, ihnen zwei Bischöfe und einige gelehrte Männer zu senden, die sie im Christenglauben unterweisen sollten, denn der größte Teil unter ihnen sei geneigt, zu glauben und Christen zu werden. Als man diese Botschaft vernommen hatte, erbot sich der Kardinal Johannes aus Ragusa[229], der als Vertreter des Papstes Gregor beim Konzil war, mit Gottes Willen freudig dorthin zu fahren, um die verlorenen Schäflein wiederzubringen. Dies wurde vom Konzil gewährt, und so sandte man zwei Weihbischöfe und drei Doktoren von den Bettelorden zu ihnen, die sie den christlichen Glauben lehren und mit den Botschaftern von Konstanz aus dorthin reisen sollten.

Am Samstag vor Mitte März, an dem man „Sitientes" singt[230], nahm der Patriarch Johannes von Antiochien in der Sankt-Stephans-Kirche in Konstanz die Priesterweihe vor in Anwesenheit der meisten Kardinäle, Erzbischöfe, Bischöfe und vieler anderer Gelehrter, vieler Fürsten und Herren. Nach der Weihe begab er sich zum Altar des Leutpriesters und gab dem Volk den Segen, so wie ein Papst.

Schon zuvor, am heiligen Weihnachtstag[231] gleich nach dem Mittagessen, war der hochwürdige Kardinal Bandellus de Bandellis aus der Obödienz von Papst Gregor, der nun Angelus Corvarus heißt, gestorben. Er starb im Haus des Peter Rickenbach, das Zum Bären heißt. Man trug ihn zu den Augustinern und begrub ihn dort im linken Seitenchor ohne großen Prunk. Auch hielt man nur eine schlichte Totenmesse, denn er war arm und nicht so hochgeboren wie der vorher genannte Verstorbene.

64 VERS Nun lassen wir das Konzil wieder beiseite, um zu berichten, was sich in der Zwischenzeit sonst noch alles ereignete.

Am Montag vor dem 1. April[232] in der Fastenzeit, als man wie gewöhnlich zur Prim läutete, ritt Herzog Friedrich von Österreich fort aus Konstanz zurück in sein Land an der Etsch, ohne jede Beurlaubung oder Erlaubnis und gegen den Eid, den er geschworen hatte. Er sagte, er wolle nicht mehr in Konstanz bleiben wegen des Bannes, den

229 Johannes Dominici, Erzbischof von Ragusa.

230 Der „Samstag Sitientes" (benannt nach dem Introitus der Messe) ist der Samstag nach dem 4. Fastensonntag und üblicherweise der Tag, an dem Weihen stattfinden.

231 25. Dezember 1415.

232 30. März 1416.

der Bischof von Trient, ein Liechtensteiner, über ihn beim Konzil erwirkt hatte. Am ersten Tag kam er bis nach Feldkirch, alles heimlich, danach ritt er über die Berge an die Etsch, und nur zwei Knechte ritten mit ihm.

Am Tag vor Palmsonntag,[233] früh vor Tagesanbruch, kam Klage über den Freiherrn Junker Jörg von End, dass seine Diener und Knechte ein Schiff mit Korn und anderen Waren ausgeraubt hätten. Das Schiffsgut gehörte den Feldkirchern, den Konstanzern und anderen Kaufleuten, und es wurde alles auf seine Feste Grimmenstein gebracht. Außerdem hatten seine Diener und die Knechte, die in seiner Feste lagen, schon vorher Bischöfe und Prälaten überfallen, die auf dem Weg zum oder vom Konzil waren. Manche waren ihnen entronnen, aber etlichen wurde ihr Hab und Gut geraubt. Als diese Klage laut wurde, weilte der Freiherr von End gerade in Konstanz. Da wurde er von den Konstanzern ergriffen und gefangen gesetzt, während sein Knecht Jörg, der sich schon zum Fortreiten bereitgemacht und seine Rüstung angelegt hatte, entkam. Er stieg zu Fuß auf ein Schiff und wollte damit nach Grimmenstein fahren. Als die Konstanzer dies bemerkten, schickten sie ihm ihre Söldner hinterher, die ergriffen ihn auf dem See und zogen ihn aus dem Schiff, in dem er sich befand, um ihn in ihr Schiff zu ziehen. Während sie ihn herüberzogen, ließen sie ihn, der in vollem Harnisch war, in den See fallen, wo er ertrank. Sie taten aber so, als ob sie ihn hätten aus Versehen fallen lassen. Ob sie dies auf Geheiß des Konstanzer Stadtrats taten, weiß man nicht. So lag er tot im See und niemand suchte ihn, bis zum fünften Tag. Da bekam seine Ehefrau schließlich die Genehmigung, ihn zu suchen. Sie suchte ihn auch und fand ihn und ließ ihn auf dem Kirchhof von Sankt Johann begraben. Anschließend wollte man den Freiherrn von End als Räuber vor Gericht stellen. Da kamen seine Freunde, lauter ehrbare Herren, und handelten mit dem Rat aus, dass man seine Festung ohne Gnade einnehmen möge, dass er bürgen und Urfehde schwören solle und in Zukunft nie wieder gegen das Reich oder die Reichsstädte handeln noch solches anordnen werde. Und er solle so lange in Gefangenschaft bleiben, bis er die Bürgschaft geleistet habe und Brief und Siegel darüber gemacht seien.

233 11. April 1416.

65 REC Am Palmsonntag[234] veranstaltete das Konzil wieder eine Prozession vom Münster nach Sankt Stephan, so wie die Prozessionen, die vorher beschrieben wurden. Dabei wurden die Palmen geweiht und auf dem Oberen Münsterhof geschossen,[235] so wie man es für gewöhnlich jedes Jahr tut. Dann ging man wieder ins Münster und hielt ein feierliches Amt ab.

Am Gründonnerstag[236] feierten viele Kardinäle, Erzbischöfe, Bischöfe und alle geistlichen Herren eine Messe im Münster.

Danach führte der Patriarch von Konstantinopel die Sünder in die Sankt-Stephans-Kirche.[237] Und es waren der Sünder so viele, dass die Fremden sich sehr wunderten, dass diese Stadt und dieses Bistum einen so großen Ablass verteilen konnten. Anschließend weihte er das Sakrament, und am Ende erteilte er allen Sündern, die er in die Kirche geführt hatte, aber auch den Herren und dem Volk den Segen.

Am Tag vor Ostern[238] dünkte es die Konstanzer, dass die Freunde des Junkers von End ihr Bürgschaftsversprechen nicht halten wollten, und so beschloss man, ihn nun doch vor Gericht zu stellen. Man führte ihn gebunden in Begleitung vieler gewappneter Männer aus dem Turm in die Ratsstube. Als seine Freunde das erfuhren, eilten sie mit vielen Rittern und Knappen herbei und übergaben den Konstanzern die genannte Festung Grimmenstein zur ihren Händen. Und so kam es, dass am Dienstag in der Osterwoche[239] die Konstanzer nach Grimmenstein fuhren. Sie räumten alles, was sich in der Festung befand, heraus, Wein, Brot, Korn und sonstige Dinge, und brachten es in das Dorf Sankt Margrethen hinab. Dort übergaben sie die Sachen dem Pfarrer und dem Wirt, die sie dann dem Freiherrn von End zurückgeben sollten. Dann brannten sie die Festung vollständig aus. Als sie verbrannt war und die Mauern abgekühlt waren, wurden fast 500 Mann dorthingeschickt, die nichts anderes zu tun hatten, als die Mauern niederzubrechen. Dies schafften sie kaum in drei Wochen, so

234 12. April 1416.

235 „Palmenschießen" war ein Brauch, bei dem die geweihten Palmen, also grüne Zweige, auf den einreitenden Heiland oder den Palmesel geworfen wurden.

236 16. April 1416.

237 Am Gründonnerstag wurden die Sünder durch einen öffentlichen Ablass mit der Kirche ausgesöhnt, damit sie am Osterfest teilnehmen konnten.

238 18. April 1416.

239 21. April 1416.

fest standen diese. Dabei mussten sie auch im Inneren der Festung einiges abbrechen, und so hatten sie auch viele Schmiede dabei, die ihre Pickel, Hebeisen, Schaufeln und andere geschmiedete Werkzeuge immer wieder instand setzten.

Am selben Tag vor Ostern sangen die Kardinäle und alle Anwesenden, die vorher schon genannt wurden, das feierliche Amt im Dom von Konstanz. Dabei weihten sie das Osterfeuer, die Osterbaumkerzen und das Taufwasser und hielten die Messe.

Der vorher schon genannte Patriarch hielt das Amt in Sankt Stephan und weihte auch dort das Osterfeuer, die Osterkerzen und das Taufwasser, außerdem die Priester. Es waren viele geistliche und weltliche Fürsten und Herren dabei. Nach alldem gab er dem Volk am Altar des Leutpriesters den Segen.

Am heiligen Ostertag aber sangen die vorgenannten Herren das Amt im Dom von Konstanz, dann gingen sie in einer Prozession mit vielen Leuten und großer Pracht nach Sankt Stephan, wie es vorher
geschildert wurde. Dort hielt der Patriarch die Messe. Danach gab es 65 VERS
lange Zeit keine Konzilssitzung.[240] Und jedermann verhielt sich so wohlgesittet auf dem Fischmarkt, in der Metzig und anderswo, dass alle sich wunderten, wie so viele fremde Menschen mit unterschiedlichen Sprachen so friedlich und freundschaftlich miteinander lebten. Am 8. Mai hielt das ganze Konzil eine große Seelenmesse im Münster für den durchlauchtigsten Fürsten König Ferdinand von Sizilien und Aragon.[241] Man hatte im Mittelschiff ein Behältnis auf vier Säulen gemacht, so wie es vorher bei dem Kardinal beschrieben wurde, den man mit allen Ehren bei den Predigern bestattet hatte. Der Patriarch von Antiochien hielt die Totenmesse in Anwesenheit aller Patriarchen und aller Fürsten und Herren.

Am selben Tag veranstaltete der Erzbischof von Gnesen in Polen mit vielen Geistlichen ein prächtiges Fest für den heiligen König Stanislaus mit einer gesungenen Messe in der Barfüßerkirche. Der Erzbischof sang selber die Messe und zwei Bischöfe ministrierten ihm. Dann brachten sie 14 große brennende Kerzen ins Münster, die brann-

240 Das stimmt nicht, es gab mehrere Sitzungen vor der nächsten im Text geschilderten am 8. Mai.

241 Gestorben am 2. April 1416.

ten während der ganzen Oktav[242] auf der Kanzel. Anschließend lud derselbe Erzbischof viele Bischöfe und Priester aus dem Königreich Polen und auch andere gelehrte Herren und Leute zum Mittagsmahl.

Am Tag vor Fronleichnam fand ein Treffen aller Nationen statt. Da traten die Botschafter der Samogitier, die zurück zu den ihren geschickt worden waren, hinzu und klagten die Deutschen Herren von Preußen an, sie hätten sie aufgehalten und verhindert, dass sie Christen würden. Da antworteten die Deutschen Herren, sie hätten die Samogitier schon früher mit dem Schwert bezwungen und diese gehörten nun zum Erzbistum Riga in Livland, das dem Deutschen Orden unterstellt war. Und wenn sie Christen werden wollten, dann würden die Deutschen Herren und ihr Erzbischof sie zu Christen machen. Da wurde den Deutschen Brüdern vom gesamten Konzil geboten, dem Konzil zu gehorchen und die Samogitier auf keinerlei Weise mehr aufzuhalten. Auch sollten sie sich nicht mehr darum kümmern, ob jene Christen würden oder nicht, denn die Samogitier seien von nun an zum Heiligen Römischen Reich gehörig und somit in weltlichen Dingen dem Römischen Kaiser oder König zu Gehorsam verpflichtet, in geistlichen Dingen ihrem jeweiligen Bischof oder Leutpriester. Und mit dieser Vollmacht und einem solchem Freiheitsbrief wurden die Boten wieder zurückgesandt.

Am Fronleichnamstag unternahm das heilige Konzil eine Prozession um die Stadt. Alle Geistlichen und Herren, alle Hochschulen und Auditoren waren mit ihren Infuln dabei, so wie es vorher schon be-
66 REC schrieben wurde. Jeder trug eine brennende Kerze in der Hand, und wenn ein Herr müde war vom Tragen, dann übergab er die Kerze einem seiner Diener. Es waren etwa 300 Kerzen, und jede bestand aus einem halben Pfund Wachs. Man ging vom Münster aus durch die Stadt, wie man es jedes Jahr macht. Alle weltlichen Fürsten und Herren und so viele Menschen gingen mit, dass sich alle fragten, wie man so viel Brot backen konnte, dass jeder von ihnen auch nur ein Viertel Brot erhalten konnte. Diese Prozession dauerte zwei Stunden, bis sie wieder zurückkamen.

Am Tag vor dem Johannistag[243] ließen die Wechsler von Florenz nach dem Mittagsimbiss fünf Posaunenbläser durch die Stadt bla-

242 Acht Tage nach einem Hochfest.

243 23. Juni 1416.

sen. An den Posaunen hing das Stadtbanner von Florenz, eine rote Lilie auf weißem Feld. Hinter ihnen ging ein Knecht, der mit lauter Stimme rief: „Hört, ihr Herren! Meine Herren aus Florenz wollen heute Nacht das Johannesfest begehen und ebenso morgen in der Kirche von Sankt Johann!“ Und dahinter gingen drei Pfeifer und spielten zur Musik der Posaunenbläser. Das taten sie mittags, zur Vesperzeit, zur Komplet und morgens zu allen Zeiten. Die Sankt-Johann-Kirche hatten die Florentiner rundherum mit den kostbarsten Tüchern behängt, die sie besaßen, und im Chor hatte man viele Maien[244] aufgestellt, die mit Tannenreis geschmückt und mit Oblaten[245] behängt waren. Sowohl im Chor wie in der Kirche war ein Florentiner Wappenschild aufgehängt, die rote Lilie auf weißem Feld. Auf dem Hochaltar und auf den Seitenaltären brannten viele Kerzen. Am frühen Morgen des Johannistages versammelten sich alle bei den Barfüßern, bestreuten die Gassen vom Barfüßerkloster bis zur Sankt-Johann-Kirche mit frischem Gras und besteckten die Straßen auf beiden Seiten mit Maien. An diesem Morgen bliesen die Pfeifer und Posaunenbläser wieder dreimal durch die Stadt. Beim dritten Mal gingen alle italienischen Bischöfe und Herren mit den Posaunenbläsern und Pfeifern auf dem Gras und unter den Maien vom Barfüßerkloster nach Sankt Johann. Mit ihnen gingen Herzog Ludwig von Bayern sowie alle anderen weltlichen Fürsten und Herren, je zwei und zwei. Jeder von ihnen trug eine brennende Kerze in der Hand, die jeweils ein Pfund wog. Jene Herren aber, die ihre Kerzen nicht tragen wollten, gaben sie ihren Knechten. Insgesamt waren es wohl 550 Kerzen. Die Messe hielt der höchste Kardinal, der Kardinal von Ostia, der anschließend auch dem Volk in der Sankt-Johann-Kirche den Segen gab.

Bild: Fest der Wechsler von Florenz. Oben: Posaunenbläser. 66 VERS
Unten: Prozession.
Bild: Prozessionsteilnehmer betreten die Sankt-Johann-Kirche. 67 REC

Am Donnerstag nach dem Johannistag[246] veranstaltete das Konzil eine 67 VERS
besondere Prozession mit dem Allerheiligsten. Man ging vom Müns-

244 Junge Bäume und Äste mit frischem Grün, vorwiegend von Buchen und Birken.
245 Süßes Gebäck.
246 25. Juni 1416.

ter nach Petershausen. Alle Kardinäle, Patriarchen etc. und alle Herren, die vorher schon ausführlich genannt wurden, sowie eine Menge Volks waren bei dieser Prozession dabei. Doch sie gingen ganz demütig ohne Trompeter oder sonstige Musiker und kehrten schließlich wieder ins Münster zurück.

Am Mittwoch nach dem Peter-und-Pauls-Tag gab es eine Versammlung bei den Barfüßern. Dorthin wurde Herr Heinrich Latzembock bestellt, der böhmische Ritter, der Hus nach Konstanz gebracht hatte. Man glaubte nämlich, auch er sei ein Anhänger des ketzerischen Hussitenglaubens. Doch er schwor öffentlich vor dem Konzil, dass dies nicht wahr sei und er es nie so gehalten habe, und er nahm sogar in seinen Eid mit auf, dass er der Meinung sei, Hus und Hieronymus wären zu Recht zum Tode verurteilt worden. Da ließ man sofort Briefe nach Böhmen schreiben, dass die beiden Ketzer zu Recht verurteilt und verbrannt worden seien und was sie gepredigt hätten. Diese Briefe nahm Latzembock mit sich, und man glaubte, er werde sie nach Böhmen bringen. Ob dies geschah, ist aber nicht gewiss. Auf jeden Fall starb er später in Grätz als Hussit.

Am vierten Tag des ersten Herbstmonats gab es wieder eine Session.[247] In dieser Sitzung berichtete Herr Michael de Causis, dem geboten worden war, rechtlich gegen die Hussiten vorzugehen, dass er aufgrund der Anweisung des Konzils 424 namhafte adlige Einwohner des Königreichs Böhmen wegen ihres hussitischen Unglaubens vorgeladen hatte. Diese wurden in derselben Session mit dem Bann belegt. Und es wurden einige Herren ernannt, die weiter gegen die Hussiten vorgehen und außerdem rechtliche Schritte gegen Herzog Friedrich von Österreich einleiten sollten wegen der Ansprüche, die etliche geistliche und weltliche Herren gegen ihn einzuklagen hatten, sowie wegen des Unrechts, das er dem Konzil angetan hatte. So geschah es auch, und es wurden viele Bannflüche über die Böhmen und Herzog Friedrich ausgesprochen.

Am 5. Tag[248] im ersten Herbstmonat kam ein Botschafter aus Aragon, ein Graf von Cardona, mit drei Rittern und drei Bischöfen nach Konstanz. Man begleitete ihren Einzug mit Glockengeläut, und vie-

247 4. September 1416. Diese Sitzung war keine Sessio solemnis.

248 Die Gesandtschaft kam laut Cerretanus am 2. September in Konstanz an.

le Bischöfe und Herren, beide Bürgermeister und etliche Räte und Bewaffnete ritten ihnen entgegen.

Am Tag der Heiligen Felix und Regula[249] starb in der Nacht der Kammerauditor. Er wurde im Konstanzer Dom neben dem Taufstein und dem Chor begraben. Am nächsten Tag, einem Mittwoch, hielt man die Seelenmesse für ihn.

Am Donnerstag vor dem Michaelistag[250] in der vierten Stunde nach Mittag ritten zwei Bischöfe und ein Doktor aus England in die Stadt 68 REC
ein. Alle weltlichen und geistlichen Herren ritten ihnen entgegen, ausgenommen die Patriarchen und Kardinäle. Es waren etwa 1 500 Pferde, mit denen man ihnen entgegenritt, während die Botschafter selbst mit 80 Pferden kamen.

Am Sonntag nach dem Michaelistag,[251] am Tag des heiligen Franziskus, hielten alle Kardinäle und Bischöfe eine schöne gesungene Messe bei den Barfüßern, doch ließen sie die Prozession, die an diesem Sonntag stattfinden sollte, abbrechen, weil sich alles zu lange hinzog.

Am Samstag vor dem Sankt-Gallus-Tag[252] vereinbarten die neun spanischen Königreiche mit dem Konzil, dass ihnen wieder eine Nation zugesprochen würde, denn man hatte ihnen die Nation ja weggenommen, als sie nicht zum Konzil erschienen waren. Und so sind es jetzt fünf Nationen, wie es vorher beschrieben wurde.

Am Mittwoch vor dem Sankt-Gallus-Tag[253] nach Mittag gab es eine Kongregation aller Geistlichen im Konstanzer Münster. In dieser Sitzung trafen die Spanier mit dem gesamten Konzil zusammen und einigten sich mit ihm. Daraufhin läutete man Laudes und ließ in der ganzen Stadt verkünden, dass am nächsten Morgen jedermann die Arbeit ruhen lassen sollte, bis die Prozession zu Ende sei. Dann läutete man wieder Laudes und früh am anderen Morgen läutete man abermals. Anschließend versammelten sich alle Patriarchen, Kardinäle, Erzbischöfe, Bischöfe, Äbte, Prälaten, Auditoren, alle Gelehrten und Priester, Herzog Ludwig von Bayern, Burggraf Friedrich von Nürnberg und viele andere weltliche Fürsten und Herren und blieben bis zum

249 11. September 1416.
250 24. September 1416.
251 4. Oktober 1416.
252 10. Oktober 1416.
253 14. Oktober 1416.

Mittag im Münster in ernsten Gesprächen beisammen. Am Ende einigten sie sich, aber erst nach der zwölften Stunde läutete man zusammen und hielt eine Messe für den Heiligen Geist. Danach wurde die Prozession abgesagt, weil es nun zu spät war, denn sie hätte wohl bis zur Vesper gedauert.

Es folgte eine lange Zeit, in der nicht viel geschah. Man wartete täglich auf unseren Herrn, den Römischen König. Und die Italiener wurden sehr unwillig, weil sie so lange in Konstanz bleiben mussten.

Während man noch wartete, wurden am Andreastag vor Weihnachten[254] Conrat Mangolt zum Bürgermeister von Konstanz und Caspar Gumpost zum Unterbürgermeister gewählt. Doch sie traten ihr Amt erst am zwölften Tag nach Weihnachten an.

Am Donnerstag nach dem Tag der heiligen Luzia[255] kamen in der Nacht Botschafter des Grafen von Foix und von anderen Grafen und
68 VERS Herren aus Aragon, die erklären ließen, dass sie Papst Benedikt nicht mehr gehorsam sein wollten. Da läutete man abermals Laudes.

Am Montag fand wieder eine Session statt, in der die entsprechenden Briefe verlesen wurden. Die Boten, die mit den Briefen an ihrer Herren statt gekommen waren, schworen, dass diese nicht mehr zu Papst Benedikt halten, sondern demjenigen Papst gehorsam sein würden, den das Konzil wählen werde. Und auch an diesem Tag wurde dreimal Laudes geläutet.

Zwei Tage vor dem heiligen Weihnachtstag[256] hatten sich die Nationen bei den Barfüßern versammelt und saßen dort beieinander bis neun in der Nacht.[257] Da gerieten die Engländer und Franzosen mit den Spaniern in Streit, sodass die anderen sehr betrübt wurden. Als Herzog Ludwig von Bayern und Burggraf Friedrich von Nürnberg davon erfuhren, kamen sie noch in derselben Nacht zu den Barfüßern und redeten so lange mit den Streitenden, bis diese sich wieder versöhnten. Am anderen Morgen sollte eine Session stattfinden, und so läutete man nach Mitternacht Laudes. Am Morgen des Heiligabends wurde dann die Session tatsächlich abgehalten, und in dieser Sessi-

254 30. November 1416.
255 17. Dezember 1416.
256 23. Dezember 1416.
257 Im Manuskript heißt es: „bis nach stubi“. In der Aulendorfer Ausgabe fügt Richental selbst hinzu: „daz ist VIIII in der nacht.“ Siehe Buck 2011, S. 82.

on wurden sie gänzlich ausgesöhnt. Wieder wurde dreimal Laudes geläutet.

Am heiligen Weihnachtstag, da man 1417 Jahre von Christi Geburt zählte, feierten die italienischen und französischen Kardinäle den Festgottesdienst im Dom von Konstanz, die deutschen und englischen in Sankt Stephan und die aus Spanien bei den Augustinern. Und so wurde der heilige Weihnachtstag prächtig, aber auch in Demut begangen.

Am Tag vor dem Sankt-Thomas-Tag nach Weihnachten[258] begingen die Engländer wieder das Fest des heiligen Thomas von Canterbury. Sie ließen um die Vesperzeit vier Posaunenbläser durch die Stadt blasen, an deren Posaunen das Wappen des Königs von England hing, und ausrufen, dass die Engländer ein großes Fest für den heiligen Thomas veranstalten wollten, das im Dom beginnen werde. Am anderen Tag feierten sie das Fest gar schön und prächtig mit großem Geläut und brennenden Kerzen, mit süßem englischem Gesang, mit Orgel und Posaunen, darüber Tenor, Diskant und Medium zur Vesperzeit.[259] Am Morgen des Sankt-Thomas-Tages hielten sie das feierliche Amt im Dom. Diese Messe sang der Erzbischof von Salisbury, und zwei andere englische Bischöfe ministrierten ihm. Bei diesem Amt waren drei Patriarchen und alle anderen vorgenannten Herren anwesend. Nach dem Gottesdienst bliesen die Posaunen abermals durch die Stadt, und die Engländer luden viele Herren zum Mittagessen, außer den Kardinälen. Die speisten mit niemandem.

Am 24. Januar luden der Erzbischof von Salisbury, der Bischof von 69 REC
London und fünf weitere englische Bischöfe alle Stadträte von Konstanz und viele weitere ehrbare Bürger in das Haus von Burkart Waher in der Nähe von Sankt Lorenz, das man früher als Haus zum Burgtor bezeichnete, das jetzt aber Haus zum Goldenen Schwert genannt wird. Sie richteten ihnen ein gar köstliches Mahl aus, drei Gänge hintereinander, jeder Gang mit acht verschiedenen Gerichten. Die trug man immer auf einmal auf, und jedes Mal waren vier davon vergoldet oder versilbert. Zwischen den Mahlzeiten gab es Aufführungen mit bewegten Bildern, in denen man Unsere Frau sehen konnte, in kostbare

258 28. Dezember 1416.

259 Das Konstanzer Konzil war ein wichtiger Ausgangspunkt für die Verbreitung des mehrstimmigen Gesangs.

Tücher und Gewänder gehüllt, wie sie ihr Kind, unseren Herrn und Gott, gebar. Und sie stellten Joseph zu ihr und die Heiligen Drei Könige, wie sie Unserer Frau und dem Kind ihre Opfer darbrachten. Dafür hatte man einen Stern aus reinem Gold gemacht, der an einem dünnen eisernen Draht vor ihnen her wandelte. Dann trat König Herodes auf, wie er den Heiligen Drei Königen Boten nachsandte und wie er die Kindlein tötete. Dabei trugen alle Darsteller kostbare Gewänder und goldene und silberne Gürtel. Sie spielten herrlich und voller Demut.

Am Mittwoch vor Lichtmess[260] kam die Nachricht, dass unser Herr, der König, demnächst eintreffen werde. Da versammelten sich die Patriarchen, Kardinäle, Erzbischöfe, Bischöfe, Äbte, Pröpste und Prälaten, alle Schulen, Auditoren und Gelehrten, die Orden und alle Geistlichen, die geistlichen und weltlichen Fürsten, Herren, Grafen, Freiherrn, Ritter und Knappen im Konstanzer Münster. Die Geistlichen trugen alle ihr Habit, die dazu Berechtigten hatten eine weiße Inful auf dem Haupt, und auch sonst hatten alle ihr Habit angelegt und hielten ihre Reliquien in Händen. Sie sangen eine Messe und der Florentiner Kardinal Franziskus[261] hielt die Predigt. Dann wollten sie unserem Herrn, dem Kaiser, in einer Prozession entgegengehen. Da kam die Nachricht, er sei doch noch nicht so nahe, also wurde allen befohlen, wieder heimzugehen und zu essen, aber jedermann solle am Mittag, wenn man läute, wiederkommen. Und als man läutete, kam jedermann wieder. So ging man dem König in einer Prozession Richtung Petershausen bis auf die Brücke entgegen, mit großer Demut, wie es vorher schon von den Prozessionen berichtet wurde. Da blieb unser Herr, der Römische König, unter einem kostbaren goldenen Baldachin stehen, den vier Räte auf vier Stangen trugen. Er wartete nämlich in Petershausen an der Brücke bei dem steinernen Haus, das der Frau von Breitenstein, geborene von Honburg, gehört. Als die Prozession mit dem Kreuz ihn erreichte, umrundeten sie ihn alle mit dem Kreuz und den Reliquien. Schon vorher waren ihm die weltlichen Fürsten und Herren und alle Bürger, die ein Reittier besaßen, entgegengeritten. Doch auch diejenigen, die kein Reittier besaßen, hatten die Erlaubnis bekommen, ihm zu Fuß entgegenzugehen. Als nun die Pro-

260 27. Januar 1417.

261 Francesco Zabarella.

zession mit den Kerzen aller Domherren und Zünfte zu ihm kam, da stellten sich Herzog Ludwig von Bayern und Burggraf Friedrich von Nürnberg zu ihm unter den Baldachin. Diejenigen, die ihm entgegengeritten waren, gingen ihm jetzt voraus. Und neben ihm unter dem Baldachin gingen auf der einen Seite der Patriarch von Antiochien und auf der anderen Seite der Kardinal von Ostia. So führten sie ihn 69 VERS
mit großer Würde unter dem goldenen Baldachin zum Münster. Und als sie zum Münster kamen, auf den Unteren Hof vor der Vorhalle, da knieten alle fünf, die unter dem Baldachin waren, nieder und beteten. Dann betraten sie das Münster. Dort stand der englische Erzbischof von Salisbury auf und hielt eine lateinische Predigt mit dem Thema: „Erit magnus coram domino."[262] Nach der Predigt sang man „Te Deum laudamus"[263] mit Orgelbegleitung. Und man läutete dreimal Laudes. Danach begab sich der König in den Freiburger Hof, wo er einige Zeit wohnte. Später zog er zu den Augustinern um und blieb dort für die restliche Zeit des Konzils.

Am Sonntag vor Lichtmess[264] luden die englischen Bischöfe unseren Herrn, den Römischen König, und viele weltliche Fürsten und Herren sowie neun Bischöfe und etliche Auditoren zu einem Festmahl, wie es vorher schon beschrieben wurde, in dasselbe Haus. Es waren so viele edle Herren, dass allein am Herrentisch 152 Personen saßen. Auch sie bekamen drei Gänge, jeder mit acht Gerichten, ebenfalls vergoldet und versilbert, und noch viel köstlicher als beim letzten Mal. Und zwischen den Gängen wurde wieder die Geschichte Unserer Lieben Frau dargestellt, wie sie vorher beschrieben wurde.

Am Sankt-Blasius-Tag[265] nach der Vesper kam der hochwürdige Erzbischof von Gran[266] aus Ungarn nach Konstanz. Sein Bistum und seine Suffraganbistümer liegen in Windischen Landen. Außer ihm und dem [Erz-]Bischof Colocensis[267] gibt es keinen weiteren Erzbischof mehr in Ungarn. Sein Land liegt Richtung Siebenbürgen und stößt an die Walachei und an die Türkei. Ihm ritten viele Bischöfe und geistliche

262 „Er wird groß sein vor dem Herrn."
263 „Gott, wir loben dich."
264 31. Januar 1417.
265 3. Februar 1417.
266 Siehe Folio 27 verso.
267 Andreas dei Benzi, Erzbischof von Kalocsa.

und weltliche Fürsten entgegen. Dieser Erzbischof ritt mit acht gedeckten Wagen und 400 Pferden durch das Rindportertor[268] nach Konstanz hinein. Unser Herr, der König, ritt ihm entgegen und zog mit ihm durch die Stadt nach Petershausen ins Kloster, denn der König machte ihm dort Platz und zog zu den Augustinern. Außerdem ritten ihm zwei Kardinäle entgegen, eine Ehre, die sonst nie ein Kardinal einem Bischof erwies, außer dem Erzbischof und Kurfürsten von Mainz.

Am Dienstag vor dem Valentinstag[269] erhielt der Römische König ein großes Tier. Das war in Litauen gefangen worden und wurde ihm vom polnischen König gesandt, der drei davon lebend in Litauen bestellt hatte. Als die drei Tiere nach Krakau kamen, rissen sie sich jedoch los und gebärdeten sich so wild, dass es nicht möglich schien, sie lebend nach Konstanz zu bringen. Also ließ der König sie alle töten. Das Fleisch von zweien wurde in Heringsfässern eingesalzen, doch das dritte wurde ausgenommen und als ganzes in der Haut gesalzen und mit teuren Gewürzen einbalsamiert. Die Heringsfässer mit dem Wildbret sandte der König den polnischen Bischöfen, die in Konstanz waren. Das in der Haut gesalzene Tier schenkte der Römische König dem König von England, obwohl er es ja vom polnischen König geschenkt
70 REC bekommen hatte. Dieses Tier sah aus wie ein großer schwarzer Ochse, aber es hatte einen größeren Kopf und einen dickeren Hals, eine breite Brust und zwei kleine spitze Hörner. An der Stirn zwischen den Hörnern war es einen Schuh breit und hatte einen kurzen Schwanz. Das Tier war einem Büffel, wie sie in welschen Landen vorkommen, nicht unähnlich.[270] Man hatte ihm die Eingeweide herausgenommen, und als es nach Konstanz kam, lag es rücklings auf einem Karren und hatte die Beine in die Luft gestreckt. Hier wurde es noch einmal mit weiteren Gewürzen gepökelt und dann den Rhein hinab zum König von England geschickt. Als man es aus der Stadt hinausführte, ließ ihm der König mit Posaunen vorausblasen, damit alle es sehen sollten. Auch sandte er noch drei Heringsfässer voll desselben Wildbrets mit. Und der Führer, der es gebracht hatte, sagte, dass allein die Überführung von Litauen nach Konstanz 400 Gulden gekostet habe.

268 Im Manuskript steht Ringburgtor. Ein solches Tor gab es in Konstanz aber nicht, darum ist zu vermuten, dass der Kopist falsch abgeschrieben hat.

269 9. Februar 1417.

270 Wahrscheinlich ein Wisent.

Bild: Das gepökelte Tier aus Litauen.

Am dritten Tag im März fand eine Session statt, und man läutete einmal mit der großen Glocke. In dieser Session wurde auf Antrag des Bischofs von Trient über Herzog Friedrich der Bann verhängt. Da sich niemand fand, der ihn verteidigte, wurde das weltliche Schwert auf ihn herabgerufen. So wurde noch in derselben Sitzung unser Herr, der Römische König, aufgefordert, wegen dieser und vieler anderer Streitfragen als weltlicher Gerichtsherr über ihn zu richten wie über einen ungehorsamen Mann. 70 VERS

Am 8. März wurde eine Sitzung wegen Papst Benedikt abgehalten, denn er war bereits gebannt worden, und nun war die Frist abgelaufen, innerhalb derer er sich hätte verantworten sollen. Also verließen der Kardinal von Florenz, der Kardinal de Comitibus[271], der Erzbischof von Mailand, der Bischof von Merseburg und zwei weitere Bischöfe die Sitzung und gingen aus dem Münster in die Vorhalle, die zum Unteren Hof geht. Dort riefen sie dreimal nach Benedikt und fragten, ob er sich rechtfertigen wolle oder jemand anders an seiner Stelle komme. Als niemand kam, ließen sie über ihn läuten, den Judasfluch singen und Steine und brennende Kerzen auf ihn werfen. Als sie dies getan hatten, kehrten sie in die Sitzung im Münster zurück. Dort wurde er abermals vernichtet und verflucht.

Bild: Absetzung und Verfluchung von Papst Benedikt XIII.

Am 18. März, einem Freitag,[272] hielten die Benediktiner ein Kapitel in Petershausen bei Konstanz ab, in dem es darum ging, ob ihr Orden gut geführt werde und wie sie es in Zukunft halten sollten mit dem Beten und anderen Fragen der Ordnung. Sie erneuerten ihre Regeln und unternahmen anschließend eine sehr züchtige Prozession von Petershausen aus mit langsamem, leisem Gesang, je zwei und zwei nebeneinander. Das Kreuz wurde ihnen vorangetragen bis zu den Augustinern und dann zurück nach Petershausen in die Kirche. Dort ließen sie öffentlich und vor allen Leuten verlesen, wie sie in Zukunft ihren Orden gestalten und welche Regeln sie einhalten wollten. Es waren wohl 71 REC

271 Gemeint ist Kardinal Lucido de Conti.

272 In Wirklichkeit ein Donnerstag.

36 Äbte, 22 Pröpste und weitere 373 Mönche ihres Ordens anwesend, alle in schwarzen Kutten, wie es bis heute üblich ist.

Zu jener Zeit kam ein Meister aus Nürnberg nach Konstanz, der brachte einen kupfernen Leuchter oder Kerzenständer. Der war so hoch, wie ein langer Mann mit hochgerecktem Arm reichen konnte, und unten so weit wie eine Scheibe, an der sechs Männer bequem hätten zu Tisch sitzen können. Diesen Leuchter konnte man in kleine Stücke zerlegen, und er bot ihn für 2 000 Gulden an. Da kaufte ihn unser Herr, der Römische König, und gab ihm 1 100 Gulden dafür. Dann ließ er ihn zerlegen, in einem Fass verstauen und ebenfalls dem König von England schicken, zusammen mit dem großen Tier.

Am 29. März, einem Dienstag,[273] kamen die Botschafter des Königs von Kastilien nach Konstanz. Alle Herren ritten ihnen entgegen und man läutete für sie alle Glocken. Am Anfang des Zuges gingen 28 große Maultiere beladen mit Reisesäcken, und mit ihnen kamen viele Bischöfe und große Herren, insgesamt mehr als 500 Pferde.

Am Tag vor Palmsonntag[274] nach dem Imbiss ritt unser Herr, der Römische König, aus Konstanz fort. Er wollte nach Radolfzell reiten, denn er meinte, dies sei in diesen heiligen Zeiten besser, weil die geistlichen Herren so in Ruhe all ihre Gottesdienste feiern könnten.

Am Morgen des Palmsonntags gingen alle Geistlichen in einer Prozession vom Münster nach Sankt Stephan und weihten dort die Palmen. Dann ging die Prozession zurück zum Oberen Hof, wo man die Palmen verschoss. Anschließend wollten sich die fünf Nationen, die ganzen Konzilsteilnehmer und das Kardinalskollegium zurück ins Münster begeben, wie man es jedes Jahr tut, um dort das feierliche Amt zu begehen. Aber die Franzosen zogen es vor, zu den Predigern zu gehen und dort den Gottesdienst zu feiern, während die Deutschen und Engländer in die Sankt-Stephans-Kirche gingen. Sie teilten sich deshalb auf, weil es im Münster zu eng geworden war, als nach dem Palmenschießen alle Leute dorthin zurückkehren wollten.

Am selben Tag zur Zeit der Prim ließ das Konzil an alle Kirchentüren in Konstanz Verkündigungen anschlagen, in denen all diejeni-
71 VERS gen gebannt und verflucht wurden, die in Zukunft weiterhin zu Petrus

273 In Wirklichkeit ein Montag.

274 3. April 1417.

de Luna halten würden, beim Fluch ewiger Verdammnis und Beraubung aller Ehren und Güter.

Am gleichen Tag um dieselbe Zeit ließ unser Herr, der Römische König, an die Türen des Doms und von Sankt Stephan Anschläge gegen Herzog Friedrich von Österreich machen. Darin wurden dessen Untaten geschildert und wie deshalb seine Schlösser und Städte in den Besitz des Heiligen Römischen Reichs übergegangen seien aufgrund seines eigenen Eides, aber auch wegen des schweren Banns, den das heilige Konzil über ihn verhängt hatte. Und der König gebot all jenen, die ein Lehen oder ein Pfand von Herzog Friedrich erhalten hatten, dass sie diese nun vom Römischen König erneut empfangen und ihm bis spätestens zum Walpurgistag[275] im kommenden Mai huldigen sollten. Dann wolle er ihnen alle Urkunden und Rechte belassen und sie sogar besser stellen als zuvor. Wer dem aber nicht Folge leisten wollte, den werde er seines Besitzes berauben, sei es Lehen oder Pfand. Und er gebot auch allen Städten, ihm bis zum genannten Tag zu schwören und zu huldigen.

Am Gründonnerstag[276] feierten die Kardinäle das Hochamt im Münster, und mit ihnen die Italiener, Spanier und Franzosen. Der Patriarch von Antiochien führte wieder die Sünder nach Sankt Stephan und weihte dort das Sakrament. Hier waren nun auch die Deutschen und Engländer dabei. Er gab den Sündern den Segen und das Sakrament am Altar des Leutpriesters. Nach dem Imbiss predigte im Münster der Kardinal Franziskus von Florenz[277] auf Latein. Nach der Predigt hielten sie die Messe und die Locionem pedum, bei der sie sich gegenseitig die Füße wuschen.

Am Karfreitag[278] hielten die Italiener und Spanier ihre Messe im Dom, die Franzosen bei den Predigern und die Deutschen und Engländer in der Sankt-Stephans-Kirche. Und nach der Messe teilte der vorgenannte Patriarch in Sankt Stephan jedermann die Kommunion aus.

Am Karsamstag feierten die Italiener die Messe im Dom von Konstanz. Dabei weihten sie auch das Taufwasser und segneten das Os-

275 1. Mai 1417.
276 8. April 1417.
277 Zabarella.
278 9. April 1417.

terfeuer und die Osterkerzen. Dasselbe taten die Franzosen bei den Predigern und die Deutschen und Engländer in der Sankt-Stephans-Kirche. Dort weihte der Patriarch Osterfeuer, Osterkerzen, Taufwasser und Priester und gab dem Volk den Segen.

72 REC Am gleichen Tag vor Ostern wunderten sich die Italiener und auch alle anderen Leute in Konstanz, weil in der ganzen Stadt öffentlich ausgerufen wurde: „Wer Heringe kaufen will, die gut und wohlschmeckend sind, der bekommt 14 Stück für einen böhmischen Groschen[279]!" Und davon gab es jede Menge.

Am heiligen Ostertag[280] machten alle Geistlichen eine Prozession vom Konstanzer Dom nach Sankt Stephan und wieder zurück ins Münster. Dort feierten sie das Hochamt, wie es vorher schon beschrieben wurde.

Am Dienstag in der Osterwoche[281] kam unser Herr, der König, von Radolfzell wieder nach Konstanz geritten. Und am gleichen Dienstag ritten auch zwei Stunden nach Mittag drei bayrische Herzöge in Konstanz ein: Herzog Wilhelm, Herzog Ernst und Herzog Heinrich. Alle weltlichen Fürsten ritten ihnen entgegen mit großer Pracht. Sie kamen mit etwa 350 Pferden und acht Wagen.

Am Donnerstag in der Osterwoche[282] zog Markgraf Friedrich der Ältere von Meißen, Herr von Thüringen, in Konstanz ein. Mit ihm kamen 13 mächtige Grafen, die seine Diener waren. Unser Herr, der Römische König, ritt ihm entgegen, und mit ihm die vorher genannten drei Herzöge, außerdem Herzog Rudolf von Sachsen, Herzog Ludwig von Brieg aus Schlesien, der Pfalzgraf Herzog Ludwig von Bayern, Burggraf Friedrich von Nürnberg und alle anderen weltlichen Fürsten und Herren. Vor dem Fürsten zogen 16 schwer beladene Wagen und 28 große Maultiere mit Reisesäcken her. Er kam mit 500 Pferden, und alle Reiter waren in vollem Harnisch. Diejenigen unter ihnen, die seine Ritter oder sonstigen Genossen waren, trugen goldene Gürtel und goldene Ketten. Auf der Brust hatten sie sein Wappen: einen goldenen Löwen. Alle anderen Edelleute, Knappen und Köche trugen dasselbe,

279 Im Text heißt es lediglich „ain Behamsch". Gemeint ist ein Böhmischer oder Prager Groschen, der zur Zeit des Konzils etwa 9 Pfennige wert war.

280 11. April 1417.

281 13. April 1417.

282 15. April 1417.

nur in Silber. Die Gürtel und Ketten waren viel größer, als man sie hierzulande für gewöhnlich trägt. Dies war der schönste Zug, den Konstanz je gesehen hatte, und er ging von Petershausen durch die Stadt nach Kreuzlingen. Der Markgraf hielt auch großen Hof für die anderen Herren, sodass viele ihn lobten.

Am achten Tag nach Ostern[283] empfing der Burggraf von Nürnberg um die 8. Stunde vor dem Imbiss am Oberen Markt sein Kurfürstentum, die Markgrafschaft von Brandenburg. Dafür wurde an das hohe Haus, genannt Zum Hohen Hafen, eine sehr breite Treppe hoch zum 72 VERS
Gewölbe bis an die Fenster errichtet und vor den Fenstern eine große Tribüne, auf der wohl 40 Mann stehen konnten. Diese Tribüne war mit schönen, großen goldenen Tüchern überspannt. Auch auf beiden Seiten war sie mit goldenen Tüchern behängt und bedeckt, alles sehr weit oben, und zur Mauer hin hing ebenfalls ein großes, schönes goldenes Tuch, sodass man, wenn man von unten hochschaute, den Eindruck hatte, es brenne alles vor lauter Gold. Auf diese Tribüne hatte man einen hohen Sessel gestellt mit einem goldenen Kissen. Darüber hing ein kleines goldenes Tuch und am Rücken ein mit Lapislazuli gefärbtes blaues Tuch mit Gold. Neben den Sessel hatte man zwei Bänke gestellt, zu jeder Seite einen, so breit, dass vier Mann nebeneinander sitzen konnten, doch diese Bänke waren ein wenig niedriger als der Sessel.

Früh am Morgen jenes Tages r itten alle Posaunenbläser und Pfeifer, die in Konstanz waren, durch die ganze Stadt. Mit ihnen ritten alle Diener des Burggrafen und auch sonst viel Volk, Herren, Freiherrn, Ritter und Knappen. Jeder von ihnen trug einen kleinen Stab in der Hand, etwa eine Elle lang, mit einem roten Wollfähnchen dran, auf das jedoch nichts gemalt war. Dieses Fähnchen war ungefähr so lang und breit wie eine Hand.

Den Zug führten zwei prächtige Ritter auf zwei Rossen an, von denen der eine ein Banner mit dem Wappen der Markgrafschaft Brandenburg an einem Kriegsspieß trug, der andere den Schild des Burggrafen von Nürnberg. So ritten sie dreimal durch die Stadt. Beim dritten Umritt, vor der neunten Stunde, versammelten sich alle Fürsten, Kurfürsten, Herzöge, Grafen, Freiherrn, Ritter und Knappen, die ihm dienen wollten, und ritten zur Herberge des Burggrafen am Fisch-

283 Sonntag, 18. April 1417.

markt vor das Haus, das man das Hohe Haus nennt und das damals Heinrich von Tettikoven gehörte. Nun nahm jeder, der dabei war, einen solchen Stab mit Fähnchen in die Hand, egal wer er war.

So ritten sie durch die beiden kleinen Gässchen[284] zur Mordergasse, dann durch die Neugasse und über die Sankt-Pauls-Gasse zurück zum Oberen Markt. Die ganze Zeit führte man die beiden Banner an Spießen vor ihm her. Es waren so viele Reiter, dass sie sich in der Sankt-Pauls-Gasse dicht an dicht drängten, bis in die Ringgasse hinein, ein Teil musste die Säulen hinabreiten und ein Teil zur Sankt-Lorenz-Kirche hinüber, und sie standen so eng aneinander gepresst, dass kein Mensch zu Fuß mehr durchkommen konnte. Die großen Herren wollten vor lauter Gedränge am liebsten gar nicht auf dem Marktplatz bleiben. Auch waren alle Dächer, Gucklöcher, Läden und Fenster, die zum Markt hinausgingen, voller Menschen, geistlichen und weltlichen, Frauen, Männern, Christen, Juden, Jüdinnen und sonstigen Leuten. Doch trotz allem Gedränge geschah niemandem etwas, weder durch die Menschen noch durch die Pferde.

Als nun der Burggraf von Nürnberg mit seinen Leuten und den beiden Bannerträgern an den Markt kam, hielt er an. Da trat unser Herr, der Römische König, aus einem der Fenster im Haus zum Hohen Hafen und setzte sich auf den vorher beschriebenen Sessel, und es folg-
73 REC ten ihm zwei Kardinäle und drei Bischöfe, allerdings nicht, weil er sie für die Belehnung gebraucht hätte, sondern weil sie aus Neugierde zusehen wollten. Nach ihnen kam sein oberster Kanzler. Als sie vor ihm standen, hieß er den einen Kardinal neben sich auf die eine Bank sitzen, den zweiten Kardinal auf die andere Seite und die Bischöfe neben die Kardinäle. Hinter den Kardinälen stand der Kanzler, der einen Siegelbrief in der Hand hielt mit zwei angehängten Siegeln. Der König trug eine goldene Krone und war wie ein Diakon gekleidet.

Dann wurden die Herren hinaufgerufen. Als Erster stieg Pfalzgraf Ludwig von Bayern die Treppe hinauf, der wie ein Subdiakon gekleidet war und in seinen Händen die Lilie und das Zepter trug. Er stellte sich hinter die Kardinäle auf der linken Seite und hielt die Lilie und das Zepter hoch. Dann stieg Herzog Rudolf von Sachsen hinauf, der ebenfalls wie ein Subdiakon weiß gekleidet war. Er trug ein blankes Schwert in der Hand. Als er hinaufkam, stellte er sich hinter den

284 Heutige Hohenhausgasse und Tirolergasse.

Kardinal auf der rechten Seite, zwischen den Römischen König und den Kanzler. Dann legte er dem König das Schwert in den Schoß, bis der Moment der Belehnungszeremonie kam. Da nahm er dann das Schwert am Handgriff, hob es hoch empor und berührte mit der Spitze das Haupt unseres Herrn, des Römischen Königs, vorne am Scheitel und hielt es ganz still, solange man die Belehnungsurkunde verlas und solange die Zeremonie währte.

Als Nächster ging der Burggraf Friedrich von Nürnberg die Treppe hoch, und mit ihm die zwei Bannerträger, auf jeder Seite einer. Als sie auf die oberste Stufe kamen, knieten alle drei nieder, dann standen sie wieder auf und gingen zum Römischen König, vor dem sie abermals niederknieten. Da befahl der König dem Kanzler, die Urkunde zu verlesen, in der geschrieben stand, welches die verbindlichen Pflichten und Ämter eines Kurfürsten dem Römischen Reich gegenüber waren, und wie er wählen musste, wenn das Reich vakant würde, und welchen Schwur er leisten musste. Nach der Verlesung der Urkunde fragte der Römische König den Burggrafen von Nürnberg, ob er bereit sei zu schwören. Der antwortete: „Ja." Also nahm unser Herr, der König, das Banner der Mark Brandenburg aus der Hand des Ritters und drückte es dem Burggrafen von Nürnberg in die Hand. Dann nahm er den Apfel mit dem Kreuz und das Zepter aus der Hand des Pfalzgrafen und übergab sie ihm ebenfalls. Als Letztes nahm er das andere Banner, auf dem Nürnberg[285] stand, und drückte es dem Burggrafen ebenfalls in die Hand. Als dies geschehen war, nahm der Herzog von Sachsen das Schwert vom Haupt des Kaisers. Der Kaiser stand auf, und im gleichen Moment fingen alle Pfeifer und Posaunenbläser an so laut zu spielen, dass niemand mehr sein eigenes Wort verstand.

Bild: Reiter ziehen mit roten Fähnlein durch die Stadt. 73 VERS
Bild: Burggraf Friedrich von Nürnberg mit seinen beiden Bannerträgern am Haus zum Hohen Hafen. Oben am Fenster König Sigismund. 74 REC
Bild: Oben sitzt König Sigismund auf der Tribüne, hinter ihm die drei Kurfürsten mit den Reichsinsignien. Unten eine Reitergruppe. 74 VERS
Bild: Oben kniet Burggraf Friedrich mit dem soeben erhaltenen Banner von Brandenburg. Hinter ihm der Bannerträger mit dem Nürnberger, 75 REC

285 Im Text steht fälschlicherweise noch einmal Brandenburg.

also dem Zollernwappen. Dahinter Gefolge und Posaunenbläser. Unten Reitergruppe auf dem Oberen Markt. In der rechten unteren Ecke erkennt man den Pranger, der dort stand.

75 VERS Danach begaben sich unser Herr, der König, die Kurfürsten und die geistlichen und weltlichen Herren mit dem Markgrafen zum Imbiss, allerdings ohne die Kardinäle, die aßen mit niemandem.[286] Und der Markgraf beschenkte den Kanzler, die Pfeifer und die Torhüter des Kaisers so reichlich, dass niemand sich über ihn beklagte.

So hielten es auch alle anderen Fürsten und Herren, die ein Lehen empfingen und die hiernach beschrieben und gemalt sind. Und alle Herren von Bayern erhielten die Pfalz zum Lehen, dennoch ist nur einer von ihnen ein Kurfürst.

An einem Dienstag Mitte Mai erhielt Herzog Ludwig von Bayern, Pfalzgraf bei Rhein, sein Lehen ebenfalls am Oberen Markt auf gleiche Weise, wie es schon beschrieben wurde.[287]

Bild: Herzog Ludwig von Bayern-Heidelberg reitet mit Gefolge und Musikern (Dudelsack!) zur Belehnung. Hinter ihm ein Kind auf einem kleineren Pferd.

76 REC *Bild: Oben kniet Ludwig vor König Sigismund. Er hält das ihm verliehene Banner in einer Hand und schwört mit der anderen den Treueid. Unten eine Reitergruppe mit Fähnlein.*

76 VERS Desgleichen empfingen auch Herzog Ludwig von Mortain, Herr zu Ingolstadt,[288] und danach die Herren von München[289] ihr Lehen mit allen Ehren, so wie es hiernach dargestellt ist. Ebenso der Erzbischof von Mainz, ein geborener Graf von Nassau, aber seine Belehnung fand nicht am Markt statt, sondern bei den Augustinern.

Bild: Oben empfängt Herzog Ludwig von Bayern-Ingolstadt sein Lehen. Unten erhalten die Herzöge von Bayern-München, Vater und Sohn, ihr Lehen.

286 In der Aulendorfer Ausgabe genauer: „die essend mit kainem weltlichen man nit." Siehe Buck 2011, S. 90.

287 11. Mai 1417.

288 Im Text steht: „Dingelstat", obwohl der Name vorher schon mehrfach richtig geschrieben war.

289 Ernst und Wilhelm III. von Bayern-München.

Bild: Oben erhält der Erzbischof von Mainz sein weltliches Lehen, indem König Sigismund ihm ein Kreuz überreicht. Ein königlicher Rat liest aus einer Urkunde vor. Der Urkundentext ist teilweise lesbar, ergibt aber keinen Sinn, es ist wohl eine Art Blindtext. Über dem Kopf des Königs steht ein durchgestrichener Textanfang, der sich in der Mitte der Seite wiederholt, wo er dann auch fortgeführt wird. 77 REC

Hiernach sieht man in allen Einzelheiten, wie bereits früher schon hier am Markt der Graf Adolf von Kleve[290] zum Herzog gemacht worden war. Auch er schwor, alles zu halten, was ihm aus der Urkunde vorgelesen wurde. Und man hielt dem König Schwert, Reichsapfel und Zepter so, wie es vorher beschrieben wurde. Hier folgt die Darstellung:

Bild: Belehnung des Grafen Adolf von Kleve.

Danach erhielt Graf Eberhard von Nellenburg, Landgraf im Hegau und 77 VERS
im Madach[291], im großen Saal der Augustiner sein Lehen. Dabei zeigte er unserem Herrn, dem König, den Lehensbrief, den er von Sigismunds Vorfahr, dem seligen König Ruprecht, erhalten hatte. Nachdem dieser verlesen worden war, kniete Graf Eberhard nieder. Da nahm der König ein blankes Schwert und gab es dem Grafen in die Hand. Dann befahl er ihm, das Land und die Grafschaft zu beschützen. Danach nahm ihm der Kanzler den Eid ab. Als er geschworen hatte, nahm der König die Stange mit dem Banner und drückte sie Graf Eberhard in die Hand, dann stand er auf. Es waren nicht viele Herren anwesend, denn der König kann einen Grafen auch so belehnen und ihn zum Grafen machen, wenn er will. Dies kann er bei einem Freiherrn nicht tun, außer in Rom auf der Tiberbrücke, und auch nicht alle, sondern nur diejenigen, die mit ihm auf seine Kosten nach Rom zur Kaiserkrönung geritten sind.

Bild: Graf Eberhard von Nellenburg bei der Belehnung.

Der König belehnte auch die Ungarn, aber nur bis an ihr Lebensende und auch für die Lebenszeit des Königs selbst, nicht für länger. Und

290 Seine Erhebung zum Herzog war bereits am 28. April erfolgt.
291 Der Bezirk Madach schloss sich nordöstlich an die Grafschaft Hegau an.

jeder von ihnen, der ein Lehen empfing, musste ihm Gaben bringen, wie Schafe, Hühner, Pfauen, Eier, Wachs oder Ähnliches. Keiner hätte sich getraut, mit leeren Händen zu kommen, um ein Lehen entgegenzunehmen. Dies sieht man auf dem anschließenden Bild.

78 REC *Bild: Verleihung von Lehen an Ungarn, wobei dem König Gaben überreicht werden.*

Es kamen auch Herren aus Burgund und Frankreich, die brachten eine Tochter vor den König, die aus ehrbarem Geschlecht, aber geistig behindert[292] war. Ihr waren als Erbe einige gute Lehen zugefallen, und sie baten nun den König, ihr diese zu bestätigen. Da ließ der König sie und ihren Zuchtmeister niederknien und bestätigte ihr Lehen.

Bild: Belehnung der Burgunderin.

78 VERS Nun werde ich mich wieder dem Konzil zuwenden und die Belehnungen sein lassen, denn es wird Zeit zu berichten, wie es weiterging.

Am Freitag vor dem Sankt-Markus-Tag[293] veranstaltete die ganze Geistlichkeit eine Markus-Prozession von der Konstanzer Bischofskirche nach Petershausen, dann wieder in die Stadt zur Predigerkirche und zurück ins Münster. An dieser Prozession nahmen drei Patriarchen, 25 Kardinäle, 33 Erzbischöfe, 173 richtige Bischöfe, 80 Weihbischöfe, alle Äbte, Prälaten, Pröpste, Auditoren, die Hochschulen, alle Gelehrten und Geistlichen, unser Herr, der Römische König, drei Kurfürsten, 23 Herzöge, fünf gefürstete Grafen, über 50 richtige Grafen und viele andere Herren, Ritter und Knappen teil.

Am 12. Mai verließ der Markgraf Friedrich von Meißen mit großem Gefolge und großer Pracht die Stadt Konstanz. Er war hierhergekommen, um sich die Lehen, die er vom Heiligen Römischen Reich erhalten hatte, bestätigen zu lassen. Vor allem aber wollte er einige Städte, die er im Königreich Böhmen besaß, zum Lehen erhalten, denn er war der Meinung, sie gehörten zu Recht ihm, weil er sie mit dem Schwert gewonnen hatte. Nun forderte er sie vom Römischen König als Lehen.

292 Der Text verwendet den Ausdruck: „ain natürlicher narr". Vermutlich handelt es sich um Alix de Beaux, Gräfin von Avellino (siehe Buck 2011, S. 93).

293 23. April 1417.

Der antwortete ihm, er wolle ihm gerne seine alten Lehen bestätigen, aber mit diesen Städten könne er ihn nicht belehnen, denn die Krone und das Königreich Böhmen[294] gehörten ihm noch nicht, sondern er müsse als Erbe seines Bruders noch darauf warten. Auch wolle er das Königreich Böhmen nicht berauben. Außerdem sei sein Bruder König Wenzel noch am Leben, dem die Städte, die Friedrich in Besitz genommen hatte und die im Lausitzer Land lagen, gehörten. Deshalb stehe es nicht in seiner Macht, ihm diese Städte zum Lehen zu geben. Da antwortete der Markgraf von Meißen: „Will er sie mir in Konstanz nicht zum Lehen geben, dann wird es wohl so weit kommen, dass er sie mir im Felde geben muss!“ Mit diesen Worten saß er auf und ritt heim.

Am Fronleichnamstag[295] veranstaltete die Geistlichkeit wieder wie jedes Jahr eine Prozession durch die ganze Stadt. Alle Herren, die vorher genannt wurden, und alle Hochschulen nahmen in ihren kostbarsten Gewändern daran teil. Es waren drei Patriarchen, 25 Kardinäle, Erzbischöfe und Bischöfe, auch Weihbischöfe, so viele, wie vorher genannt wurden, wohl um die 245 Personen, die Infuln trugen, alle Geistlichen von Konstanz, alle Auditoren, Sekretäre, alle Hochschulen und Schulpriester mit ihren Barettchen, Stäben und Burgen, als da wären die Hochschulen von Paris, Bologna, Orleans, Köln und Wien, sowie alle Schulen von Konstanz, die später genannt werden. Und vor den Hochschulen und Schulpriestern gingen die Gelehrten und Studenten, insgesamt über 500, und alle Bettelordens- 79 REC
mönche, das waren 232. Danach kam vor den Domherren das Sakrament, dann die drei Patriarchen, die Sänger und der Papst[296] unter einem goldenen Baldachin, und zwei trugen ihm auch ein goldenes Tuch vorweg. Der Papst gab dem Volk den Segen, und diese Prozession fand genauso statt wie die beim vorhergehenden Fronleichnamstag dargestellte, außer dass unter dem goldenen Baldachin, den man über den Papst hielt, auch die drei Patriarchen gingen. Nach ihnen kam unser Herr, der König, im Diakonsgewand ebenfalls unter einem

294 Im Text steht „Ungern“, aber das ist wohl ein Versehen, vom Sinn her kann es nur „Böhmen“ heißen.

295 10. Juni 1417.

296 Offenbar ist dem Kopisten hier ein Fehler unterlaufen, denn im Juni 1417 gab es keinen Papst in Konstanz. Vermutlich hat er diesen Bericht um ein Jahr zu früh in seine Chronik eingefügt.

goldenen Baldachin, neben ihm zwei Kurfürsten, die als Subdiakone mit ihren Biretten[297] gekleidet waren. Diese trugen Schwert, Zepter und Lilie, so wie es vorher beschrieben wurde. Der eine Kurfürst war damals nicht in Konstanz. Der König trug ein hohes Birett aus Pelz mit einer goldenen Krone darauf und eine Kapuze. Da der Herzog von Sachsen nicht da war, ging an seiner Stelle Herzog Ludwig von Brieg unter dem Baldachin. Hinter ihnen gingen 28 gefürstete Herzöge und Grafen, auch 50 richtige Grafen und danach alle Herren, Freiherrn, Ritter und Knappen. Alle, die dabei waren, ob geistlich oder weltlich, trugen brennende Kerzen in ihren Händen, mehr als 4 000, sodass niemand sie mehr zählen konnte. Wer seine Kerze nicht tragen wollte, gab sie seinem Knecht zum Tragen. Am Ende gingen die Frauen. Die Prozession ging mit dem Kreuz voraus aus dem Münster durch die Brückengasse, dann die Stadtmauer entlang zu den Predigern und weiter zum Kaufhaus. Und als das Kreuz zum Kaufhaus kam, standen die Frauen, die ganz am Ende gingen, noch am Münster, so lang war die Prozession.

Am 16. Juni fand ein Treffen der Nationen statt. Da gerieten sie so sehr in Streit, dass man befürchtete, alles werde sich zerschlagen. Nach dem Imbiss trafen sich die Nationen wieder getrennt. Da gingen die Universitätsgelehrten ständig zwischen den Versammlungsorten hin und her und schafften es nach langen Verhandlungen, dass die Nationen wieder zusammenkamen und sich versöhnten und dass die Vertreter des Königreichs Kastilien der Obödienz Papst Benedikts, jetzt Petrus de Luna genannt, abschworen. Da war eine große Freude unter allen Menschen in Konstanz.

Am Freitag danach[298] wurde wieder eine Session abgehalten und anschließend dreimal Laudes geläutet. In dieser Session schworen alle Kardinäle, Patriarchen, Erzbischöfe und Bischöfe sowie die Botschafter der hohen Herren anstelle ihrer Herren, einig zu sein und keinen anderen Papst mehr anzuerkennen als den, der vom heiligen Konzil in Konstanz gewählt werde. Danach läutete man abermals Laudes.

Am 2. Juli bat das Kardinalskollegium den König, sich dafür einzusetzen, dass für den Tag, an dem Maria übers Gebirge zur heiligen

297 Im Text steht „kutzhüte". Ein Kutzhut war der Hut eines Priesters, vermutlich aus Filz. Heute spricht man vom Birett.

298 18. Juni 1417.

Elisabeth ging[299], ein Feiertagsgebot erlassen werde, damit sie sich bei Gott dafür einsetzen werde, den Glauben der heiligen Christenheit zu beschützen, indem diese wieder ein einziges Haupt erhielt. 79 VERS
Also gebot unser Herr, der König, den Stadträten, dies zu tun und in der Stadt ausrufen zu lassen, dass dieser Tag ein Feiertag sei. So geschah es auch, und der Samstag, auf den dieser Tag fiel, wurde zum Feiertag erklärt.

Am Morgen des darauffolgenden Sonntags beging unser Herr, der Römische König, um die Zeit der Laudes das Totenopfer für König Ludwig von Sizilien und Aragon[300] in der Bischofskirche von Konstanz mit 80 großen brennenden Kerzen und goldenen Tüchern auf der Bahre. Es wurden viele Messen im Münster gehalten und an allen Säulen wurde das Wappen des verstorbenen Königs angeschlagen.

Am Montag nach Jakobi[301] fand eine Generalsession statt. Schon früh um die fünfte Stunde waren Ausrufer in der ganzen Stadt unterwegs, die dem Volk geboten, zu feiern und Gott anzurufen. In dieser Session wurde Papst Benedikt endgültig vernichtet und als Ketzer verurteilt. Danach läutete man Laudes, und nach dem Imbiss ließ der König seine Posaunenbläser durch die Stadt blasen und bekanntgeben, dass Papst Benedikt abgesetzt und als Ketzer verurteilt sei. In dieser Session waren auch alle Botschafter der Herren aus den spanischen Königreichen zugegen, die davor zu Papst Benedikt gehalten hatten. Man sang eine feierliche Messe zur Heiligen Dreifaltigkeit. Auch erhielten in dieser Session all diejenigen mit großer Andacht die Absolution vom Kirchenbann, die vorher Papst Benedikt gehorcht hatten, egal ob sie noch lebten oder schon tot waren, denn die Toten hatten vielleicht gar nichts vom Bann gewusst. Unser Herr, der König, und viele Kurfürsten und Herren waren dabei anwesend.

Da es nun keinen Papst mehr gab, hätten es die drei Nationen der Italiener, Spanier und Franzosen gerne gesehen, dass man schnell gewählt und erst nach der Wahl Reformatoren ernannt hätte. Diese Reformatoren sollten, wenn es in der Christenheit zu Irrungen kam, alles wieder auf einen guten Stand bringen. Es sollten nur die Aller-

299 Mariä Heimsuchung. Bis heute ist der 2. Juli in manchen katholischen Orten ein Feiertag.

300 Ludwig II. von Anjou, gestorben am 25. Mai 1417.

301 26. Juli 1417.

gelehrtesten für dieses Amt ausgewählt werden, und sie sollten nach der Wahl zusammensitzen und die Reformation der Kirche einleiten, sodass es nie mehr ein Schisma oder ähnliche Verirrungen geben würde. Auch sollten sie festlegen, wie sich jeder Priester, ob geistlich oder weltlich, verhalten sollte und wie viele Pfründen er bekommen sollte, je nach seiner geistlichen Würde. Doch die Engländer und Deutschen wollten, dass man dies vor der Wahl tue, denn sie befürchteten, dass, sobald die Wahl vorüber wäre, jedermann heimreiten und sich um seine eigenen Sachen kümmern würde, sodass die Reformation nie stattfinden würde. Außerdem, sollte ein Papst gewählt sein, so würde ihm die Reformation vielleicht gefallen, und dann würde er sie auch unterstützen, gefiele sie ihm aber nicht, so würde er sie eben nicht unterstützen, das hinge dann ganz allein vom Papst ab. Also ließ man die Sache ruhen und es wurde fortan nicht mehr daran gedacht.[302]

Währenddessen wurde von der Konzilsversammlung das Kaufhaus als Ort des Konklaves gewählt, das heißt als Gebäude, in dem man die Kardinäle einschließt, wenn sie einen Papst wählen sollen. Und so wurde das Kaufhaus umgebaut, wie es später beschrieben und gemalt ist.

80 REC Danach erhielten Herzog Hans[303] von Bayern-München, Herzog Magnus von Sachsen[304] und Herzog Waßla von Wolgast[305] ebenfalls am Oberen Markt ihr Lehen, und zwar in derselben Weise, wie es vorher vom Burggrafen von Nürnberg berichtet wurde. Und auch der Bischof von Cammin erhielt sein Lehen bestätigt, denn er besaß ein Herzogtum und die Blutgerichtsbarkeit.[306] Während der Zeremonie hatte er einen Harnisch an und darüber das Bischofsgewand. Auf dem Haupt trug er eine Inful und in der einen Hand ein blankes Schwert, in der anderen Hand sein Banner. Als er niederkniete, nahm ihm ein Kaplan die Inful vom Haupt. Da ergriff unser Herr, der König, das Schwert und hielt die Spitze hoch. In die andere Hand nahm er das Banner.

302 Das stimmt so nicht, vor allem König Sigismund drängte auf Reformen. Es gab bereits eine Reformkommission, diese wurde auf Veranlassung des Königs Anfang August 1417 neu zusammengesetzt.

303 Gemeint ist allerding Herzog Johann von Bayern, Pfalzgraf von Neumarkt-Amberg.

304 Wohl Magnus von Sachsen, Fürstbischof von Cammin.

305 Wahrscheinlich Herzog Wartislaw IX. von Pommern-Wolgast.

306 Vielleicht wiederum der Bischof Magnus von Cammin in Pommern, Sohn des Herzogs von Sachsen.

Dann schwor der Bischof. Und als er geschworen hatte, übergab ihm der König Schwert und Banner und bestätigte ihm auf diese Weise sein Lehen.

Bild: Oben Belehnung des Herzogs Hans von Bayern. Unten Belehnung des Bischofs von Cammin.

In dieser Zeit wurde jeden Sonntag Herzog Friedrich von Österreich 80 VERS
erneut gebannt, und man machte Anschläge an die Kirchentüren zu Papst Benedikt, verfluchte ihn mit dem Judasfluch und rief die ewige Verdammnis auf ihn herab.

Nun sollten alle wissen, dass es den Konstanzern in der Zeit, in der das Konzil sich hier aufhielt, mit Hilfe und Rat des Römischen Königs gelang, dafür zu sorgen, dass niemandem in der Stadt und im Umkreis von zehn Meilen ein Leid geschah, sei es weder durch Raub noch durch Beschlagnahme von Gütern noch durch Diebstahl, außer vielleicht fremden Herren und ihren Dienern, die keine Klage erheben wollten, und es gab auch keine Feuersbrunst oder Zwistigkeiten. Dennoch wurde herumerzählt, es seien gar viele Leute hingerichtet worden wegen ihrer Verbrechen, sei es wegen Diebstahls, Totschlags oder anderer Schuld. Das ist aber nicht richtig, denn es starben nicht mehr als 27 Menschen, und unter denen kamen wohl sieben zufällig zu Tode. Und wenn einer am Hof des Königs etwas stahl, dann nahm ihn des Königs Marschall, setzte ihn gefangen, brachte ihn zum Bürgermeister und befahl, ihn zu ertränken. Wenn aber die Räte erfuhren, dass es dabei nur um Kleinigkeiten ging, dann gaben sie ihm eine kleine Wegzehrung mit und schickten ihn fort über das Gebirge. Wenn man die Schuld aber groß fand, dann wurde er nach allen Vorschriften des Rechts bestraft.

Und so wunderten sich die Fremden sehr, wie es möglich war, dass in einer so kleinen Stadt wie Konstanz, in einem so engen Land, umgeben von großen Bergen, engen Tälern, Straßen und Tobeln, mit so vielen mächtigen Festungen, die rund um Konstanz liegen, niemand beraubt, ermordet oder überfallen wurde. Und man schrieb dies der Tatsache zu, dass man immer dem allmächtigen Gott die Ehre gab.

Damals fing man auch an, das Kaufhaus umzubauen. Es geschah sonst nicht viel, außer dass alle Lehnsleute des Heiligen Römischen Reichs ihre Lehen bestätigt erhielten, die Kurfürsten erhielten ihre

Kurfürstenwürde bestätigt, die anderen Fürsten, Herzöge und Grafen ihr jeweiliges Lehen, so wie es vorher beschrieben und gemalt wurde, während die übrigen Herren, Ritter und Knappen ihre Lehen auf einfachere Weise erhielten. Auch gab es alles überall und jederzeit zu gleichen Preisen zu kaufen, und die Sachen wurden immer billiger, denn alles, was man benötigte, wurde in genügender Menge eingeführt. Viele Dinge waren sogar billiger als vor oder nach dem Konzil.

Am Sankt-Bartholomäus-Tag[307] veranstaltete das Konzil eine Prozession dafür, dass die Wahl Gott und der Heiligen Dreifaltigkeit genehm sein und nach göttlichem Willen ablaufen werde, und dass es in Gott einen seligen Anfang gebe. Man ging vom Münster zu den Augustinern, dann zu den Barfüßern, von den Barfüßern nach Sankt Stephan und zurück ins Münster. Alle Geistlichen waren demütig und mit großem Ernst dabei. Außerdem geboten alle Pfarrer und Leutpriester in Konstanz und in den Pfarrkirchen der Umgebung ihren Untertanen,
81 REC seien es Frauen oder Männer, dass alle demütig und ernsthaft an dieser Prozession teilnehmen sollten. Und diejenigen, die die Gnade dazu hatten, sollten die Beichte ablegen, diejenigen, die aber nicht beichten konnten, sollten wenigstens bereuen und mit Ernst hingehen und Gott darum bitten, ihnen seine Gnade zu erweisen.

Auch die Reformatoren trafen sich jeden Tag, wie es vorher berichtet wurde, und es waren die gelehrtesten Männer darunter, die man auf dem Konstanzer Konzil finden konnte.[308] Sie hatten also die besten Ratschläge, aber dennoch gab es keine Reformation, außer dass ein einziger Papst gewählt wurde. Immerhin vereinbarten sie, dass in Zukunft alle fünf Jahre ein Konzil stattfinden sollte, jeweils in einer anderen Nation. Und das erste sollte in Deutschland abgehalten werden.

Es gab auch täglich Sitzungen der städtischen Beamten und Zunftmeister von Konstanz sowie des ganzen Stadtrats, in denen besprochen wurde, wie man das Kaufhaus umbauen konnte für das Konklave, und wie es geschützt werden konnte, sodass niemand sich auf weniger als 50 Schritte nähern konnte, weder vom Wasser noch von der Stadt her, dass man nicht hineinsehen oder etwas hineinreichen

307 24. August 1417.

308 Die von König Sigismund veranlasste Reformkommission bestand aus 25 Prälaten und Doktoren. Kardinäle waren nicht beteiligt. Trotz häufiger Sitzungen gab es aber nur wenige Ergebnisse.

oder sich mit jemandem unterhalten oder irgendetwas hineinbringen konnte, weder aus der Ferne noch aus der Nähe, denn es war gut umzäunt, so wie es später beschrieben und im Bild gezeigt wird.

In jener Zeit sandte Kaiser Emanuel von Konstantinopel in Griechenland zuvorderst in Afrika einen schönen Brief an das Konstanzer Konzil, der auf Lateinisch gedichtet war. Seine prächtig ausgestatteten Botschafter waren zwei Herzöge von Tropi in Griechenland. In diesem Brief stand, man möge ihm doch mitteilen, wie es um das Konzil stehe und ob die Reformation schon durchgeführt worden sei und warum alles so lange dauere in Konstanz. Auch wollte er wissen, wie die Stadt Konstanz und die Umgebung, ja das ganze Land drum herum denn seien, und wie es möglich sei, dass dieses Land so viele Menschen beherbergen könne, denn er habe gehört, dass sehr viele Leute dort seien. Da schrieben sie ihm zurück und berichteten, wie es in Konstanz zuging und was bisher geschehen und beschlossen worden war, und dass sie darauf vertrauten, dass noch viel Gutes hier geschehen könne. Diese Briefe finden sich auch in dem lateinischen Buch.[309]

Am 4. September in der achten Stunde nach Mittag starb der hochwürdige Fürst Erzbischof Robert von Salisbury aus England in der Festung Gottlieben. Am nächsten Tag, einem Sonntag, läutete man um die Vesperzeit mit großem Geläute für ihn, wie es sich für einen Bischof gehört. Man brachte ihn auf einem Schiff nach Konstanz und trug ihn vom Schiff in das Münster. Er war als Bischof gekleidet, mit der Inful auf dem Haupt und den bischöflichen Messgewändern an. Man sah nur noch sein Antlitz, denn an seinen vor ihm liegenden Händen trug er Handschuhe und einen kostbaren Ring am Mittelfinger. Neben ihm lag das Doppelkreuz, und er war auf ein schönes goldenes Tuch gebettet. Man trug ihn mit vielen großen Kerzen in den Münsterchor, wo er
unter einem marmornen Stein begraben liegt. Auf seiner Brust stand 81 VERS
ein Kelch mit Patene aus Wachs. Während man ihn hoch zum Münster trug, warf ständig ein Priester Pfennige unter die Leute an der Straße und man hielt zwei goldene Tücher hoch über ihm, die sich immer noch im Münster befinden. Mit dem Leichenzug gingen alle Kardinäle, Patriarchen, Erzbischöfe, Bischöfe, alle geistlichen Prälaten, Priester und Schulpriester, unser Herr, der König, alle Kurfürsten, Grafen, Freiherrn, Ritter und Knappen und sonst noch eine große Volksmenge.

309 Es gab wahrscheinlich eine Vor- oder Frühform der Richentalchronik in Latein.

Vor und hinter ihm wurden etwa 80 brennende Kerzen getragen. Diese Kerzen und die Bahre wurden von armen, alten Männern getragen, von denen jeder einen neuen grauen Rock bekam. Am anderen Tag hielt man eine prächtige Seelenmesse für ihn.

Bild: Begräbnis des Erzbischofs von Salisbury.
Bildinschrift: Erzbischof Rupertus Salisburgensis.

82 REC Am 9. September kam bei den Gesandten des Königreichs Kastilien großer Ärger auf, sodass sie nicht mehr in Konstanz bleiben wollten. So zogen Bischof Dyadacus Caminensis[310], Bischof Johannes Pasensis[311] und Bischof Johannes Xassensis[312] aus dem Königreich Kastilien sowie die Gesandten des Königs von Kastilien fort von Konstanz den Rhein hinab. Sie kamen nach Berlingen und Steckborn etwa eine Meile von Konstanz entfernt. Dort ließ der König sie verhaften und drei Tage lang festhalten.

Außerdem gab es großen Ärger unter den Kardinälen, die ebenfalls nicht mehr in Konstanz bleiben wollten. Da wurde am Freitag nach dem Imbiss das Münster, in dem sie vorher immer ihre Kollegiumssitzungen abgehalten hatten, vor den Kardinälen verschlossen, sodass sie nicht mehr hineinkamen, und die Pfalz schloss man ebenfalls ab. Also setzten sie sich zusammen im Oberen Hof auf die Steintreppe, die vom Hof zum Erker der Pfalz hinaufführt, und hielten dort ihre Kollegiumssitzung ab. Dann sandten sie nach Markgraf Friedrich von Brandenburg und den Stadträten von Konstanz und verlangten freies Geleit, um hinzuziehen, wo immer sie wollten, und in derjenigen Stadt die Wahl abzuhalten, die ihnen beliebte. Da gingen der Markgraf, viele mächtige Bischöfe und die Konstanzer Räte zu ihnen und verhandelten mit ihnen so lange, bis sie sich bereit erklärten, in Konstanz zu bleiben. Und man gab vor allem unserem Herrn, dem König, die Schuld.

310 Geläufiger Name ist Diego Anaya Maldonado, Bischof von Cuenca. Zusammensetzung der die Stadt verlassenden Gruppe in der Literatur strittig.

311 Wohl Juan de Villalón, Bischof von Badajoz.

312 Gemeint ist wahrscheinlich Nikolas Duriche, Bischof von Aquae Augustae (Dax). Er war allerdings ein Vertreter des Königs von Navarra und floh deshalb wohl nicht.

Am 12. September vor dem Imbiss ritten die drei Bischöfe und die Botschafter des Königs von Kastilien, die nach Berlingen und Steckborn fortgeritten waren, wieder in Konstanz ein, und dabei wurden sie von den anderen Fremden in der Stadt heftig verspottet.

Am Montag, dem 13. September, hielt man erst die Totenmesse für den Bischof von Salisbury im Dom von Konstanz. Mitten im Münster hatte man im Mittelschiff ein Bett aufgestellt, das mit goldenen Tüchern bedeckt war. Am Kopfende stand eine große brennende Kerze, ebenso am Fußende. Und um das Bett herum standen 24 ehrbare alte Männer mit neuen weißen Gewändern und weißen Kappen mit großen, weißen Zipfeln. Jeder von ihnen trug eine brennende Kerze in der Hand. Auf der Kanzel standen 36 große brennende Kerzen, von denen jede aus mehr als 5 Pfund Wachs bestand. Bei dieser Seelenmesse waren alle Kardinäle, Patriarchen, Erzbischöfe und Bischöfe, so wie es vorher schon beschrieben wurde, zugegen, ebenso unser Herr, der Römische König, alle Kurfürsten, Fürsten, Herzöge, Grafen, Freiherrn, Ritter und Knappen. Die Messe war sehr kostspielig, wenn auch nicht so kostspielig wie diejenige des Kardinals, von dem vorher berichtet wurde.

Dieser Bischof war auch derjenige, der in der Mitte der Fastenzeit, dem Sonntag Laetare, mit Papst Johannes, als dieser noch in Konstanz weilte, unter vier Augen geredet und gewagt hatte, ihm zu sagen, er sei nicht würdig, Papst zu sein, wegen all der bösen Taten, die er vollbracht hatte, mit Simonie und schlimmen Werken, die nicht zu beschreiben sind. Dies sagte er ihm direkt ins Gesicht und fürchtete sich
nicht. Und er war auch der Bischof, der sich getraut hatte, dem mäch- 82 VERS
tigsten Kurfürsten, dem Erzbischof von Mainz, vor dem ganzen Konzil im Münster öffentlich zu sagen, er sei würdig, verbrannt zu werden. Er hatte seine Herberge in Konstanz im Domherrenhof am Stauf, von wo aus eine Tür direkt in den Kreuzgang geht. Die weißen Röcke und Kappen gab man den 24 alten Männern auf seine Empfehlung hin, und sie trugen sie noch lange Zeit nach seinem Tod.

Bild: Totenopfer für Robert Hallum, Bischof von Salisbury.

Am 26. September starb der hochwürdige Herr Franziskus, Kardinal 83 REC
von Florenz, im Haus zum Hohen Hirschen. Am nächsten Tag zur Vesperzeit läutete man für ihn die Glocken wie für einen Bischof. Und

man trug ihn in das Kloster zu den Barfüßern in den linken Seitenchor. Alle geistlichen und weltlichen Herren begleiteten ihn, so wie es vorher schon beschrieben wurde, denn er war ein außerordentlich gelehrter Mann. Man hielt eine schöne Totenmesse für ihn, aber nicht so teuer wie die vorher beschriebene. Und ehe man ihn begrub, nahm man ihm die Eingeweide heraus, er wurde einbalsamiert und in einen Eichenstamm gelegt. So wurde er begraben, aber nach 14 Tagen grub man ihn wieder aus und überführte ihn in seine Heimat nach Florenz. Hier in Konstanz machte man ihm einen schönen Grabstein und hängte seinen Kardinalshut darüber, der immer noch dort hängt.

Am Tag vor Michaelis[313] in der Nacht zur Zeit der Komplet kam ein großes Gewitter mit Donner und Blitz, sodass die Fremden sich schrecklich fürchteten, denn so etwas waren sie nicht gewöhnt. Man läutete heftig die Wetterglocken, und in der Tat hatte man seit langer Zeit von keinem solchen Unwetter gehört, auch wenn es bald wieder aufhörte.

Damals lagen Herzog Heinrich von Bayern-Landshut und Herzog Ludwig von Bayern-Ingolstadt miteinander im Krieg. Wegen ihres Zerwürfnisses hatte es schon viele Tage lang Vermittlungsversuche durch verschiedene Herren und gute Freunde gegeben, aber sie hatten sich nicht versöhnt. Da fügte es sich am Mittwoch nach dem Tag des heiligen Gallus,[314] dass Herzog Ludwig von den Augustinern heim in seine Herberge zum Freiburger Hof ritt. Herzog Heinrich erspähte ihn und ritt ihm nach. Beim Haus zur Armbrust griff er ihn an und fügte ihm schlimme Wunden zu. Dann ritt er sogleich zum Tor hinaus und floh. Da ließ unser Herr, der König, alle Stadttore schließen und befahl den Bürgern von Konstanz, sich beritten und in Harnisch am Oberen Markt zu versammeln. Sie folgten seinem Befehl und standen etwa zwei Stunden dort herum, dann wurden sie alle wieder heimgeschickt. Unser Herr, der Römische König, hatte sich nämlich entschlossen, selbst dem Herzog Heinrich nachzureiten. Da riefen die Konstanzer ihr gesamtes Kriegsvolk mit Pferden und all ihre Söldner zusammen und schickten sie dem König zur Hilfe hinterher.

313 28. September 1417.

314 20. Oktober 2017, tatsächlich hat dieses Ereignis am 19. Oktober stattgefunden.

Als aber unser Herr, der König, merkte, dass er den Herzog nicht mehr einholen würde, ritt er wieder nach Konstanz zurück, dann weiter nach Rheineck, Feldkirch und dort durch die Gegend, dann kam er nach Zürich, wo er jedoch nicht länger als einen halben Tag blieb, bevor er wieder nach Konstanz zurückritt.

Almo et trino Deo universorum Dominus atque tocius machine summo oppifici, da nobis intellectum bonum![315]

Schon in den Sessionen, die vorher beschrieben wurden, hatte man 83 VERS
die gelehrtesten Männer der verschiedenen Nationen ausgewählt, damit sie Wege finden würden, wie der Papst am besten zu wählen wäre und wie man für die Zukunft ein Schisma verhindern könnte. Ebenso hatte sich auch das Kollegium, also die Kardinäle, beraten, wie man am besten vorgehen sollte. Nun schworen alle einen besonderen Eid auf das Evangelienbuch, sich jetzt und ewig an die Vorgaben zu halten und niemals zuwiderzuhandeln oder andere zum Zuwiderhandeln anzustiften. Dies geschah am Tag der Heiligen Simon und Judas[316], und danach läutete man dreimal Laudes.

Danach, am Samstag vor Allerheiligen,[317] gab es wieder eine Generalsession, und hier schworen alle auf das heilige Evangelium, die Wahl jetzt abzuhalten. Die Elektion, also die Wahl, wurde zum einen den Kardinälen anvertraut, zum anderen wurde entschieden, dass jede einzelne Nation sechs ihrer gelehrtesten und ehrbarsten Männer hinzufügen sollte: die Deutschen sechs, die Italiener sechs, die Franzosen sechs, die Spanier sechs und die Engländer sechs, also insgesamt 30. Dazu kamen 23 Kardinäle. Im Kaufhaus hatte man für jeden Einzelnen eine Unterkunft gemacht, also 53, so viele, wie es Herren waren. Und jeder schrieb an die Kammer, die ihm gehörte, seinen Namen und schlug sein Wappenschild daran.

Am Sonntag nach Allerheiligen[318] ließ unser Herr, der König, Anschläge an allen Kirchentüren in Konstanz machen, in denen er bei Leib und Gut gebot, dass niemand zum Konklave im Kaufhaus gehen dürfe, wenn diejenigen, die als Wähler ausersehen waren, dort Ein-

315 Hoher und Dreifaltiger Gott, Herr der Welt und höchster Schöpfer aller Dinge, gib uns gute Einsicht!

316 28. Oktober 1417.

317 30. Oktober 1417.

318 7. November 1417.

zug halten würden, und auch nicht, solange sie sich darin aufhielten. Auch solle niemand die Schranken, die um das Kaufhaus errichtet worden waren, übertreten oder überfahren, weder von der Stadtseite noch vom Wasser her, und auch nicht innerhalb der Schranken herumlaufen oder aus irgendeinem Grund ein Geschrei machen. Weiterhin sollte man mit Schiffen nicht näher als bis auf die Entfernung eines Armbrustschusses an das Kaufhaus heranfahren. Auch durfte in der Zwischenzeit niemand mehr Karten spielen oder andere Spiele treiben, und es sollte keine Musik gemacht werden, weder heimlich noch öffentlich, bis der Papst gewählt sein würde. Und demjenigen, der zum Papst gewählt würde, sollte niemand ins Haus laufen und etwas daraus forttragen, bei Strafe der obengenannten Buße, denn in Rom ist es Sitte, dass man bei demjenigen, der zum Papst gewählt wird, ins Haus läuft und jedermann daraus mitnimmt, was er gebrauchen kann. Der König ließ diese Gebote auch allenthalben in der Stadt ausrufen und sandte dafür den Marschall von Pappenheim[319] und den Konstanzer Bürgermeister Heinrich von Ulm durch die Stadt. Zuerst wurden sie auf Latein verkündet, dann auf Deutsch, dann auf Italienisch und dann auf Französisch, damit auch alle sie gut verstanden.

Am 8. November gab es noch einmal eine Generalsession, also eine allgemeine Versammlung aller Herren. Darin erhielten sie die Anweisung, wie sie ins Konklave gehen sollten. Außerdem wurden öffentlich die Statuten verlesen, wie sie wählen und sich während der Wahl verhalten sollten. An diesem Tag regnete es nachmittags um vier sehr
84 REC stark. Dennoch ritten sie ins Konklave, die 23 Kardinäle, einer nach dem anderen, und die 30 Herren, die von den Nationen dazukamen, ebenfalls hintereinander. Unser Herr, der Römische König, alle Kurfürsten, Fürsten, Herzöge, Grafen, Freiherrn, Ritter und Knappen sowie alle Herren ritten vor den Wählern auf den Oberen Münsterhof, danach kamen auch diese zuerst auf den Oberen Hof. Da segnete sie der Patriarch, so wie es nachher beschrieben und gemalt ist.

319 Reichserbmarschall Haupt II. v. Pappenheim.

Dies sind die Kardinäle, die ins Konklave ritten[320]:

Linke Spalte:
Dominus Johannes cardinalis Ostiensis [321]
Petrus cardinalis Cameracensis[322]
Pranda cardinalis Placentinus[323]
Franciscus cardinalis Veneciarum[324]
Angelus cardinalis Veronensis[325]
Lucidus cardinalis de Comitibus[326]
Anthonius cardinalis Bononiensis[327]
Wilhelmus cardinalis sancti Marci[328]
Petrus cardinalis de Hyspania[329]
Ludwicus cardinalis de Flischgo[330]
Otto cardinalis de Columpna[331]
Johannes cardinalis Ragusinus[332]
Anthonius cardinalis de Scalancko[333]
Thomas cardinalis Tritaricensis[334]

320 Die Namensschreibung der Kardinäle wird in der Literatur sehr unterschiedlich gehandhabt. Hier in den Anmerkungen findet sich die nach unserer Auffassung verständlichste Fassung mit den jeweiligen Titeln, die die Männer zur Zeit des Konstanzer Konzils trugen. Im Text finden sich hingegen zahlreiche Abschreibe- oder Hörfehler.

321 Jean de Brogny, Kardinalbischof von Ostia, Dekan des Kardinalkollegiums.

322 Pierre d'Ailly, Kardinalpriester von S. Marcellino e Pietro und Bischof von Cambrai (bis 1412).

323 Branda Castiglione, Kardinalpriester von S. Clemente und Bischof von Piacenza.

324 Francesco Lando, Kardinalpriester von S. Croce in Gerusalemme.

325 Angelo Barbarigo, Kardinalpriester von Ss. Marcellino e Pietro und Bischof von Verona.

326 Lucido de Conti, Kardinaldiakon von S. Maria in Cosmedin.

327 Antonio Correr, Kardinalbischof von Porto e Santa Rufina.

328 Guillaume Fillastre, Kardinalpriester von S. Marco.

329 Pedro Fernandez de Frias, Kardinalbischof von Sabina.

330 Ludovico Fieschi, Kardinaldiakon von S. Adriano.

331 Oddo Colonna, Kardinaldiakon von S. Giorgio in Velabro.

332 Giovanni Dominici, Kardinalpriester von S. Sisto, Bischof von Ragusa.

333 Antonio de Challant, Kardinalpriester von S. Cecilia.

334 Tommaso Brancaccio, Kardinalpriester von Ss. Giovanni e Paolo, Bischof von Tricarico.

Angelus cardinalis Laudensis[335]
Johannes cardinalis de Ursinis[336]
Almanus cardinalis Bisanus[337]
Amodeus cardinalis Saluciarum[338]
Anthonius cardinalis Aquiliensis[339]
Ludwicus cardinalis de Pracaciis[340]
Petrus cardinalis comes de Fussi[341]
Petrus cardinalis sancti Angeli[342]
Johannes cardinalis Ulisponensis[343]

Dies sind die anderen[344]:
Symon cardinalis Remensis[345]
Anthonius cardinalis Bononiensis[346]
Gabriel cardinalis Senensis[347]
Franciscus cardinalis Florentinus[348]
Jacobus cardinalis Bisanus[349]

335 Angelo d'Anna de Sommariva, Kardinalbischof von Palestrina, genannt „Kardinal von Lodi".

336 Giordano Orsini, Kardinalbischof von Albano.

337 Alamanno Adimari, Kardinalpriester von S. Eusebio, Erzbischof von Pisa.

338 Amedeo di Saluzzo, Kardinaldiakon von S. Maria Nuova.

339 Antonio Panciera, Kardinalpriester von S. Susanna.

340 Vielleicht Rinaldo Brancaccio, Kardinaldiakon von Ss. Vito e Modesto.

341 Pierre de Foix, Kardinalpriester von S. Stefano al Monto Celio.

342 Pietro Stefaneschi („S. Angeli"), Kardinaldiakon von S. Angelo in Pescheria. Er nahm nicht am Konklave teil, da er schon am 30. Oktober 1417 starb.

343 João Alfonso Esteves, auch genannt João Afonso de Azambuja („Ulixbonensis"), Kardinalpriester von S. Pietro in Vincoli. Er starb 1415 in Brügge und konnte daher nicht unter den Konklaveteilnehmern sein.

344 Die hier genannten Kardinäle nahmen - laut Text - nicht am Konklave teil. Hier irrt der Verfasser sich mehrfach.

345 Simon de Cramaud, Kardinalpriester von S. Lorenzo in Lucina, Erzbischof von Reims.

346 Identität unklar.

347 Gabriele Condulmer, Kardinalpriester von S. Clemente, Bischof von Siena. Er nahm am Konklave teil.

348 Francesco Zabarella, Kardinaldiakon von Ss. Cosma e Damiano, Bischof von Florenz. Er starb am 26. September 1417.

349 Vielleicht Landolfo Marramaldo („Barensis") , Kardinaldiakon von S. Nicola in Carcere Tulliano. Er starb am 16. Oktober 1415 in Konstanz.

Pandellus cardinalis Balbine[350]
Johannes cardinalis Cecilie[351]

Es folgen die Wähler aus den Nationen:
Deutsche:
Nicolaus archiepiscopus Gneßnensis[352]
Conradus Susaco doctor in theologia[353]
Simon episcopus Traguriensis in Ungaria[354]

Rechte Spalte:
Johannes archiepiscopus Rigensis in Nifland[355]
Lampertus de Stipate, qui studuit in Heidelberg, doctor in theologia[356]
Nicolaus de Dinckelspüchel, doctor in theologia[357]

Italiener:
Nicolaus episcopus Medolonensis[358]
Hainricus episcopus Veltrensis[359]
Jacobus de Camplo auditor Rote[360]
Franciscus Forosius episcopus Melfrensis[361]
Pandolfus dux Malatestis archidiaconus Bononiensis[362]
Lienhardus de Florencia generalis[363]

350 Bandello Bandelli, Kardinalpriester von S. Balbina, Bischof von Città di Castello. Er starb während des Konzils im Oktober 1416.
351 Identität nicht sicher.
352 Nikolaus Tramba, Erzbischof von Gnesen.
353 Konrad von Soest, Doktor der Theologie.
354 Simon de Dominicis, Bischof von Traù (Trogir, heute Kroatien).
355 Johannes von Wallenrode, Erzbischof von Riga.
356 Lambert de Stipite, Doktor beider Rechte und Prior der Abtei Bertrée.
357 Nikolaus von Dinkelsbühl, Doktor der Theologie.
358 Bartolomeo de la Capra, Erzbischof von Mailand.
359 Enrico Scarampi, Bischof von Belluno-Feltre.
360 Giacomo de Camplo, Bischofselekt von Penne-Atri.
361 Francesco Scondito (Carosio), Bischof von Melfi.
362 Pandolfo de Malatesta, Erzdiakon von Bologna.
363 Leonardo di Stagio Dati, Generalmeister des Predigerordens (Dominikaner).

Franzosen:
Johannes patriarcha Constantinopolitanus[364]
Jacopus archiepiscopus Bitunicensis[365]
Johannes archiepiscopus Thuronensis[366]
Johannes episcopus Jebonensis princeps Saphoie[367]
Nicolaus abbas Clunicensis[368]
Galtherus prior in Rodis[369]

Spanier:
Johannes episcopus Pacensis de regno Castelle[370]
Johannes episcopus Xassensis de regno Castelle[371]
Dyadacus episcopus Consensis[372]
Condislaus episcopus de sancta Maria doctor in utroque[373]
Philippus de Madalia[374]
Marcus de Fastileo, doctor in utroque[375]

Engländer:
Rickardus episcopus Londensis[376]
Johannes episcopus Liciffeldensis[377]
Thomas abbas Ebraniensis sancte Marie[378]
Fridbertus episcopus Bathoniensis[379]

364 Jean de Rochetaillée, Patriarch von Konstantinopel.
365 Guillaume de Boisratier, Erzbischof von Bourges.
366 Jacques de Gelu, Erzbischof von Tours.
367 Jean des Bertrands, Bischof von Genf.
368 Robert de Chaudesolles, Abt von Cluny.
369 Gauthier Crassi, Prior des Ordens vom Hospital des heiligen Johannes zu Jerusalem in Rhodos (Johanniter).
370 Juan de Villalon, Bischof von Badajoz.
371 Nikolas Duriche, Bischof von Aquae Augustae (Dax).
372 Diego de Anaya y Maldonado, Bischof von Cuenca.
373 Gonzalo Garcia, Erzdiakon von Burgos, Doktor beider Rechte.
374 Felipe de Malla, Doktor der Theologie.
375 Pedro Velasco, Doktor beider Rechte.
376 Richard Clifford, Bischof von London.
377 John Catterick, Bischof von Coventry und Lichfield.
378 Thomas Spofford, Abt des Klosters St. Mary (York).
379 Nicholas Bubwith, Bischof von Bath und Wells.

Johannes episcopus Nortwainensis[380]
Thomas Palton prothonotarius Anglie[381]

Wappen von zwei Patriarchen und neun Kardinälen 84 VERS
Wappen von zwei Patriarchen und neun Kardinälen 85 REC
Wappen von elf Kardinälen 85 VERS
Leerseite 86 REC

So kam der Patriarch von Antiochien aus dem Münster, mit brennenden Kerzen und zwei Erzbischöfen, die ihm ein Tuch vorantrugen, und er gab ihnen auf dem Oberen Hof unter der Vorhalle den Segen. 86 VERS

Bild: Der Patriarch von Antiochien tritt aus dem Münster und erteilt den Segen.

Dies waren die Kardinäle, Erzpriester, Erzbischöfe, Bischöfe und andere Gelehrte, die ins Konklave reiten mussten. Und bei ihnen waren unser Herr, der König, und andere weltliche Fürsten und Herren, viele Geistliche und eine Menge Volk, die alle knieten und Gott um seinen Segen baten. 87 REC

Bild: Vor einem Torbogen knien mehrere Kardinäle und der König, dahinter weitere Personen. Durch den Bogen sieht man auf die Hofhalde, rechts vermutlich das Zeughaus der Stadt.[382]

An diesem Montag vor dem Sankt-Martins-Tag, als die Wähler in das Konklave reiten wollten, aßen sie umso früher zu Mittag. Nach dem Imbiss ritten dann alle Kardinäle, Erzbischöfe und die anderen Herren, die mit in das Konklave mussten, als Erstes zum Oberen Münsterhof. Unser Herr, der König, und viele geistliche Fürsten, Prälaten und weltliche Herren, die bereits vorher dorthin gekommen waren, stie- 87 VERS

380 John Wakering, Bischof von Norwich. Brandmüller 1998, S. 360, nennt irrtümlich Richard Courtenay, der jedoch schon 1415 verstarb.

381 Thomas Polton, Dekan der Kathedralkirche von York, Apostolischer Protonotar.

382 Im Text heißt es „Blidhaus“, ein damals üblicher Begriff für den Waffenspeicher einer Stadt.

gen von ihren Pferden und knieten nieder. Da kam der Patriarch von Antiochien aus dem Münster, gekleidet wie der Papst, wenn er Messe halten will. Er trug eine kostbare Inful, und neben ihm gingen zwei Bischöfe in Messgewändern, die hielten ihm ein goldenes Tuch vor die Brust. Außerdem trug man ihm das große goldene Kreuz und viele Kerzen voran. Er hielt unter der Vorhalle der Kirche auf dem Oberen Hof. Als sie nun alle vor ihm knieten, las der Patriarch drei Kollekten über sie, gab ihnen allen den Segen und empfahl sie der Heiligen Dreifaltigkeit. Dann ritt unser Herr, der König, mit den Fürsten als Erster los, vom Oberen Hof zum Konklave im Kaufhaus an der Marktstätte. Dort stieg er ab und kniete nieder. Danach ritten auch alle Wähler zum Konklave, jeder für sich, einer nach dem anderen. Vor dem König stiegen auch sie von den Pferden und sandten ihre Pferde und Knechte wieder heim in die Herbergen. Dann gingen sie alle durch das Gatter hinein, jeder nur von einem Priester und einem Schüler begleitet. Dabei dankte der König jedem Einzelnen von ihnen und bat sie, ihr Werk im Willen Gottes zu vollbringen, allen Unwillen abzulegen und keine Uneinigkeit zwischen sich zu schaffen. Als alle im Konklave waren, schloss der Hochmeister von Rhodos sie im Kaufhaus ein und harrte Tag und Nacht davor aus. Anschließend kamen noch zwei Bischöfe und zwei Doktoren hinzu, die das Essen und Trinken begutachteten, wie es später geschildert wird. Als sie nun alle drin waren, schloss man die Gatter, das eine am Wehr, das andere unten an der Marktstätte. Sie wurden von bewaffneten Männern bewacht, innerhalb des Gatters von den Dienern des Königs, außen von Konstanzer Leuten.
Und dies sind die Nationen, die vorher auch beschrieben wurden:

88 REC *Wappen von acht Papstwählern außer den Kardinälen, darunter die der deutschen Nation*
88 VERS *Wappen von acht weiteren Papstwählern*
89 REC *Wappen von acht weiteren Papstwählern*
89 VERS *Wappen der letzten sechs Papstwähler*

90 REC Es wäre nun gut, genau zu erfahren, wie das Kaufhaus für das Konklave umgebaut wurde, wie es verschlossen und vermauert wurde, auch, wie man den Herren ihr Essen hineinbrachte und wie die Träger wieder hinausgingen, wie das Essen drinnen serviert und wie es vorher durchsucht wurde, damit kein Brief oder etwas anderes hineingelan-

gen konnte, außerdem, wie die Wahlordnung war und wie die Wahl sich abspielte.

Zum Ersten, wenn man die Marktstätte hinabgeht zu dem Haus, das einst dem Flach gehörte und jetzt im Besitz des Münch ist,[383] von diesem Haus an war der Platz mit einem hohen Holzgatter abgesperrt bis hinüber zum Aberhaken.[384] Die Bretter standen so eng nebeneinander, dass man keine Hand hindurchstrecken konnte, und waren so hoch wie ein Kriegsspieß. Vorne war eine Tür, vor der standen Tag und Nacht zwölf Bewaffnete, die der Konstanzer Rat abgeordnet hatte, und innerhalb dieser Tür, zum Kaufhaus hin, standen ebenfalls zwölf Mann, die unser Herr, der König, gestellt hatte. Das Haus war zugemauert, ebenso alle Fenster und Türen der Häuser, die zum Kaufhaus hin gehen, und unten an der Rosstränke war ebenfalls eine Absperrung, die ging bis an das Gewölbe der Sankt-Konrads-Brücke. Das Wehr unter der Brücke war ganz geschlossen worden. Vorne an der Brücke hatte man ebenfalls eine Tür gemacht zum Kaufhaus hin, da standen auch zwölf Bewaffnete der Konstanzer vor dem Tor und innen zwölf Wachen des Königs. Das Tor, wo jetzt der Kran ist, war komplett verriegelt, und draußen auf dem See hatte man einen Armbrustschuss weit entfernt große Balken mit Eisen aneinandergebunden, sodass niemand mit dem Schiff in den Hafen fahren konnte.

Die vordere Tür, die Tür zur Ratsstube, die Tür zum See und alle Fenster, von denen sich viele im Mauerwerk befinden, waren zugemauert. Die hölzernen Fenster im oberen Teil hatte man mit starken Brettern zugenagelt, sodass weder Licht noch Luft hereinkam. Daher musste man innen Lichter anzünden.

Es gab zwei heimliche Gemächer[385], eines davon oben in der Mauer, das andere noch weiter oben im Holzwerk. Beide gingen auf den See, und auch ihre Fenster waren verschlossen, sodass sie ganz dunkel waren.

Auf dem ersten Stock, wenn man in das Haus hineingeht die Treppe hoch, vorn im Gebäude an der linken Seite zum Rathaus hin, hatte

383 Die Aulendorfer Chronik präzisiert: „dem egghuß, das da haißt zu dem Wißen Crütz“. Siehe Buck 2011, S. 104.

384 „Widerhaken“, Turm der Konstanzer Befestigungsanlage südlich des Kaufhauses.

385 Toiletten.

man eine Kapelle errichtet mit drei Altären, doch auch sie war so gebaut, dass kein Licht einfallen konnte, und deshalb konnte man nur mit Kerzen die Messe lesen.

Für jeden Wähler war eine eigene Wohnung errichtet worden: ein kleines Kämmerchen mit einem Bettchen und einem kleinen Tischchen darin, an dem zwei Personen sitzen konnten. Vor dem Kämmerchen war ein noch kleineres Kämmerchen angebaut, in dem der Knecht schlief, denn jeder durfte nur einen Knecht mitnehmen, nicht mehr.

Die Wohnungen waren so eingeteilt, dass jeder Kardinal als Nachbarn auf beiden Seiten Vertreter der Nationen hatte, und zwar so, dass keine zwei nebeneinander wohnten, die aus demselben Land waren.

90 VERS Im ersten Stockwerk des Kaufhauses hatte man zwei Laternen aufgestellt, in denen jeweils vier große Kerzen brannten. Oben im zweiten Stockwerk gab es ebenfalls zwei Laternen mit gleich vielen Kerzen. Die brannten Tag und Nacht.

Die Stiege, auf der man zum Kaufhaus hochgeht, war stark verbreitert worden, und die Eingangstür hatte man mit großen Schlössern verschlossen. Von den Schlüsseln hatte einen der König, einen das Konzil und einen das Kapitel von Konstanz in Verwahrung. In die Tür hatte man ein viereckiges Loch geschnitten, das durch ein Vorhängeschloss mit zwei Schlüsseln gesichert war. Diese zwei Schlüssel bewahrte der Hochmeister von Rhodos auf. Er stand mit dem Rücken zur Kaufhaustür und vor ihm befand sich ein Tisch mit einem Tischtuch. Hinter dem Tisch standen zwei Bischöfe und zwei Herren, die kehrten dem See ihren Rücken zu, und vor diesen standen wiederum zwei Herren, die das Konzil gestellt hatte, die mussten Tag und Nacht dort bleiben. Auf den Treppenstufen standen immer drei Grafen oder Fürsten, die darauf warteten, dass man das Essen hinbrachte.

Das Essen wurde den Wählern auf diese Weise gebracht: Jeder Herr, der im Konklave war, besaß eine kleine Wanne, gerade so groß wie jene, in denen man kleine Kinder badet. Die waren schön geschnitzt und sauber bemalt, und zwar mit dem Wappen des jeweiligen Herrn, so wie sie vorher dargestellt wurden. Diese Wannen wurden immer von zwei Knechten an einer Stange getragen. Darin befanden sich Brot, Fleisch oder Mus, was man eben dem betreffenden Herrn schicken wollte. Vor jeder Wanne ging ein Knecht, der zwei Trinkgefäße trug, in jeder Hand eins, mit Weißwein oder Rotwein. Die Gefäße waren nur so groß, dass man dem Wein bis auf den Grund sehen konnte, ob auch nichts darin lag. Mit diesen Wannen und dem Wein gingen die Knechte die Marktstätte hinab bis zur Absperrung. Wenn vier von ihnen daherkamen, ließ man sie hinein und schloss wieder ab, während sie weitergingen und die Treppe zum Kaufhaus hochstiegen. Dort wurden sie von den Fürsten und Grafen in Empfang genommen und immer einzeln hochgeführt vor die Bischöfe. Diese öffneten dann die Wannen, nahmen Brot, Fisch und Fleisch heraus und zerschnitten alles, um zu sehen, ob sie darin Briefe oder andere Zeichen finden würden. Das Mus und die Getränke untersuchten sie mit Löffeln. Wenn alles kontrolliert war, übergaben sie es dem Hochmeister. Der nahm dann die Wanne und den Wein, schloss das Loch auf, rief denjenigen, dem die Sachen gehörten, und übergab sie ihm. Danach gingen die Knechte um das Kaufhaus herum zur Tür, die bei der Ratsstube hinausführte.

Dies alles mussten also diejenigen über sich ergehen lassen, die das Essen brachten, mittags und zur Nacht, daher mussten sie umso früher losgehen.

Nun sollt ihr aber erfahren, wie die Wahl begann, so wie es der Notar des Bischofs von Gnesen, der auch im Konklave war, erzählt hat.

Die Vorschriften besagten, dass, wer Papst werden wollte, zwei Drit- 91 REC
tel der Kardinalsstimmen und von jeder Nation ebenfalls zwei Drittel der Stimmen erhalten musste. Zwischen den Wahlgängen gingen die Notare von einem zum andern, und ganz besonders auch der Bischof von Gnesen und der Erzbischof von Riga. Doch obwohl es viele Wahlgänge gab, bekamen sie nicht genügend Stimmen für einen einzigen Wähler zusammen. Manche hatten zwölf Stimmen, andere neun, aber es gab kein endgültiges Wahlergebnis. Dies dauerte bis zum Tag vor Sankt Martin.

Da fasste die deutsche Nation folgenden Beschluss: Da das Konzil nun einmal in ihr Land gelegt worden war, sollte die Papstwahl ihretwegen nicht misslingen. Also ließen sie davon ab, für einen der ihren zu stimmen, damit später niemand sagen konnte, sie hätten mit Gewalt darauf bestanden. Dann gingen sie zu den Italienern, teilten ihnen ihren Entschluss mit und sagten, dass sie die Wahl auf keinen Fall scheitern lassen wollten. Da freuten sich die Italiener. Als die Engländer das hörten, kamen sie alsbald zu den Deutschen und Italienern und stimmten ebenfalls zu. Da freuten sich alle drei Nationen sehr.

Also begaben sich die Deutschen und Engländer zu den Franzosen und Spaniern und baten sie, ebenfalls Abstand davon zu nehmen, einen Papst nur unter ihresgleichen zu wählen, denn sie täten das auch. Doch die waren nicht einverstanden. Die Spanier meinten nämlich, in ihrem Land gebe es sieben Königreiche, die alle christlich seien, und wenn ein Papst gewählt würde, der nicht aus ihrer Nation wäre, dann würden ihre Könige und deren Reiche unwillig werden, und alles würde schlimmer als zuvor. Ebenso antworteten die Franzosen, sie hätten in Paris die wichtigste Hochschule, und ihr König und seine Untertanen seien die mächtigsten Christen, und diese würden darauf bestehen, dass man einen Papst aus ihrer Nation wählte.

So war also die Situation bis zur Nacht.

[Die Schilderung der Papstwahl wird an dieser Stelle unterbrochen und stattdessen werden schon die Bilder eingefügt. Anschließend wird der Bericht fortgesetzt.]

Im Folgenden ist dargestellt, wie das Konklave gebaut wurde, und danach sieht man ein Bild nach dem anderen von dem, was vorher beschrieben wurde.

Hier ist gemalt, wie die Balken gezimmert wurden.

Bild: Zwei Zimmerleute behauen einen Balken.

91 VERS *Bild: Das Kaufhaus am See während des Konklaves. Hier die südliche Seite mit bewaffneten Wachen. Allerdings ist die Architektur ebenso wie in den folgenden Bildern nicht realistisch. Man hat den Eindruck, dass der Maler bewusst versucht, das Gebäude auf jedem Bild ein wenig anders darzustellen, damit es nicht eintönig wird.*

Bildinschrift: Das Kaufhaus.

92 REC *Bild: Nördliche Seite des Kaufhauses mit Bewaffneten und dem Großmeister des Johanniterordens als Wächter.*

Bildinschrift: Albertus de Linyacka hochmaister.[386]

92 VERS/ 93 REC Wie sie in das Konklave gingen und unserem Herrn, dem König, dankten, und wie der Hochmeister von Rhodos sie hineinließ.

386 Gemeint ist Philibert de Naillac, Großmeister des Johanniterordens auf Rhodos.

Bild: Auf dieser Bilddoppelseite ist der Einzug ins Konklave dargestellt. Rechts kniet der König vor dem Gatter und verabschiedet die Wähler ins Konklave, dann geht jeder einzeln mit seinem Diener hinein und wird vom Großmeister der Johanniter in Empfang genommen.

So waren im See Balken ausgelegt vor dem Kaufhaus, damit niemand 93 VERS/
mit dem Schiff zum Konklave fahren konnte. 94 REC
Bild: Diese Bilddoppelseite zeigt erneut das Kaufhaus vom See aus. Rechts die Fischbrücke mit dem Konradstor.

So wurde das Essen und Trinken untersucht. 94 VERS
Bild: Zwei Wannen mit Essen werden zum Kaufhaus getragen.
Bild: Unten stehen zwei Knechte mit einer Essenswanne vor dem streng 95 REC
bewachten Tor. Oben wird das Essen geprüft, damit keine Nachrichten ins Konklave geschmuggelt werden.

Hier soll etwas geschrieben stehen.[387] 95 VERS
So veranstaltete man täglich eine Prozession zum Kaufhaus.
Bild: Eine der täglichen Prozessionen während des Konklaves mit dem Patriarchen von Antiochien und König Sigismund, der kniet und seine Krone neben sich liegen hat.

Bild: Vom Fenster des Kaufhauses wird ein langes Spruchband herab- 96 REC
gelassen, um die Papstwahl zu verkündigen.

Der Hochmeister von Rhodos ließ sie heraus, als der Papst gewählt war. 96 VERS
Bild: Mit einem zufriedenen Lächeln entlässt der Großmeister der Johanniter die Papstwähler aus dem Konklave.

So kamen sie aus dem Konklave, und mit ihnen unser Vater Papst 97 REC
Martin. Unser Herr, der König, führte das Pferd des Papstes auf der rechten Seite zu Fuß am Zaum, auf der anderen Seite ging Herzog Ludwig von Heidelberg. Sie gingen aber ohne die anderen Herren davon, die zum größten Teil zu Fuß in ihre Herbergen heimkehrten. Der Papst zog hoch in die Pfalz.

387 Offenbar eine Anweisung an den Maler, die nicht ausradiert wurde!

Im Konzilgebäude, im 14. Jahrhundert als Warenlager errichtet, fand das Konklave 1417 statt. Ansicht aus der Richentalchronik bei der Bekanntgabe der Wahl (Folio 92 recto) und Zustand heute.

Bild: Der neugewählte Papst wird vom König und von Herzog Ludwig von Bayern-Heidelberg mit dem Pferd durch die Stadt geführt.

Am Freitag weihte man den Papst zum Diakon, denn vorher war er nur 97 VERS
Subdiakon gewesen.
Bild: Der neue Papst erhält die Diakonsweihe im Münster.

Am Samstag weihte man den Papst zum Priester. 98 REC
Bild: Der Papst wird zum Priester geweiht.

Am Sonntag wurde er zum Bischof geweiht. 98 VERS
Bild: Der Papst wird zum Bischof geweiht.

Am Montag nach Sankt-Martins-Tag schworen ihm alle Kardinäle, Pat- 99 REC
riarchen, Erzbischöfe, Bischöfe und Weltpriester ihren Gehorsam.
Bild: Der Papst sitzt auf einem Thronsessel, während die Bischöfe und Kleriker vor ihm die Hände zum Gehorsamsschwur erhoben haben.

Geschriebenes.[388] 99 VERS
Am Dienstag nach Sankt-Martins-Tag schworen dem Papst alle schwarzen Mönche Gehorsam.
Bild: Mönche schwören dem Papst Gehorsam, während ein Schreiber die Eidesformel verliest. In der Bildüberschrift werden sie „schwarze Mönche" genannt, was wegen der Kuttenfarbe aber nur für die Benediktiner gilt. Die Mönche auf dem Bild haben jedoch braune Kutten, scheinen also eher den Bettelorden anzugehören. Offenbar waren sich der Verfasser der Bildüberschrift und der Illustrator nicht ganz einig. Vermutlich ist die Huldigung vom Mittwoch dargestellt, bei der die Bettelorden, der König und weltliche Herren dem Papst Gehorsam schworen. Dann gehören die beiden Bilder auf dieser Doppelseite zusammen, was vom Bildaufbau her passen würde.

Am Mittwoch war unser Herr, der König, an der Reihe, und alle welt- 100 REC
lichen Fürsten und Herren.
Bild: König Sigismund mit der Krone in der Hand und eine Gruppe kniender Herren schwören dem Papst Gehorsam.

388 Wohl wieder Anweisung für den Illustrator.

Die Krönung des neuen Papstes Martin V. in einer Ausgabe der Richentalchronik von 1483.

100 VERS So weihte man ihn zum Papst.
Bild: Der Papst steht noch barhäuptig zwischen zwei Bischöfen. Es beginnt die Zeremonie der Papstweihe.
101 REC *Bild: Der Papst ist nun mit der Mitra gekrönt. Die Zeremonie geht weiter.*
101 VERS *Bild: Der Papst inmitten von Bischöfen, nunmehr mit der Tiara gekrönt.*

102 REC Pater sancte, sic transit gloria mundi[389]
Bild: Dem Papst wird auf einer brennenden Stange Werg vorgehalten, um ihn an die Vergänglichkeit weltlichen Ruhms zu erinnern.

389 Heiliger Vater, so vergeht der Ruhm der Welt.

Bild: Die Doppelbildseite zeigt die öffentliche Krönung des neuen Papstes auf dem Oberen Münsterhof. Er sitzt rechts auf einem Thronsessel, zwei Bischöfe und der Großmeister von Rhodos setzen ihm die Tiara auf. Links vor einem Gebäude verschiedene Kleriker zu Pferd und weltliche Herren zu Fuß als Zuschauer. 102 VERS/ 103 REC

Bild: Die Doppelbildseite zeigt den feierlichen Umritt des neuen Papstes durch die Stadt. König Sigismund führt das Pferd am Zaum. Rechts wird während des Umzuges die Monstranz gezeigt, ein Herold schwingt seinen Stab und die Bürger tragen ihre hohen Zunftkerzen. 103 VERS/ 104 REC

Beide Seiten leer. 104 VERS/ 105 REC

Bild: Der Umritt geht weiter. 105 VERS

Bild: Eine Gruppe von Juden kommt zum Papst, um sich ihre Rechte bestätigen zu lassen. 106 REC

Seite leer. 106 VERS

Die übrigen Kleriker, der Patriarch, die Erzbischöfe, Bischöfe und alle Priester hielten jeden Tag eine Prozession vom Münster bis zum Fischmarkt am Rathaus beim Kaufhaus ab. Auch unser Herr, der König, ging immer mit ihnen, außerdem alle Fürsten, Herren, geistliche und weltliche Prälaten, und vor dem Kaufhaus knieten alle nieder. Dann fing der Patriarch an, die Antiphon „Veni sancte spiritus“[390] zu singen, so leise, dass man es kaum hören konnte. 107 REC

Am Dienstag und am Mittwoch ging die Prozession die Mauer entlang bis zu den Predigern und dann zurück ins Münster. Am Sankt-Martins-Tag nach der Messe veranstalteten sie wieder eine Prozession zum Kaufhaus, und als man die Antiphon gesungen und die Kollekte gesprochen hatte, gingen sie über die Wehre um das Kaufhaus herum die Marktstätte hoch zum Münster.

Währenddessen blieben die beiden Nationen der Deutschen und der Engländer beharrlich und sprachen zu den Spaniern und Franzosen: Wenn die Wahl scheitern würde, dann könne man niemandem die Schuld geben als ihnen. Dann würde ein ewiger Fluch über sie kommen, weil sie die heilige Christenheit auf diese Weise geschädigt hät-

390 „Komm, Heiliger Geist“. Eine Antiphon ist ein Wechselgesang innerhalb der Messe, der als Begleitgesang für die verschiedenen Teile der Liturgie dient.

ten. Und sie gaben nicht nach, die ganze Nacht vor Sankt Martin, und verhandelten mit großer Hartnäckigkeit. So brachten sie schließlich die Spanier und Franzosen dazu, ebenfalls zuzustimmen. Das dauerte bis zum Morgen des Martinstages, zwischen zehn und elf, als die Prozession vor dem Kaufhaus kniete und die Antiphon sang. Zu diesem Zeitpunkt waren alle 53 Wähler in der Kapelle im Kaufhaus und hielten die Messe. Nach der Messe sangen sie ebenfalls leise die Antiphon „Veni sancte Spiritus" und danach die Kollekte. Gleich danach wurden sie sich einig.

Und ehe die Prozession wieder im Münster war, gab es ein Geschrei und man rief aus dem Konklave: „Wir haben einen Papst, Dominum Ottonem de Columpna!"[391] Da lief alles zum Kaufhaus, wohl an die 80 000 Menschen, Frauen und Männer.

Da geschah ein großes Wunderzeichen mit Vögeln. Bevor die Herren in das Kaufhaus gegangen waren, versammelten sich jede Nacht auf dem Kaufhausdach Raben, Krähen, Dohlen, Häher und ähnliche Vögel. Doch sobald sich die Herren hineinbegeben hatten, kam keiner dieser Vögel mehr auf das Dach. Als nun der Papst gewählt worden war, gab es dichten Nebel, der sich erst gegen Mittag auflöste. Da kamen plötzlich viele kleine Vögel, Meisen, Zeisige, Buchfinken, Distelfinken, Rotkehlchen, Blaukehlchen und allerlei andere, von jeder Art eine Schar nach der anderen, wohl um die zweitausend, und flogen auf das Kaufhausdach, und es waren so viele, dass das ganze Dach mit kleinen Vögeln bedeckt war. Das sahen alle und wunderten sich sehr.

Danach befahl man allen Leuten, wieder heimzugehen und zu Mit-
107 VERS tag zu essen. Nach dem Essen sollten sie wieder in das Münster kommen. Eine Stunde nach Mittag sollten sich alle Fürsten, Herren, geistliche und weltliche Prälaten und alle anderen Leute dort versammeln.

So läutete man zur ersten Stunde nach dem Mittag alle Glocken, und alle Herren versammelten sich, der Patriarch, alle Erzbischöfe und Bischöfe, die Äbte, Auditoren, Orden, Prälaten und alle Geistlichen, außerdem unser Herr, der König, alle Fürsten, Herren, Grafen, Ritter und Knappen, die Stadträte, die Bürger mit den Zunftkerzen und die Domherren mit ihren Kerzen. Das dauerte bis zur Vesperzeit. Dann gingen sie mit dem Kreuz voraus in einer Prozession über den Oberen Markt die Säulen hinab über die Marktstätte zum Kaufhaus. Hinter der Ab-

391 Oddo Colonna.

sperrung am Kaufhaus stieg der Papst auf ein weißes Pferd, er trug die Messgewänder eines Bischofs und eine weiße Inful auf dem Haupt. Neben ihm standen zu Fuß die anderen 22 Kardinäle und die 30 Nationenwähler, und alle waren bleich und unausgeschlafen.

Als die Prozession schließlich bei ihnen ankam, umrundete sie den Papst und die anderen Herren, und jeder fiel vor ihm auf die Knie, dann kehrte man langsam zum Münster zurück.

Auch unser Herr, der König, kniete vor dem Papst nieder und küsste ihm die Füße. Desgleichen taten Herzog Ludwig von Heidelberg und alle Fürsten, sonst niemand, außer dem Patriarchen und den Erzbischöfen. Als unser Herr, der König, und Herzog Ludwig ihm die Füße geküsst hatten, bot er ihnen seine Hand und segnete sie.

Auf dem Rückweg der Prozession zum Münster gingen nach dem Kreuz die 52 Wähler zu Fuß, mit Mänteln und großen Kappen, und hinter jedem ging sein Knecht, der bei ihm im Konklave gewesen war, und hielt ihm den Mantel empor. Jeder Mantel hatte eine unterschiedliche Farbe, einer rot, ein anderer blau, und sie schleiften wohl eine Elle lang auf dem Boden hinter ihnen her, deshalb musste man sie hochhalten. Aber auch die Knechte waren sehr bleich geworden.

Nach diesen Herren ritt unser Heiliger Vater, der Papst. Zur rechten Hand führte unser Herr, der König, der zu Fuß ging, das Pferd am Zaum, zur linken Hand Herzog Ludwig von Bayern. So zogen sie langsam zum Münster. Die Büttel des Papstes liefen voraus und wehrten mit ihren silbernen Stäben das Volk ab, damit es kein Gedränge gab. Es war sehr morastig in den Gassen. Als sie nun zum Münster kamen, da hatte man über die Treppe beim Zeughaus einen Steg gezimmert, auf dem der Papst hinaufreiten konnte. Als er zur Vorhalle kam, stieg er ab und ging zu Fuß ins Münster. Dort sang man „Te Deum Laudamus“ etc. und „Veni sancte“ und eine Kollekte. Danach begab er sich in die Pfalz, wo er wohnen blieb, bis er von Konstanz fortritt.

Am Freitag nach dem Martinstag[392] wurde unser Heiliger Vater, Papst Martin V., in der Pfalz zum Diakon geweiht, und dabei wurde ihm der Name Martin auferlegt.[393]

392 12. November 1417.

393 Oddo Colonna war nur Subdiakon gewesen, was für die Kardinalswürde genügt hatte.

108 REC Am Samstag nach dem Martinstag[394] wurde er in der Pfalz zum Priester und am Sonntagmorgen[395] zum Bischof geweiht.

Am Montag nach dem Martinstag[396] schworen ihm die Patriarchen, Erzbischöfe, Bischöfe und alle Weltpriester Gehorsam.

Am Dienstag danach[397] schworen ihm alle schwarzen Mönche, also die Benediktiner, Zisterzienser und alle anderen Orden Gehorsam. Am Mittwoch[398] schworen ihm alle Bettelorden, unser Herr, der König, und alle weltlichen Fürsten und Herren, die Botschafter aller Könige und Herren sowie die Botschafter aller Bischöfe und Prälaten Gehorsam.

Am darauffolgenden Freitag vor dem Tag der heiligen Katharina und am Samstag, dem 20. November, stellte man im Münster zwischen dem Sakramentshäuschen und dem Hauptaltar Stühle, Bänke und Tische auf, weil man am nächsten Tag den Papst zum Papst weihen wollte. Beim Sakramentshäuschen wurde ein schöner Sessel errichtet, in dem er saß, mit einem Tisch davor, auf dem standen zwölf brennende Kerzen, das Sakrament, das heilige Öl und der Chrisam[399], und es lagen da etliche Büschel Werg. Vor dem Hauptaltar stand ein Tisch mit vier brennenden Kerzen, zwei Weißbroten, zwei Silbergefäßen mit Wein, den wichtigsten Reliquien, die sich zur Zeit in Konstanz befinden, einer weißen Inful, der Inful mit den drei Kronen sowie der Rose, die Papst Johannes dem König gegeben hatte. Mitten im Hauptschiff hatte man ebenfalls einen Thronsessel aufgestellt, auf den sich der Papst setzte, als er durch das Münster geführt wurde, und auf dem er dann sitzen blieb. Als er dort saß, hielt man den Werg vor ihn, zündete ihn an und sang: „Pater sancte, sic transit gloria mundi." Das heißt: Heiliger Vater, so zergeht der Welten Ehre.

Am Sonntag vor dem Tag der heiligen Katharina[400] läutete man schon um Mitternacht einmal mit der großen Glocke, kurz darauf noch einmal, und schließlich wurde mit allen Glocken zusammen geläutet. Da kamen die zwei Patriarchen, alle Kardinäle, Erzbischöfe und Bischöfe, alle geistlichen und weltlichen Prälaten und Herren, unser

394 13. November 1417.
395 14. November 1417.
396 15. November 1417.
397 16. November 1417.
398 17. November 1417.
399 Geweihtes Salböl.
400 21. November 1417.

Herr, der König, und alle weltlichen Fürsten und Herren ins Münster. Unser Herr, der König, und unser Heiliger Vater Papst Martin begaben sich in den Chor. Als sie dort waren, wurde das Münster verschlossen, und der Kardinal von Ostia hielt am Hauptaltar die Messe. Nach
der Messe setzte man den Papst auf den Sessel zwischen dem Sak- 108 VERS
ramentshäuschen und dem Hauptaltar und begann, ihn zum Papst zu weihen. Man gab ihm Brot und Wein, wie man es gewöhnlich bei einer Bischofsweihe tut, dann goss man ihm Öl auf das Haupt und umwand sein Haupt mit einem weißen Tuch.

Auf dem Altar standen silberne, mit Gold überzogene Kerzenständer mit sieben großen, brennenden Kerzen und zahllose weitere große, brennende Kerzen. Außerdem befanden sich die Häupter des heiligen Konrad und des heiligen Pelagius auf dem Altar sowie die Inful des Papstes mit den drei Kronen und seine andere Inful. Nun begann man mit der Litanei, die zunächst in lateinischer, dann in griechischer Sprache gesungen wurde. Anschließend wurde er zum Bischof geweiht.[401] Danach legte man ihm die Messgewänder an und führte ihn mit dem Kreuz aus dem Chor. Dabei trugen vier Kardinäle einen schönen weißen Baldachin mit roten Kreuzen über seinem Haupt. Außerdem wurde ihm von zwei Kardinälen und zwei Bischöfen ein prächtiges goldenes Tuch wie eine Schürze vorangetragen. Sie verließen den Chor durch die Tür, die zum Altar des heiligen Petrus führt, und gingen gleich hinab zur Wendeltreppe. Der Papst trug ein großes Buch auf dem Rücken, unter dem er sich beugen musste. Er ging von der Wendeltreppe zum Hauptportal und von dort in das Gestühl für die Konzilssitzungen. Als er dort hineinkam, ging er bis zur Mitte des Hauptschiffes. Dort wartete ein Bischof auf ihn, der hielt einen hohen Stock in der Hand, an dem oben ein Büschel Werg befestigt war. Das zündete man an, und er richtete den Stock auf. Das Büschel war bald verbrannt, und dazu sang er mit lauter Stimme: „Pater sancte, sic transit gloria mundi.“ Das heißt: „Heiliger Vater, so zergeht die Ehre der Welt.“ Da antwortete der Papst: „Deo gratias.“[402]

Dann ging der Papst zum Altar des Leutpriesters und hielt im Sitzungsgestühl die Messe. In dieser Messe wurde eine Epistel in lateini-

401 Das stimmt nicht, er war ja bereits am 14. November zum Bischof geweiht worden.

402 „Dank sei Gott.“

scher und eine in griechischer Sprache gesungen, ebenso das Evangelium. Auch sang man zwei Gloria in excelsis. Nachdem der Papst die Hostie ausgeteilt hatte, verließ er den Altar und setzte sich auf einen Sessel links vom Altar. Dorthin brachte man ihm die Hostie, also das Sakrament, auf einer Patene. Er nahm einen Teil davon und gab dem Diakon auch einen Teil. Der Bischof von Ostia nahm sich den dritten Teil aus dem Kelch.

Nach dem Segen gingen alle heim in ihre Herbergen und legten ihre Kleider für den Umritt an, während der Papst in die Pfalz ging. Das war zwischen sieben und acht.

Zur achten Stunde desselben Sonntags hatten sich die zwei Patriarchen, die 22 Kardinäle, alle Erzbischöfe, Bischöfe und gefürsteten Äbte umgekleidet und ritten auf den Oberen Hof. Alle Pferde waren mit weißen Tüchern aus edlem Wollstoff bedeckt und so bekleidet, dass man nichts mehr von ihnen sah außer den Füßen. Und alle ritten
109 REC in ihren Priestergewändern und trugen ihre Infuln auf den Häuptern. Unser Herr, der König, ging indes mit Herzog Ludwig und allen Fürsten und Herren zu Fuß hinauf, ebenso der Hochmeister von Rhodos.

Auf dem Oberen Hof hatte man eine große Holztribüne gebaut, die vom mittleren Portal das Seitenschiff entlang bis zur Pfalz ging. Zwei große breite Treppen führten dort hinauf. Auf der Tribüne hatte man eine hohe Sitzbank errichtet, wohl fünf Stufen an der Kirchenwand hoch. Diese Bank war oben, hinten und an den Seiten mit goldenen Tüchern behängt. Neben ihr war vier Stufen hoch auf beiden Seiten ebenfalls je eine Sitzbank gebaut, daneben wieder auf jeder Seite eine Bank drei Stufen hoch und so weiter bis hinab auf die Tribüne, eine Stufe nach der anderen, und alle Bänke waren hinten und an der Seite mit goldenen Tüchern behängt. Auf die rechte Bank setzte man den Papst, der in bischöfliche Messgewänder gekleidet war. Vor ihm stand einer der Patriarchen und hielt die Inful mit den drei Kronen und dem goldenen Kreuz in der Hand. Links vom Papst saßen auf der höchsten Bank zwei Kardinäle, der Kardinal Pancratius und der Kardinal de Comitibus.[403] Rechts vom Papst saß der Hochmeister von Rhodos und

403 Die Kardinäle Rinaldo Brancaccio aus Neapel und Lucido de Conti aus Rom. Beide finden sich auch auf der Wählerliste, aber dort wird der erste anders geschrieben: Ludwicus de Pracaciis.

neben ihm der Kardinal de Flisco[404]. Weiter die Stufen hinab saßen auf jeder Seite acht Kardinäle, auf der Stufe darunter unser Herr, der König, und die anderen Kardinäle und Laienfürsten, ganz unten auf der Treppe die Auditoren und andere Gelehrte. Die Erzbischöfe, Bischöfe und gefürsteten Prälaten saßen im Hof auf ihren Pferden, die auf den Papst hin ausgerichtet waren, gekleidet in ihre priesterlichen Gewänder und mit weißen Infuln. Das Gedränge war so groß, dass wohl selbst der König nicht mehr durchgekommen wäre, und auf der Tribüne brannten so viele große Kerzen, dass man sie nicht mehr zählen konnte. Dann wurde gesungen, aber so leise, dass man es hinten nicht mehr verstehen konnte.

Anschließend kam ein Patriarch mit einem goldenen Kreuz in der Hand und kniete mit dem Kreuz vor dem Papst nieder. Danach kam ein Bischof, der trug einen Stock mit einem Büschel Werg in der Hand. Das zündete man an und es verbrannte auf der Stelle. Da rief der Bischof: „Pater sancte, sic transit gloria mundi." Da antwortete der Papst: „Deo gratias." Dies geschah zweimal und man sang leise dazu.

Danach standen der Kardinal Pancratius, der Kardinal de Comitibus und der Kardinal de Flisco, drei Kardinaldiakone, auf, um ihres Amtes zu walten. Zu ihnen gesellte sich der Hochmeister von Rhodos. Alle vier knieten nieder, standen wieder auf, nahmen die Inful aus den Händen des Patriarchen, trugen sie die Stufen hoch zum Papst und setzten sie ihm auf. Währenddessen sangen die Sänger. Das Ganze dauerte etwa eine Stunde.

Danach verließ der Papst mit der bekrönten Inful auf dem Haupt
die Tribüne und stieg auf ein weißes Pferd, das vollständig mit ei-
nem roten Tuch bedeckt war. Er hatte seine Messgewänder an, und
man trug keinen Baldachin über ihm, damit jedermann ihn gut se-
hen konnte. Unser Herr, der König, ging zu Fuß zu ihm hin, knie-
te vor ihm nieder, stand wieder auf, küsste ihm den Fuß und nahm
dann den Zaum des Pferdes zur Rechten. In der anderen Hand trug
er einen Stock, mit dem er ihm Platz verschaffen konnte. Auf der 109 VERS
linken Seite führte Markgraf Friedrich das Pferd und küsste ihm
ebenfalls den Fuß. Auch er trug einen Stock in der Hand, um Platz
zu machen. Hinter dem Pferd ging auf der einen Seite Herzog Lud-

404 Kardinal Ludovico Fieschi aus Genua.

wig und hielt die Decke des Pferdes hoch, und auch er hatte einen Stock in der Hand. Auf der rechten Seite ging ein gefürsteter Graf von Orsini.

Währenddessen saßen die Kardinäle, Bischöfe und Äbte alle auf ihren abgedeckten Pferden in ihrem priesterlichen Habit und mit den weißen Infuln auf den Häuptern. Als Erster ritt nun der wohlgeborene Graf Hugo Planani von Rümmeln herab. Sein Ross trug eine rote Samtdecke und auch er hatte einen samtenen Rock an. In der Hand trug er einen großen goldenen Stock, mit dem er das Volk abwehrte. Nach ihm kamen zwölf weiße, gesattelte Pferde mit roten Tüchern bedeckt. Nach diesen Pferden ritten die Baccalaureaten[405] des Papstes, die Prokuratoren, Notare und solches Volk, und jeder von ihnen trug einen Stab in der Hand, wohl eine Elle lang, mit einem roten Fähnlein daran. Einige trugen auch goldene Engel auf den Stäben. Hinter ihnen ritten die Auditoren und Sekretäre. Danach kamen das Kreuz des Papstes und dann die Sänger, die sangen. Hinter ihnen ging ein Priester, der Pfennige warf. Es folgten die Äbte, Bischöfe und Erzbischöfe, je zwei und zwei nebeneinander, und jeder von ihnen hatte einen Knecht, der sein Pferd am Zaum führte. Danach ritten die Kardinäle, ebenfalls zwei und zwei, doch sie hatten jeweils zwei Knechte, die sie führten. Dann kam abermals ein Priester, der Pfennige in die Menge warf. Nach ihm folgte ein weißes Pferd, gut gesattelt und mit einem roten Tuch bedeckt. Auf dem Sattel standen zwei goldene Kerzenständer mit zwei brennenden Kerzen vor dem Allerheiligsten, das sich in einer Monstranz auf dem Sattel befand. Gleich nach dem Sakrament kam unser Heiliger Vater Papst Martin, wie er davor beschrieben wurde. Nach dem Papst ritt einer im Harnisch auf einem kräftigen Ross, der hatte eine große Stange in der Hand, und darauf war ein hoher spitzer Schirm befestigt, oben eng und unten so weit, dass er fast zwei Gassen überspannte, und er war von oben nach unten gelb und rot gestreift. Oben auf diesem Schirm befand sich ein goldener Knopf, und auf diesem Knopf stand ein goldener Engel, der ein goldenes Kreuz in der Hand trug. Dahinter ritten Bewaffnete, und alle Zunftleute und die Domherren gingen mit ihren Kerzen hinterher. Anschließend kamen das gemeine Volk und alle Posaunenbläser und Pfeifer, aber sie spielten nicht.

405 Erster akademischer Grad.

Und so ging und ritt man langsam vom Oberen Hof bis nach Sankt Stephan. Dort verweilte die Prozession ein wenig. Dann ging sie weiter von Sankt Stephan zum Oberen Markt.

Als der Papst an das Haus zum Schlegel bei Sankt Lorenz kam, gingen ihm die Juden entgegen mit vielen großen, brennenden Kerzen. Sie hatten die Gewänder an, die sie an ihrem Versöhnungsfest[406] tragen, und führten unter einem goldenen Baldachin mit vier Stangen ihre zehn Gebote mit sich. Diese befanden sich in einem Kissen aus rotem Samt, das an einem Stab hing und vier Zipfel hatte, und an jedem Zipfel zwei Schellen. Und wenn sie den Stab mit dem Kissen be- 110 REC
wegten, dann läuteten die Schellen. Sie sangen laut auf Hebräisch, doch als sie vor den Papst kamen, knieten sie nieder, boten ihm ihre zehn Gebote dar und baten ihn, ihre Freiheiten, die sie von den anderen Päpsten erhalten hatten, zu bestätigen. Doch der Papst wollte die Gebote nicht annehmen. Da nahm sie unser Herr, der König, entgegen und sagte: „Die Gebote von Moses sind gut und recht, aber ihr versteht sie nicht und wollt sie nicht richtig halten." Da sagte der Papst heimlich etwas, sodass es nicht alle verstehen konnten, dann drehte er sich zu den Juden um und sagte so laut, dass es nun alle hörten: „Omnipotens Deus avertat velamen ab oculis vestris, ut possitis videre lumen eterne vite."[407] Dann segnete er sie und sprach: „In nomine patris et filii (et) spiritus sancti!"[408]

Von dort ritt er weiter, die Säulen hinab, die Mordergasse entlang und durch die Neugasse über die Sankt-Pauls-Gasse wieder zurück an den Oberen Markt. Vom Markt ging es weiter nach Sankt Stephan und von Sankt Stephan auf den Oberen Hof. Dort gab er dem Volk den Segen, dann ging er in die Pfalz. Anschließend ritt und ging jedermann nach Hause in seine Herberge. Der Papst aber sandte dem damaligen Bürgermeister Heinrich von Ulm das Pferd, auf dem er geritten war. Dies alles dauerte bis um die elfte Stunde, so wie es zuvor beschrieben und gemalt wurde.

406 Jom Kippur, der höchste jüdische Feiertag. Im Text „langer tag" genannt.

407 „Der allmächtige Gott beseitige den Schleier vor euren Augen, damit ihr das Licht des ewigen Lebens sehen mögt." Abgewandelt aus den Fürbitten der Karfreitagsliturgie. Es war Tradition, dass die Juden dem neugewählten Papst huldigten. Siehe Feger 1964, Bd. 2, S. 243.

408 „Im Namen des Vaters und des Sohnes und des Heiligen Geistes."

Am Freitag vor dem Sankt-Thomas-Tag[409] begann unser Heiliger Vater, Papst Martin V. mit seiner Hofhaltung. Er erteilte Gnadenerweise und verlieh Pfründen. Die Kardinäle und geistlichen Prälaten, die zu seinem Hof gehörten, ritten zu ihm auf den Oberen Münsterhof, saßen vor der Pfalz ab und gingen zu ihm hinauf. Die große Stube war in einen einzigen Saal verwandelt worden, und dort saß der Papst unter einem goldenen Tuch, hinter ihm auch ein goldenes Tuch. Hier traten die Herren vor ihn und empfingen ihre Pfründen. Dies tat er 15 Mal, bevor er Konstanz verließ, so wie es hier gemalt ist.

Entgegen der Ankündigung folgt nun nicht die Darstellung der päpstlichen Audienzen, sondern mehrere Seiten mit Wappen geistlicher Konzilsteilnehmer. Wir führen die Namen hier nicht einzeln auf.[410]

110 VERS – 116 REC *Wappen geistlicher Konzilsteilnehmer*
116 VERS/117 REC *Beide Seiten leer.*

117 VERS Am Sankt-Konrads-Tag, einem Freitag,[411] wurde zwischen acht und neun in der Stadt ausgerufen, dass jeder, der dies gerne wolle, egal ob Frau oder Mann, beim dritten Zeichen der großen Glocke auf den Oberen Münsterhof kommen solle, da werde unser Heiliger Vater Papst Martin dem Volk den Segen geben. Anschließend läutete man dreimal, und es begaben sich viele Menschen auf den Hof. Da kam unser Heiliger Vater Papst Martin in den Erker der Pfalz, der zum Oberen Hof geht. Der war geschmückt mit goldenen Seidentüchern in unterschiedlichen Mustern und Farben, mit Kissen und Kerzen, viel schöner, als es früher beschrieben wurde. Bei ihm waren vier Kardinäle, sechs Bischöfe und unser Herr, der König, mit seiner Krone, und der Papst mittendrin mit einer kostbaren Inful, nicht mit der Krone auf dem Haupt. So gab er dem Volk den Segen und einen großen Ablass. Und es dauerte eine ganze Stunde, bis die Leute den Hof wieder verlassen hatten, obwohl alle Tore geöffnet waren.

409 17. Dezember 1417.

410 Siehe Feger 1964, Bd. 2, S. 244–248.

411 26. November 1417. Großes Konstanzer Kirchenfest zu Ehren des Stadtpatrons Konrad, Bischof in Konstanz von 948 bis 973. Siehe Feger 1964, Bd. 2, S. 249.

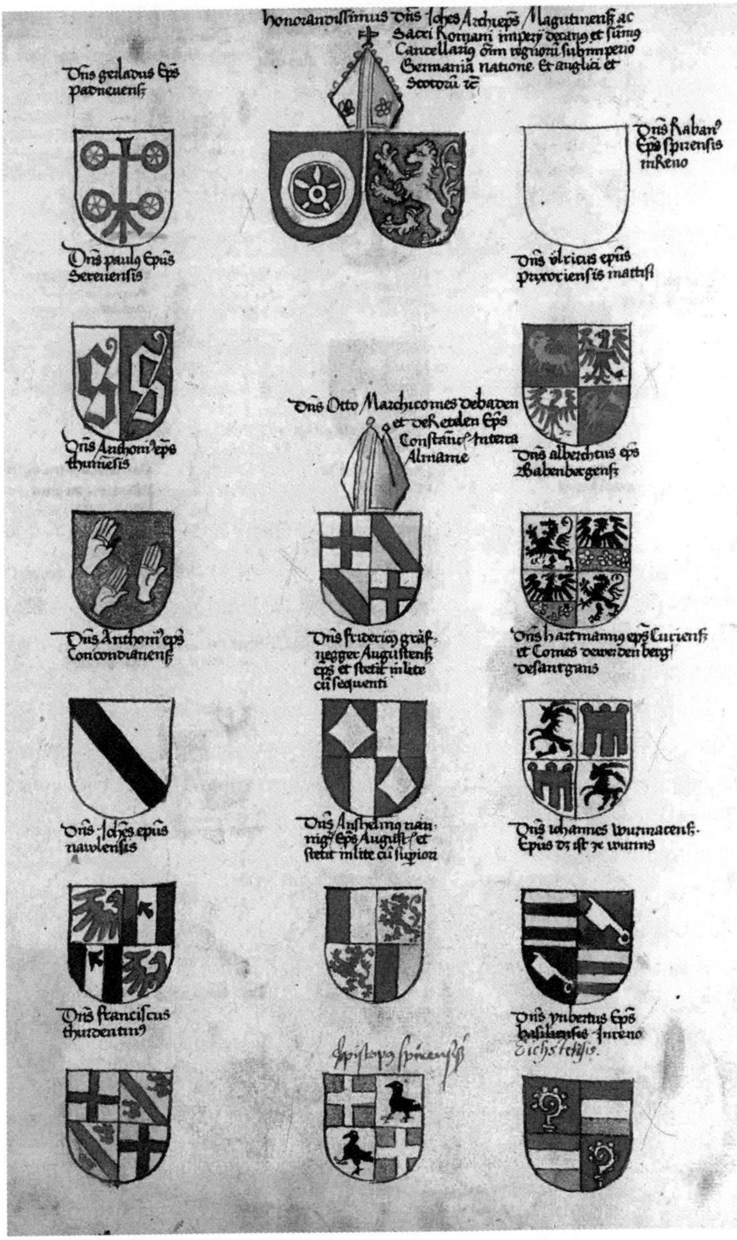

Folio 111 verso: Beispielseite mit Wappen geistlicher Konzilsteilnehmer. Oben in der Mitte das Wappen des Mainzer Erzbischofs und Kanzlers des Reiches.

Am 1. Dezember wurden Caspar Gumpost und Luitfried Muntprat zu Bürgermeistern gewählt. An diesem Tag wollten die Herren ein Gestech veranstalten, aber unser Heiliger Vater, der Papst, wollte sie nicht auf dem Oberen Hof stechen lassen. Da veranstalteten sie das Gestech am Fischmarkt.

Am Montag nach dem Nikolaustag[412] in der siebten Stunde nach Mitternacht am Morgen, als es soeben hell geworden war, wurde der ehrsame Herr Heinrich, Propst zu Luzern, auf der Predigerbrücke ermordet. Man trug ihn noch in die Pförtnerstube der Prediger, doch dort verstarb er sogleich. Der Mörder lief die Predigergasse hoch, bis er vor das Haus zum Regenbogen[413] kam. Da stand einer, der hieß Henni Tecker und lud Mist auf. Als er den Mörder laufen sah, hielt er ihm die Mistgabel entgegen und sagte: „Bleib stehen, du Bösewicht! Was hast du getan, dass du fliehen musst?" Da drehte der sich um und rannte die Tümpfelgasse[414] hinab bis zum Ziegelgraben. Doch nun liefen ihm viele Leute hinterher, und so wurde er gefangen. Er gestand seine Missetat sofort ohne jede Folter, meinte jedoch, er hätte kein Unrecht getan, denn seine Herren von Luzern hätten es ihm befohlen und ihn dafür bezahlt.

Der Tote blieb aber unbegraben liegen bis am Donnerstag, denn die Priester sind der Meinung, dass einer, der ermordet wurde, bis zum dritten Tage unbegraben liegen soll. Da führte man den Mörder vom Ziegelgrabenturm die Mauer entlang. Als er zur Predigerbrücke kam, begann der Leichnam des Ermordeten zu schwitzen. Und als der Mörder in der Ratsstube verurteilt wurde, da fing der Tote sogar an zu bluten, und sein Leib war überall so rosig und schön, wie man ihn vorher kaum je gesehen hatte. Das sahen alle Prediger und über 300 Menschen, die aus Neugier in das Kloster gelaufen waren, um es zu sehen. Dann wurde er erst begraben, der Mörder aber wurde aus der Stadt geschleift und aufs Rad geflochten.

118 REC Am heiligen Weihnachtstag 1418 Jahre nach unseres lieben Herren Christi Geburt hielt der Heilige Vater Papst Martin die drei Messen,[415]

412 13. Dezember 1417. In Wirklichkeit fand die Geschichte am 7. Dezember statt.

413 Steinhaus zum Regenbogen an der Ecke der heutigen Inselgasse 18 / Rheingasse 2.

414 Heutige Brückengasse.

415 Vorgeschriebene Messen an Weihnachten: Engelmesse, Hirtenmesse und Hochamt.

jede zu ihrer Zeit. Unser Herr, der König, war mit dabei und viele andere geistliche und weltliche Herren. Nach der Messe erteilte der Papst den Segen auf dem Erker, so wie es vorher geschildert wurde. Nach dem Segen verkündete ein Bischof folgenden Ablass: Wer bereut und gebeichtet hatte und in den nächsten acht Tagen noch einmal bereute und beichtete und außerdem jetzt dabei gewesen war, der bekam sieben Jahre Ablass für Todsünden und sieben Karenen[416].

Am Tag vor Sylvester starb der ehrbare Herr Sigmund, der oberste Reichskanzler, ein Ungar. An seine Stelle rückte der Bischof von Passau, Herr Georg, ein geborener von Hohenlohe. Nach der Vesper wurden für den Verstorbenen die Trauerglocken wie für einen Domherrn geläutet, und man trug ihn unter goldenen Tüchern zum Münster. Alle Orden und Geistlichen von Konstanz gaben ihm das Geleit. Man brachte ihn in das Münster, und jeder, der dabei war, trug eine brennende Kerze in der Hand, die Domherren sogar zwei, die jeweils ein Viertelpfund wogen. Vor dem Leichnam wurden 26 brennende Kerzen hergetragen, von denen jede drei Pfund wog, ebenso nach dem Leichnam. Dann folgten alle geistlichen und weltlichen Fürsten und Herren. Das Totenopfer feierte man für ihn so, wie es für ungarische Fürsten üblich ist.

Am 2. Tag des neuen Jahres[417] wurde vor der Prim eine Generalsession abgehalten. In dieser Sitzung waren alle Fürsten etc., geistliche wie weltliche, anwesend. Der Papst hielt am Altar des Leutpriesters die Messe. Nach der Messe bestätigte der Papst dem König seine Würde als rechtmäßiger Römischer König. Er nahm eine goldene Krone in die Hand und übergab sie den beiden Kardinälen Orsini und Ostiensis, die vor ihm standen. Zwischen ihnen kniete der König. Da nahmen die beiden die Krone in ihre Hände und setzten sie ihm auf. Danach verlas der Kanzler des Papstes eine Bulle, in der stand, welche Verpflichtungen ein Römischer König gegenüber dem Heiligen Stuhl in Rom habe. Und als die Bulle verlesen war, schwor der König, dies alles einzuhalten.

Nach dem Eid wandte sich der Papst zum König und bot ihm seine Hand und verkündete, ihn als Römischen König anzuerkennen. Des-

416 1 Karene = Ablass von 40 Tagen.

417 Stimmt nicht. Die erste Session 1418, in der König Sigismund bestätigt wurde, fand am 24. Januar statt.

gleichen taten die Patriarchen, Kardinäle, Erzbischöfe, Bischöfe und alle weiteren geistlichen Fürsten und Herren. Und gleich danach läutete man Laudes.

118 VERS Davor, am Neujahrstag, hielt unser Heiliger Vater Papst Martin das Hochamt im Dom von Konstanz. Es nahmen zwei Patriarchen daran teil, alle Kardinäle und viele geistliche Fürsten und Herren, ebenso unser Herr, der König, zwei Kurfürsten und weitere Ritter und Knappen. Nach der Messe setzte sich der Papst auf einen Sessel. Da nahm unser Herr, der König, den Bürgermeister Heinrich von Ulm, führte ihn mit eigener Hand zum Hauptaltar vor den Papst und befahl ihm, niederzuknien. Dann schlug er ihn vor allen Anwesenden mit dem blanken Schwert zum Ritter, so wie es Sitte und Gewohnheit ist, wenn jemand zum Ritter geschlagen wird.

Am Tag vor dem zwölften Tag[418], einem Mittwoch, hielt man das Totenopfer für den verstorbenen Kanzler. Schon vorher, Dienstagnacht, feierte man eine Vigilie[419] mit allen Priestern und läutete dreimal. In das Mittelschiff des Münsters stellte man ein großes Bett, das mit einem kostbaren goldenen Tuch bedeckt war. In den Seitenschiffen, auf der Kanzel und um die Bahre standen überall große brennende Kerzen, insgesamt 126, von denen jede aus dreieinhalb Pfund Wachs bestand. Und seine Diener weinten und klagten um ihn mit lautem Heulen, so wie es in Ungarn noch Sitte ist.

Am zwölften Tag nach Weihnachten[420] hielt unser Heiliger Vater, der Papst, im Dom von Konstanz das Hochamt am Altar des Leutpriesters unter der Kanzel. An dieser Messe nahmen alle Kardinäle, Bischöfe und viele Prälaten teil, ebenso unser Herr, der König, und andere Fürsten und Herren.

An diesem Tag kam der Patriarch von Friaul[421], Herzog Ludwig von Teck, nach Konstanz, und mit ihm Herzog Ulrich von Teck. Sie zogen in das Haus zum Regenbogen. Viele Kardinäle, Bischöfe, Prälaten und weltliche Fürsten und Herren zogen ihnen entgegen, aber ohne unseren Herrn, den König, denn der war ein wenig krank.

418 Gerechnet von Weihnachten an, also am 5. Januar 1418.

419 Totenfeier in der Nacht vor der Beerdigung, Nachtwache.

420 6. Januar 1418. Dreikönigstag.

421 Patriarch von Aquileja.

Am Freitag nach Sankt-Agnes-Tag[422] läutete man zum ersten Mal die großen Glocken zum Gedenken an den Kreuzestod des allmächtigen Gottes. Unser Heiliger Vater gewährte allen, die während des Läutens mit Ernst des bitteren Sterbens Jesu Christi gedachten und andächtig fünf Paternoster und fünf Ave Maria beteten, einen großen Ablass. Danach waren alle der Meinung, dass man solches für alle Zukunft an diesem Freitag tun wolle. Es hieß, der Bischof von Pisan[423] habe mit seinem eigenen Vermögen diesen Ablass gestiftet.

Am Montag vor Lichtmess[424] kam eine Botschaft von den Kardinälen, die zu Benedikt, jetzt genannt Petrus de Luna, gehalten hatten.
Sie ließen in Schwurbriefen mitteilen, dass sie ihm in Zukunft nicht 119 REC
mehr gehorsam sein und fürderhin nicht mehr zu ihm halten wollten, sondern unserem Heiligen Vater Papst Martin, der in Konstanz gewählt wurde, und dessen Geboten untertan sein wollten. Diese Briefe wurden in der Sitzung vor dem Papst verlesen. Auch schworen die Gesandten an ihrer Herren statt, dies zu halten. Das war vor dem Mittag. Nach dem Mittag läutete man dreimal Laudes.

An diesem Tag standen an der Sankt-Konrads-Brücke unten am Fischmarkt 23 große Schiffe, die mit Heu beladen waren, das dort feilgeboten wurde. In derselben Woche kamen 46 große Rheinlachse[425] auf den Markt, die zu einem guten Preis verkauft wurden.

An Mariä Lichtmess hielt unser Heiliger Vater Papst Martin am Hochaltar im Dom von Konstanz die Messe und weihte die Kerzen. Nach der Messe, zwischen der zehnten und elften Stunde, gab er auf dem Oberen Münsterhof vom Erker aus dem Volk den Segen, und vor dem Segen warf er mit eigener Hand Kerzen herab, etwa dreißig Mal je eine Handvoll. Sie waren ungefähr eine halbe Elle lang und insgesamt waren es wohl 1 500 Kerzen. Und wenn er eine Handvoll in die Mitte unter das Volk geworfen hatte, dann warf er danach eine zur rechten Seite und die dritte Handvoll zur linken Seite, bis er sie alle geworfen hatte. Zur Mittagszeit, als man bei Tisch saß, schickte er allen Herren 50 Kerzen, sodass jeder, der ihrer begehrte, genug davon erhielt.

422 28. Januar 1418.

423 Gemeint ist wahrscheinlich der Erzbischof von Besançon. Dies war zur Zeit des Konzils Thibaud de Rougemont.

424 31. Januar 1418.

425 Im Text steht „Inlancken".

Am Fastnachtsdienstag[426] hielten die Herren auf dem Brühl ein Stechen ab. Und als schon einige von ihnen am Reiten waren, zog Herr Laurenz von Hadristurn[427] aus Ungarn durch das Schottentor hinaus auf den Brühl. In seinem Zug befand sich auch unser Herr, der König, auf seinem Ross, mit vermummtem Helm und ohne Wappen, um am Gestech teilzunehmen. Dort besiegte er einen Ritter und einen Knappen. Dann zog er wieder ab mit seinem vermummten Helm.

Am Freitag vor der Männerfastnacht[428] sandten unser Heiliger Vater, der Papst, und der König den hochwürdigen Fürsten und Bischof von Passau als Botschafter zum Herzog von Mailand. Unser Herr, der König, und alle Herren, die in Konstanz weilten, gaben ihm das Geleit wohl eine Meile Wegs von Konstanz fort mit 2 000 Pferden.

Am darauffolgenden Freitag[429] ritt der Kardinal Alamanus Pisanus[430] als Botschafter nach Spanien, und auch ihn begleitete unser Herr, der König, wohl eine halbe Meile Wegs mit 1 500 Reitern, geistlichen und weltlichen, die anschließend wieder nach Konstanz zurückkehrten.

119 VERS Am 19. Februar ritt der hochwürdige Herr Jörg, der Erzbischof von Kivionensis in Griechenland, in Konstanz ein, und mit ihm fünf Bischöfe desselben Glaubens.[431] Sein Erzbistum liegt in griechischen Landen und grenzt an das Herzogtum Russland und daneben an das Herzogtum Litauen, an das Kaiserreich der Hinteren Türkei und an die Hintere Walachei. Mit ihm kamen viele Herren und Abgesandte von heidnischen Herren, vom König Sultan, vom großen Khan, vom König von Arabien und von vielen großen heidnischen Städten und Herren. Sie zogen ins Haus zur Sonne, das damals Ulrich Imholtz gehörte. Als der Erzbischof sich dort eingerichtet hatte, bereitete er einen Altar vor und hieß einen seiner Bischöfe die Messe halten. Nach

426 8. Februar 1418.

427 Gemeint ist der ungarische Graf Laurenz von Hédervár.

428 11. Februar 1418.

429 18. Februar 1418.

430 Alamanno Adimari, Kardinalpriester von S. Eusebio, Erzbischof von Pisa. Auf der Kardinalsliste „Bisanus“ genannt.

431 Der griechisch-orthodoxe Metropolit Gregor Camblak von Kiew kam mit anderen Vertretern des orthodoxen Glaubens und vielleicht sogar mit einigen Gesandten des türkischen Sultans nach Konstanz. Siehe Feger 1964, Bd. 2, S. 251.

der Messe segnete er das Brot, das der Priester bei der Kommunion übriggelassen hatte, zerbrach es in kleine Stücke und bot jedem seiner Diener eines davon an. Die nahmen es in ihre linke Hand und schlossen die Finger darum. Dann beteten sie kniend mit dem Mund auf der Hand und aßen es schließlich aus der Hand. Das war für sie so, wie wenn wir hier Weihwasser nehmen. Und so wie es hier beschrieben wurde, ist es nachher gemalt.

Es zogen auch etliche Herren aus der Heidenschaft, die als Botschafter gekommen waren, in das Haus von Hans Ruch. Sie gingen jeden Tag in die Konzilssitzungen oder an andere Orte, an denen der König und die übrigen Konzilsteilnehmer sich berieten.

Hier ist nun dargestellt, wie man den Altar bereitete, an dem man für den Erzbischof die Messe hielt.

Bild: Vorbereitung des griechisch-orthodoxen Gottesdienstes. 120 REC
Bild: Die Doppelbildseite zeigt den Gottesdienst der Orthodoxen. Links der Bischof am Altar, rechts der Erzbischof, um sie herum weitere Mitglieder der Gesandtschaft mit langen Bärten und Haaren. Teilweise tragen sie einen Turban. 120 VERS/ 121 REC
Bild: Auf dieser Doppelbildseite sieht man die Verteilung der Brotstückchen an die Gläubigen. Rechts ein Priester mit andächtig vor das Gesicht gehaltenen Händen. 121 VERS/ 122 REC

Am Tag des heiligen Matthias[432] ritt unser Herr, der König, den Rhein hinab. Er hatte vor, nach Basel zu reiten und dort nicht länger als zehn Tage zu bleiben. Doch unterwegs änderte er seinen Sinn und ritt schon am nächsten Tag zurück nach Konstanz. Hier legte er sich nieder, und blieb etliche Tage im Bett. Es hieß, er habe Gicht, aber man erfuhr nichts Genaues. 122 VERS

Es war nun Fastenzeit, und da gab es so viele frische und gedörrte Fische, wie man sie in dieser Zeit essen soll. Es geschah nicht viel Neues, außer dass ein Patriarch in der Sankt-Stephans-Kirche die Priester weihte.

Am Sonntag Laetare zur Mitte der Fastenzeit[433] hielt der Papst die Messe am Hochaltar und weihte die Rose. Nach der Messe erteilte er

432 24. Februar 1418.
433 6. März 1418.

dem Volk auf dem Oberen Münsterhof vom Erker der Pfalz aus den Segen, so wie es vorher schon beschrieben wurde. Doch diesmal waren auf dem Oberen Hof so viele fremde Menschen, die zusätzlich zu den bereits anwesenden Fremden bis zu vier Meilen weit in die Stadt gekommen waren, dass es hieß, es seien 150 000 Menschen[434] da gewesen, Frauen und Männer. Deswegen musste man während des Segens alle sechs Tore, die auf den Hof führen, bewachen und verhindern, dass jemand erdrückt wurde. Es dauerte eineinhalb Stunden, bis alle wieder den Hof verlassen hatten, und jedermann wunderte sich, dass niemand erdrückt oder getötet wurde und auch, dass es genügend Brot für alle gab, und man schrieb es allein dem Willen Gottes zu.

Als nun das Volk gegangen war, sandte der Papst durch den Markgrafen von Brandenburg die Rose unserem Herrn, dem König, der bei den Augustinern krank darniederlag. Der Markgraf brachte sie öffentlich mit eigenen Händen von der Pfalz zum Augustinerkloster, und mit ihm ritten alle Kardinäle, Erzbischöfe, Herzöge, Fürsten, Grafen, Freiherrn, Ritter und Knappen sowie alle geistlichen und weltlichen Herren. Außerdem wurden sie begleitet von Posaunenbläsern und Pfeifern, die die ganze Zeit um die Wette bliesen und pfiffen. Als sie zu den Augustinern kamen, führte man den König heraus, und er nahm die Rose mit großer Demut in Empfang.

Während unser Herr, der König, bei den Augustinern wohnte, weil er dort mehr Ruhe hatte, hielt er dennoch auch in Petershausen Hof. Und er forderte vom Abt in Petershausen, dass er in seinen Wäldern im Eichhorn und im Sankt-Gebharts-Wald Brennholz für ihn schlagen lasse. Doch der verweigerte ihm dies. Da schickte der König seine Ungarn in die Wälder, die schlugen Holz, ob es dem Abt gefiel oder nicht. Als der Abt das sah, verkaufte er das Holz, ausgenommen Eichenholz, unverzüglich an jeden, der es haben wollte, ein Juchart[435] für 16 Gulden, vielleicht ein wenig mehr oder weniger, je nachdem, wie viel Holz dort zu holen war.[436] Da ließ es unser Herr, der König, gut sein und füg-

434 Die Aulendorfer Chronik nennt 1 500 Menschen. Siehe Buck 2011, S. 121.

435 Flächenmaß, das – je nach Gegend – zwischen 3 000 und 6 000 Quadratmeter umfassen kann.

436 In der Aulendorfer Ausgabe ergänzt Richental: „desselben holtzes ich och ain juchart koft“. Siehe Buck 2011, S. 122.

te keinem der Käufer einen Schaden zu. Doch es wurde ständig Holz geschlagen, solange er in Konstanz weilte.

Als nun der Erzbischof von Kiew sich in seiner Herberge nieder- 123 REC
gelassen hatte, ließ er in diesem Hause einen Altar bereiten, an dem er und seine Priester Messe halten wollten. Sie bereiteten den Altar aber in gleicher Weise zu, wie es die Priester in unserem Lande tun. In der Mitte des Altars stand ein goldenes Kruzifix und auf jeder Seite eine goldene Tafel. Diese waren viereckig und wie Reliquienbehälter, und daneben standen vier brennende Kerzen auf vier vergoldeten Kerzenständern aus Silber. Dann stellten sie einen vergoldeten Silberkelch auf den Altar, der so groß war wie drei von unseren Kelchen. Über den Kelch legten sie einen silbernen, dreieckigen, gebogenen Steg und darüber ein goldenes Tüchlein, das etwa eine halbe Elle lang und breit war. In den Kelch passten wohl eineinhalb Maß Wein. Neben den Kelch legten sie eine vergoldete Patene, die ungefähr so groß war, dass ein gesottenes Huhn gut darauf Platz gehabt hätte, auch darauf kam ein goldenes Tuch, wie zuvor. Auf die rechte Seite stellten sie zwei goldene Ampullen, die waren ziemlich hoch, aber kleiner als hierzulande. In der einen befand sich Wein oder Bier oder Met, man weiß es nicht so recht, aber es war auf jeden Fall warm. In der anderen war Wasser. In das Fenster neben dem Altar wurden zwei silberne Schüsseln auf den Fenstersitz gestellt, auch davon jede so groß, dass man ein gesottenes Huhn hätte hineinlegen können. In jeder Schüssel lag ein Weißbrot von der Größe einer Faust und unter den Schüsseln ein weißes, goldgesprenkeltes Handtuch. Vor dem Altar und auf der rechten Seite war die Mauer mit einem goldenen Tuch behängt, ein anderes lag auf der Erde, und auch über dem Altar hing ein goldenes Tuch. Ganz hinten, wo der Erzbischof stand oder kniete, lag ebenfalls ein Tuch. Auf diesem Tuch stand eine lange Bank, die auch mit einem goldenen Tuch bedeckt war. Und oben auf der rechten Seite hingen weitere Tücher.

In diesem Raum knieten und standen der Erzbischof, seine Priester und Kapläne sowie zwei griechische Herzöge, einer davon der Herzog von Smolensk, der Herzog der Roten Russen, außerdem noch mehr als 300 weitere Menschen ihres Glaubens.

Als nun alles bereit war, legte der Priester einen Überrock an und nahm das Rauchfass in die Hand. Der Diakon zog ebenfalls einen Überrock an und der Subdiakon, der die Epistel las, desgleichen, dann nahm der Letztere den Weihwasserkessel und alle drei gingen zum Altar. Dort knieten sie nieder und jeder von ihnen schlug dreimal das Kreuzeszeichen. Dafür griffen sie sich mit drei Fingern der rechten Hand an die Stirn, dann zogen sie die Finger zur Brust herab, von dort zur rechten Schulter und dann zur linken. Auch während der Messe schlugen sie viele Male auf diese Weise das Kreuzeszeichen.

123 VERS Dann nahm der Diakon den Weihwasserwedel, sprengte ein paarmal etwas Weihwasser auf den Altar, danach gab er den Wedel dem Subdiakon, der Wedel und Kessel hinwegtrug. Dann ging der Priester zum Altar. Er hauchte darauf und verteilte anschließend allenthalben Weihrauch. Er ging auch mit dem Rauchfass nach hinten zum Erzbischof und beweihräucherte diesen sowie alle anderen, die sich dort befanden. Schließlich hängte er das Rauchfass an der linken Seite auf. Dann zog er sich eine Albe[437] über den Überrock und vorne von der Hand bis an den Ellbogen zwei kostbare goldene Ärmel, die mit seidenen Schnüren festgebunden wurden, dazu ein Schultertuch, wobei das Haar hinten heraushing. Darüber zog er das Messgewand, das wie eine Glocke vom Hals bis auf die Füße fiel. Wenn er die Hände gebrauchen wollte, so musste er das Messgewand auf die Arme hochschieben.

Dann gingen sie vor den Altar, legten den Kopf auf ihre Hände und bückten sich bis zur Erde. Anschließend erhoben sie sich und stellten sich vor den Altar. Nun gab der Subdiakon dem Diakon die Schüssel mit dem Brot. Der stach mit dem Messer hinein, wie man einen Käse probiert, und stach ein Stück heraus so groß wie eine Bohne, das er dem Priester gab. Der legte es auf die Patene. Dann stach der Diakon aus dem anderen Brot auch ein Stück heraus, das war noch einmal so groß wie das vorige, und gab es ebenfalls dem Priester. Der legte es auch auf die Patene und bedeckte sie dann mit einem goldenen Tuch. Danach goss der Diakon die zwei Ampullen in den Kelch, und da konnte man wohl riechen, dass warmer Wein oder Wasser darin waren. Dann deckte er auch den Kelch ab. Nun gingen sie vom Altar zur rechten Seite und stellten sich mit dem Rücken zur Mauer. Dann kam ein Schüler an den Altar und sang die Litanei in ihrer Sprache. Darauf antworteten der Erzpriester, die Priester und die Lai-

437 Knöchellanges weißes Gewand, normalerweise Untergewand eines Priesters oder Diakons.

en: „Ora pro nobis“[438], ebenfalls in ihrer Sprache. Und sie sangen das sehr langsam. Danach begann der Diakon den Introitus zu singen, und mit ihm sangen der Erzpriester, die Priester und die weltlichen Leute ihres Glaubens. Anstelle des Kyrieeleisons sangen sie neunmal das Hagios[439], und danach das Gloria in excelsis. Dann fuhren sie mit der Messe fort, und der Subdiakon las die Epistel, wobei er dem Altar den Rücken kehrte. Nach der Epistel sangen sie wieder neunmal das Hagios, dann das Halleluja. Danach sang der Diakon das Evangelium. Anschließend sangen sie das Credo in unum und abermals dreimal Halleluja. Schließlich erteilte der Priester einen sehr langen Segen. Darauf folgte ein Gesang so ähnlich wie das Sanctus. Als nun der Priester unseren Herrn empfangen sollte, nahm der Subdiakon eine brennende Kerze und ging voran. Der Diakon ergriff den Kelch und trug ihm den nach, dann folgte der Priester mit der Patene. Sie gingen zu den Anwesenden, die nun alle niederknieten. Dann kehrte der Priester an den Altar zurück. Nun sangen alle das Paternoster und abermals das Hagios. Da nahm der Priester das Rauchfass und schwang es wieder allenthalben über den Altar. Danach ergriff er das größere Stück Brot, zerbrach es in zwei Hälften und legte eine davon in den Kelch, die andere zurück auf die Patene. Er sprach abermals den Segen, dann nahm er ein Stück Brot von der Patene und gab es dem Diakon. Der nahm es in die linke Hand, schloss sie, legte sie auf den Altar und senkte sein Haupt auf die Hand. Desgleichen tat der Priester mit dem anderen Stück, danach aßen sie das Brot aus der Hand. Anschließend nahm der Diakon einen Löffel, hielt den Kelch fest, nahm das dritte Stückchen
Brot aus dem Kelch und gab es dem Priester, der es aus dem Löffel aß. 124 REC
Danach nahmen sie den mit Wasser gemischten Wein mit dem Löffel aus dem Kelch und tranken ihn aus dem Löffel, sodass sie den Kelch nicht hochzuheben brauchten.

Währenddessen zerbrach der Subdiakon die beiden Brote in kleine Stücke und brachte sie dann dem Erzbischof. Nach dem Segen gab der Erzbischof allen Laien, die dort standen, ein Stückchen davon. Auch diese nahmen es in die linke Hand und machten es so, wie vorher beschrieben, und aßen es aus der Hand. Das bedeutete für sie so viel wie hier das Weihwasser.

438 „Bitte für uns.“

439 Heilig.

Am Palmsonntag[440] hielt unser Heiliger Vater, der Papst, im Dom von Konstanz die Messe und weihte die Palmen. Zwischen der zehnten und elften Stunde gab er dann dem Volk auf dem Oberen Hof den Segen, und es waren noch mehr Menschen da als zur Mitte der Fastenzeit. Schon vor der Prim sammelte sich so viel Volk auf dem Oberen Hof, dass es zur Primzeit so eng war, dass die Domherren keinen Platz hatten für das Palmenschießen und darauf verzichten mussten.

Am Montag darauf[441] fand eine kleine Session statt, bei der ein paar Reformen verabschiedet wurden, und man läutete deshalb nur einmal. Dann beschloss man, dass ab nun die heilige Osterzeit gefeiert und daher keine Session mehr abgehalten werden sollte.

Der Gründonnerstag begann damit, dass der Papst zwölf arme alte Männer einkleidete, mit edlen weißen Gewändern, weißen Röcken und Kapuzen, weißen Schuhen und Gürteln, so wie sie die weißen Mönche[442] tragen. Danach, um die siebte Stunde, kam er in seinem päpstlichen Habit mit seiner kostbaren Inful, mit der man ihn gekrönt hatte, aus der Pfalz in den Erker, und er war kostbarer bekleidet als je zuvor. Im Erker erwarteten ihn schon alle Kardinäle, die Bischofsgewänder und weiße Infuln trugen. Auch unser Herr, der König, stand bei ihm.

Da rief der Papst alle Heiden an, alle Ketzer, Schismatiker, Juden, Mohammedaner, Petrus de Luna, auch alle, die dem Heiligen Stuhl in Rom nicht gehorchen wollen und mit ihm gebrochen haben, alle Fälscher von päpstlichen Bullen, diejenigen, die Münzen fälschen, entwerten oder schlechte Münzen in Umlauf bringen, alle, die nicht an den Heiligen Stuhl in Rom glauben oder seine Gebote nicht halten,[443] alle, die seinen Gerichten und Geboten nicht Genüge tun, und alle, die solches mit Rat, Gunst und Willen unterstützen, und tat sie in ewigen Fluch und Bann. Dann warf er mit eigener Hand eine brennende Kerze über sie herab, die ein Pfund wog. Dies tat er elfmal. Dann betete er für den Heiligen Stuhl in Rom, für alle Städte, die diesem gehorsam waren, und alle Christenleute, die unter ihrem Pfarrer den

440 20. März 1418.

441 21. März 1418.

442 Mit diesem Ausdruck wurden die Zisterzienser bezeichnet.

443 Die Aulendorfer Ausgabe fügt hier ein: „all beghart und beginen, die ir selbs ordnung wöllen halten". Siehe Buck 2011, S. 125.

rechten Glauben hielten, und für die Städte, die zum Heiligen Stuhl
gehören, dann für unseren Herrn, den König, das Heilige Römische
Reich und die Städte, die dazugehören. Danach erließ der Kardinal von
Flisco den Sündern ihre Schuld. Anschließend erteilte unser Heiliger
Vater, der Papst, allen, die mit Reue und Andacht beim Amt zugegen 124 VERS
sein würden, die Absolution und gab dem Volk den Segen. Anschließend hielt der Papst das Hochamt im Dom. Wegen der großen Menschenmenge führte man dann nur mit Mühe die Sünder zur Sankt-Stephans-Kirche. Dies tat derselbe Patriarch wie vordem, und er weihte dort auch das Sakrament.

Nach dem Mittagessen wurde zwischen der zweiten und dritten Stunde in der Stadt ausgerufen, wer den Segen empfangen wolle, der solle um die vierte Stunde auf den Oberen Münsterhof kommen. Dort wollte der Papst den Segen erteilen, ebenso am Karfreitag und am Karsamstag, jeweils nach der Messe. Und nach der vierten Stunde erteilte er den Segen, dabei war der Hof wieder voller Menschen. Auch gab er einen Ablass von sieben Jahren für Todsünden und sieben Karenen für alle Anwesenden, die bereut und gebeichtet hatten.

Danach speisten die Kardinäle mit ihm, denn sie hatten alle noch nichts gegessen, ebenso der König, und der Papst wusch ihnen auch die Füße.

Am Karfreitag[444] hielt der Kardinal Ostiensis im Münster die Messe, und der Papst, der König und alle Prälaten, die zuvor schon ausführlich genannt wurden, waren anwesend. Nach der Messe erteilte der Papst den Segen und anschließend, um die fünfte Stunde, den gleichen Ablass wie zuvor. In Sankt Stephan hielt der Patriarch die Messe. Und den ganzen Tag ging es in der Stadt so demütig und ruhig zu, als ob kein Mensch in Konstanz wäre.

Am heiligen Tag vor dem Osterfest nahm unser Heiliger Vater, der Papst, an der Messe teil, in der der Kardinal Ostiensis das Ostertaufwasser, das Feuer und die Kerzen segnete. Nach der Messe erteilte der Papst wieder den Segen, und ebenso gegen Abend um die fünfte Stunde. Zugleich hielt der Patriarch in Sankt Stephan die Messe und weihte danach die Priester.

444 25. März 1418.

Am gleichen Tag zog der durchlauchtige Fürst Ludwig von Brieg, Herzog in Schlesien, mit 150 Pferden und sechs Wagen wieder in Konstanz ein.

Außerdem kam der edle Fürst Bertrandus von Camerino aus der Lombardei in Italien mit 52 Pferden in Konstanz an. Vor ihm führte man sechs große abgedeckte weiße Pferde. Er kam aus der Mark Ancona. Er ritt auf den Oberen Münsterhof vor die Pfalz des Papstes und ließ diesen rufen. Dann schenkte er dem Papst die sechs Pferde und ritt weiter in das Haus der Kirchherren auf der Plattengasse.

Am Ostersonntag feierte der Papst selber das Hochamt im Dom von Konstanz. Nach der Messe gab er dem Volk den Segen. In Sankt Stephan hielt der Patriarch das Amt und weihte da Gebäck und Fladen.
125 REC Am Montag in der Osterwoche traf eine Gesandtschaft der Venezianer in Konstanz ein, vier alte Herren, und ihnen ritten alle italienischen Herren, geistliche wie weltliche, entgegen. Vor ihnen her zogen ein abgedeckter Vorratswagen und 18 Maultiere mit Reisesäcken. Sie hießen Marino Caravello, Francesco Michiel[445], Antonio Contareno und Francesco Foscari[446].

Am Samstag in der Frühe versammelten sich alle Prälaten im Münster und der Papst hielt die Messe. In dieser Messe segnete der Papst die Osterlämmlein und gab jedermann davon, der eines haben wollte und überhaupt durchkam vor lauter Gedränge.

An diesem Tag zur Vesperzeit ritten zwei Kardinäle aus Konstanz fort. Der eine war der Kardinal Ostiensis und Vizekanzler, der andere der Kardinal Sancti Marci[447]. Sie ritten als Botschafter nach Paris, um zwischen den Königen von Frankreich und England zu vermitteln, die im täglichen Krieg[448] miteinander lagen. Vor ihrer Abreise ritten sie auf den Oberen Münsterhof, um dem Papst und dem König zu danken, dann gaben ihnen alle Kardinäle das Geleit.

Am 9. April stifteten unser Herr, der König, und andere Fürsten und Herren eine Ehe und feierten eine Hochzeit. Der Markgraf von

445 In Wirklichkeit Fantino Michiel.

446 Foscari war bei seinem Besuch 44 Jahre alt und wurde wenige Jahre später Doge von Venedig.

447 Fillastre.

448 Scharmützel und Kleinkriege während des Hundertjährigen Krieges zwischen England und Frankreich waren der Normalzustand.

Brandenburg und Burggraf von Nürnberg gab seine Tochter dem Herzog Ludwig von Brieg, Herzog in Schlesien, zur Frau. Dies geschah im Hohen Haus am Fischmarkt.

Danach am Dienstag im April wurden die Bücher, die Magister Dominikus de Laude geschrieben hatte, auf dem Oberen Münsterhof verbrannt. Es hieß, sie seien zu sehr der Lehre des Hus zugeneigt. Dort widerriefen auch derselbe Magister und noch ein weiterer ihre Ketzerei und schworen, in Zukunft nicht mehr daran zu glauben.[449]

Am 15. Tag des vorgenannten Monats kam unser Herr, der König, nach Meersburg und zog dort in die Festung. Auch Herzog Friedrich von Österreich kam dorthin und nahm im Domherrenhof in Meersburg Quartier. Dann begannen Verhandlungen zwischen den beiden, und Gerüchte besagten, sie hätten sich versöhnt. Doch bald danach ritt der König von Meersburg wieder nach Konstanz zurück, und nun wurde öffentlich verkündet, dass die Verhandlungen sich zerschlagen hätten. Es kamen jedoch vier von Herzog Friedrichs Ratgebern mit dem König nach Konstanz und verhandelten dort weiter.

Danach gab es erneut eine Session.[450] In dieser Sitzung wurde beschlossen, wohin das nächste Konzil gelegt werden sollte, und das war nach Pavia in der Lombardei in Italien.[451] Es wurde auch besprochen, dass das Konzil noch für einen ganzen Monat in Konstanz bleiben sollte. Das nächste Konzil sollte dann in fünf Jahren abgehalten werden, und danach immer alle zehn Jahre in den Städten und Ländern, die jeweils festgelegt wurden.

Am Tag vor dem Fest des heiligen Georg[452] gab es erneut eine Session. In dieser Sitzung beurlaubte unser Heiliger Vater Papst Martin all
jene, die um des Konzils willen nach Konstanz gekommen waren, und 125 VERS
gab ihnen Segen und Ablass von Pein und Schuld. Auch gab er während der Sitzung dem Volk auf dem Oberen Münsterhof den Segen.

449 Nach Feger 1964, Bd. 2, S. 256 wurden am 12. und 13. April 1418 einige böhmische Theologen zur öffentlichen Verbrennung ihrer Bücher und zum Widerruf ihrer Lehren veranlasst.

450 Diese Konzilssitzung fand am 19. April 1418 statt. Siehe Feger 1964, Bd. 2, S. 256.

451 1423 wurde tatsächlich ein Konzil in Pavia eröffnet, das aber schlecht besucht war und 1424 schon wieder aufgelöst wurde. Das nächste allgemeine Konzil fand von 1431 bis 1449 in Basel statt.

452 22. April 1418. Letzte allgemeine Sitzung des Konzils.

Dabei stand unser Herr, der König, neben ihm im Gewand eines Diakons, auf dem Haupt die kaiserliche Krone, in der Hand den Reichsapfel, und vor ihm hielt man ein blankes Schwert. Der Kardinal de Comitibus erteilte dem Volk auf Latein den Segen und einen Ablass von sieben Jahren für Todsünden und sieben Karenen, danach erteilte ihn Magister Peter auf Deutsch. Dann erlaubte der Papst allen heimzufahren, doch vorher erteilte er allen, die wegen des Konzils nach Konstanz gekommen waren, seien sie geistlich oder weltlich, und auch all ihren Dienern einen Ablass von Pein und Schuld, sowohl in diesem Leben als auch in Todesnöten, und dafür sollte jeder ein ganzes Jahr lang am Freitag mit seinem eigenen Leib fasten und danach weiterhin jeden Freitag, wenn er es noch tun wollte. Wollte er es dann aber nicht mehr tun, dann konnte er es auch von einem armen Menschen an seiner statt tun lassen oder um Gottes Willen einen Pfennig spenden, je nach dem Rat seines Beichtvaters, der dann denselben Ablass erteilen konnte. Und alle, die je in Konstanz geboren werden und sich daran halten, sollen ebenfalls diesen Ablass bekommen.

Am Dienstag nach dem Tag des heiligen Markus[453] versöhnten sich unser Herr, der Römische König, und Herzog Friedrich von Österreich miteinander im Kloster Münsterlingen, wo sie sich getroffen hatten.

Am letzten Tag im April, einem Freitag, verstarb Graf Günther von Schwarzburg auf dem Bodensee zwischen der Mainau und Konstanz, denn er lag krank auf der Mainau darnieder und wollte sich nach Konstanz überführen lassen. Man brachte ihn in den Chor der Augustinerkirche in Konstanz und hielt eine prächtige Totenmesse für ihn.

Am gleichen Tag ließ der Papst an allen Kirchentüren Anschläge machen, darin stand: All diejenigen, die zu einem fremden Hof gehörten oder sonst in Konstanz fremd waren, denen noch jemand etwas schuldig war oder die sonst noch Dinge mit anderen klären mussten, die sollten das innerhalb von acht Tagen mit allen Rechten erledigen, und dafür solle ihnen ein gutes Gericht zur Verfügung stehen. Außerdem solle jedermann seinen Wirt bezahlen und auch sonst allen Konstanzer Bürgern das, was man ihnen schuldig war, erstatten, damit die Abreise nicht behindert würde.

453 26. April 1418.

Am Donnerstag vor dem 1. Mai[454] zog unser Herr, der König, nach Zürich, aber er kam gleich am folgenden Samstag zur Zeit des Nachtmahles wieder zurück. Er und seine Leute hatten viele Rosse zu Schanden geritten, von denen wohl acht starben. Was ihm dort genau begegnet ist, weiß man aber nicht.

Am selben Tag kam auch Herzog Friedrich von Österreich wieder nach Konstanz und verhandelte wieder mit unserem Herrn, dem König. Er blieb aber nicht sehr lange und ging oder ritt auch kaum aus.

Am 4. Mai ließ der Papst erneut Anschläge an die Kirchentüren machen, in denen er ankündigte, dass er von Konstanz abreisen wolle, und in denen er Folgendes gebot: Wer mit ihm ziehen wolle, der 126 REC
müsse in 15 Tagen bereit sein. Dann wollte er von Konstanz scheiden und in das Savoyerland nach Genf ziehen, um dort seinen Hof einzurichten.

An Auffahrt[455] hielt der Papst das feierliche Hochamt im Dom. Nach der Messe gab er dem Volk den Segen auf dem Oberen Münsterhof und den gleichen Ablass, der vorher schon beschrieben wurde.

Am 6. Mai wurde öffentlich verkündet, dass unser Herr, der König, und Herzog Friedrich von Österreich sich versöhnt und geeinigt hatten. Wie die Versöhnung aber genau aussah, wusste niemand.

Am 8. Mai zwischen der elften und zwölften Stunde empfing Herzog Friedrich von Österreich seine Lehen am Oberen Markt. Unser Herr, der König, saß auf seinem Thron unter einem blauen, golddurchwirkten Tuch. Desgleichen befanden sich solch kostbare Tücher auch hinter und vor ihm. Er trug einen vornehmen goldenen Rock, eine goldene Kappe und darüber seine Krone. Markgraf Friedrich von Nürnberg hielt das Zepter, ebenfalls in ein goldenes Gewand gekleidet wie ein Subdiakon, und Herzog Ludwig von Brieg hielt dem König das blanke Schwert über das Haupt. Auf dem Oberen Markt, die Sankt-Pauls-Gasse hinauf und in den Häusern drängten sich mehr als 80 000 Menschen, und auf dem Markt, in der Ringgasse und in der Sankt-Pauls-Gasse befanden sich über 1 500 Pferde.

Am Dienstag, dem 10. Mai, erteilte unser Heiliger Vater, der Papst, den Konstanzern Privilegien und Ablassbullen, besonders die Bulle, die von Schuld und Pein befreit, sowohl im Leben wie auf dem To-

454 28. April 1418.

455 Christi Himmelfahrt, 5. Mai 1418.

tenbett. Darauf befahl er Laudes zu läuten, und so wurde am Abend nach dem Nachtessen dreimal nacheinander mit allen Glocken geläutet. Dann zog Herzog Ludwig von Brieg aus Konstanz fort nach Basel als Gesandter des Königs, damit er ihm dort Kost und Unterkunft bestellte.

An diesem Tag ließ man in der Stadt ausrufen, dass am nächsten Tag, dem Mittwoch, alle die Arbeit ruhen lassen und feiern sollten, bis die Prozession zu Ende sei, denn die Konstanzer wollten zu Ehren des heiligen Pelagius eine Prozession mit all ihren Priestern veranstalten. So geschah es, aber an der Prozession nahmen auch der Patriarch und viele andere Bischöfe und Prälaten teil.

Früh am Mittwochmorgen[456] hob unser Heiliger Vater, der Papst, alle Gerichte auf, solange die Feierlichkeiten währten. Und man läutete in der Frühe dreimal Laudes. Um die achte Stunde begann die Prozession vom Dom in Konstanz nach Kreuzlingen, und dies war die allerschönste Prozession, die die Priesterschaft von Konstanz je erlebt hatte. Da waren alle drei Orden mit ihren priesterlichen Gewändern und ihren Reliquien unterwegs, 104 Mönche, 42 Unterpriester, insgesamt 33 Chorherren vom Dom, von Sankt Stephan und von Sankt Johann, der Abt von Petershausen mit seinen Mönchen, seinem Leutpriester und seinem Kaplan, die waren allein schon 13, und außerdem die Zünfte mit ihren Kerzen. Und alle Menschen glaubten, sie würden nun den Segen erhalten. Aber der wurde nicht erteilt.

126 VERS In derselben Woche vor dem heiligen Pfingsttag, als unserem Herrn, dem König, klar wurde, dass der Papst nicht länger in Konstanz bleiben werde, da hätte er gern Wege und Mittel gefunden, wie auch er seine Diener von Konstanz fortbringen konnte. Dies geschah auch, aber seine Diener hatten noch viele Schulden bei ihren Wirten. Etliche von ihnen hatten ihrem Wirt ein Pfand gegeben, silberne Gürtel, Barschaft, ihre Gewänder, einige Hengste und Harnische und anderes Hab und Gut. Da versuchte der König mit den Räten von Konstanz zu verhandeln. Er sagte, die Räte sollten mit den Konstanzern bedenken, dass die Diener, die zu seinem Hof gehörten, mit ihm von Konstanz fortziehen mussten, und dass man deshalb die Geldschulden seiner Diener auf ihn schreiben und rechnen sollte. Er wollte ihnen dafür wertvolle silberne und goldene Pfänder geben, mit denen sie

456 11. Mai 1418.

einen guten Gegenwert haben würden, und er werde innerhalb kurzer Zeit alles bezahlen, und zwar zum Sankt-Michaels-Tag.[457] Doch das lehnten die Räte ab. Sie wollten nicht darauf eingehen und antworteten ihm: Seine Gnaden wisse doch, dass er selber oft und ausführlich erklärt habe, man solle niemanden fortgehen lassen, wenn er nicht bezahlt habe. Wenn sie nun auf seinen Vorschlag eingehen würden, dann entstünde in der Gemeinde viel Kummer, denn es gebe viele arme Leute, denen seine Diener noch etwas schuldig seien. Diese würden große Klage erheben, und das könnte vielleicht auch auf die Räte zurückfallen, sodass sie in große Schwierigkeiten kämen, denn viele hatten ihr ganzes Hab und Gut für die Fremden eingesetzt, und wenn die Schulden nicht bezahlt würden, dann müssten sie verderben.

Als der König diese Antwort vernahm und hörte, dass sie es auf die Gemeinde schoben und sich auf deren Wort beriefen, ersann er eine List. Er befahl der ganzen Gemeinde, sich im Kaufhaus zu versammeln, dann stellte er sich dort auf ein Gerüst und redete mit den versammelten Gemeindemitgliedern. Er erzählte ihnen, dass er so große Stücke auf sie halte, dass er sogar das Konzil nach Konstanz gelegt habe, und dass er die Stadt Konstanz allen anderen Städten im Reich vorgezogen habe. Auch habe er dafür gesorgt, dass das Konzil so lange in Konstanz geblieben sei, und zwar gegen den Willen etlicher Herren und Städte. Damit habe er den Konstanzern einen solchen Namen verschafft, dass sie in aller Welt bekannt seien. Als er merkte, dass sie durch seine Worte ihm schon geneigt waren, fing er an, die Konstanzer zu rühmen, vor allem das gemeine Volk und die armen Leute, wie freundlich sie sich während des Konzils verhalten hätten und um des Friedens willen so viel ertragen hätten von den Fremden, dass alle Welt davon sprach und sie lobte. Und mit solchen Worten bewirkte er, dass das arme Volk ihn ansah, als ob alle seine Worte wahr wären und einen guten Grund hätten. Dann bat er sie, ihm den Aufschub wegen 127 REC
der Schulden nicht zu versagen, denn er wolle ihnen dafür wertvolle goldene und silberne Pfänder in Konstanz zurücklassen, und sie sollten dies doch freundlich bedenken. Anschließend stellte er sich ein wenig abseits. Da bedachte sich die Gemeinde und gewährte ihm den Aufschub im Tausch gegen die silbernen und goldenen Pfänder und antwortete ihm, sie wollten das gerne tun.

457 29. September.

Als der König nun merkte, dass er sie so hintergangen hatte, stand er abermals auf und redete laut zur ganzen Gemeinde. Er dankte ihnen sehr für ihren guten Willen, dann ließ er einige zu sich hinaufkommen und sprach: Wenn er nun sein Silbergeschirr dalassen und damit seinen Tisch und seine Küche ihrer Gold- und Silbergeräte berauben müsste, wäre das eine große Schande für ihn, und er sei sicher, dass dies auch ihnen allen leid täte. Daher wollte er ihnen stattdessen viele herrliche Seidentücher aus Damast dalassen, auch duftende Tücher aus Samt, gute Teppiche, Leintücher, Wandbehänge, Kissen und Ähnliches, alles mit Gold gewoben und doppelt so viel wert wie das, was er ihnen noch schuldig sei, und sie könnten die Sachen ruhig schätzen lassen, wenn sie wollten. Das akzeptierte die Gemeinde und sie erließen ihm die Silber- und Goldpfänder. Also ließ er die Tücher in Konstanz zurück, und man legte sie in eine Truhe und schloss sie im Kaufhaus ein, wo sie teilweise immer noch liegen und vielleicht nie mehr ausgelöst werden.

Das war das erste Unglück und die erste Unbill, die den Bürgern von Konstanz widerfuhr, aber danach geschah noch mehr.

Der König ließ nämlich daraufhin zwei Bücher anlegen, in die alle Schulden, die noch bei den Bürgern offen waren, eingetragen wurden, der Anteil jedes Einzelnen, und beide Bücher waren gleich, und es stand auch geschrieben, welcher Herr der Schuldner war. Eines dieser Bücher sollte Jungfrau Anna Biedermanin, die Tochter von Hugo Biederman, verwahren, das andere Benz Keller an seiner und anderer Schuldner statt. Und als man alles eintrug, hieß es: „Das betrifft etliche Bürger."

Nachdem dies geschehen war, kaufte der König Gewänder, Harnische, Gewürze und sonstige Dinge von anderen Leuten und verkaufte sie danach an seine Diener für eine große Summe, teurer, als er sie eingekauft hatte. Und er ließ auch diese Dinge anschreiben. Nun steht zu befürchten, dass der Gute für den Bösen bezahlen musste, denn die Pfänder wurden immer noch nicht eingelöst und es kam solche Strafe über die Konstanzer, wie sie danach geschah.

Unser Herr, der König, nahm die Bücher und gab einen besiegelten Brief dazu, beschworen vor Mitschuldnern und Bürgen, von denen man ebenfalls einen Eid forderte. Doch den wollte keiner von ihnen leisten und sie versäumten ihren Eid. So wurden die Konstanzer hinters Licht geführt, denn sie konnten die Tücher und Pfänder nicht verkaufen wegen der goldenen Wappen, die sich auf allen Tüchern befanden, deshalb wollte sie niemand kaufen.

Am heiligen Pfingsttag hielt der Papst das Hochamt. Nach dem Amt 127 VERS
gab er dem Volk den Segen auf dem Oberen Münsterhof mit dem vorgenannten Ablass, und es waren so viele Leute in den Hof gekommen wie nie zuvor. Im Münster, auf dem Unteren Hof und vor dem Münster beim Hofbrunnen befanden sich über 6 000 Menschen, die vor lauter Gedränge nicht mehr auf den Oberen Hof gekommen waren, sodass alle sich wunderten, dass niemand erdrückt wurde.

Am anderen Tag, einem Montag im Mai,[458] zog Papst Martin aus Konstanz fort und ritt nach Gottlieben. Dort saß er ab, bestieg ein Schiff und fuhr nach Schaffhausen. Sein Auszug gestaltete sich folgendermaßen: Als Erstes führte man zwölf Pferde vor ihm her, die mit roten Tüchern bedeckt waren. Nach den Pferden kamen vier rote Kardinalshüte mit langen roten Bändern, die von hiesigen Leuten an Stangen hochgehalten wurden. Dies waren ein Herr Frischhans von Bodman, Herr Hans Conrat von Bodman, Herr Marquart von Schellenberg, ein Ritter, und Herr Caspar von Klingenberg. Danach trug ein Priester in Messgewändern ein goldenes Kreuz. Nach dem Kreuz ritten zwölf Kardinäle, aber noch vor dem Papst, nach den Kardinälen, trug Magister Johannes de Susaco[459], Doktor der Theologie und beider Rechte, abermals ein goldenes Kreuz. Danach wurde direkt vor dem Papst ein weißes Pferd mit einer roten Decke geführt, auf dem das heilige Sakrament stand. Außerdem standen auf dem Pferd viele brennende Kerzen, und man trug auch brennende Kerzen neben ihm her. Danach ritt unser Heiliger Vater, der Papst, ebenfalls auf einem weißen Pferd, das mit einem roten Tuch bedeckt war, und er trug ein edles goldenes Gewand wie ein Bischof, der Messe halten will, und auf seinem Haupt hatte er eine sehr kostbare Inful mit Perlen. Über ihn hielt man einen sehr kostbaren, schönen goldenen Baldachin, den trugen vier Grafen auf Stangen. Der eine von ihnen war Graf Eberhard von Nellenburg, der zweite Graf Wilhelm von Montfort, dann Graf Hans von Tierstein und Graf Berthold Orsini. Die vier gingen zu Fuß und trugen den Baldachin über ihm. Unser Herr, der Römische König, ging ebenfalls zu Fuß neben ihm und führte auf der rechten Seite sein Pferd am Zaum.

458 Pfingstmontag, 16. Mai 1418.

459 Konrad von Soest, ein Konklaveteilnehmer.

Hinter dem König ging Herzog Ludwig von Bayern-Ingolstadt, der hielt die Pferdedecke in der Hand. Auf der linken Seite führte ihn Markgraf Friedrich von Brandenburg am Zaum, und hinter diesem ging Herzog Friedrich von Österreich und hielt ebenfalls die Pferdedecke. Diese vier Fürsten gingen also neben dem Papst zu Fuß von der Pfalz bis
128 REC zu dem Tor, das man das Geltingertor nennt. Gleich hinter dem Papst folgte ein Gewappneter, der trug einen Schirm auf einer Stange, wie er vorher dargestellt wurde. Danach ritten alle Erzbischöfe und Bischöfe, die geistlichen und weltlichen Fürsten mit vielen Bewaffneten. Auch ging alles Volk mit, das damals in Konstanz war. Unter anderem ritten viele Diener des Königs aus Polen mit ihm, Herr Säwisch, Herr Stanczla und viele, viele andere Polen. Die waren alle ganz besonders gekleidet und mit Straußenfedern geschmückt. Und solange der Auszug währte, läutete man alle Glocken. Als der Papst dann das äußere Geltinger Tor erreicht hatte, gleich bei dem Bildstock, saß er ab und zog sein priesterliches Messgewand aus. Dann legte er einen roten Mantel um und setzte einen der vier Hüte auf. Da bestiegen auch der König und die anderen Herren ihre Pferde und gaben ihm noch bis Gottlieben das Geleit. Alle glaubten, er werde dort zu Mittag essen, aber das tat er nicht, sondern bestieg sofort ein Schiff und fuhr weiter nach Schaffhausen, während er seine Pferde und Diener den Rhein entlang ihm nachziehen ließ. Vorher gab er noch vom Schiff aus dem Volk den Segen. Danach ritten der König und das übrige Volk wieder zurück nach Konstanz. Dies alles dauerte etwa bis zum späten Mittag. Der Papst aber blieb in dieser Nacht in Schaffhausen.

Am Dienstag nach Pfingsten[460] verließen der Erzbischof von Gnesen aus dem Königreich Polen und fünf Bischöfe, die unter ihm waren, die Stadt Konstanz sowie alle geistlichen und weltlichen Herren, die aus dem Königreich Polen, aus Litauen und aus Russland nach Konstanz gekommen waren, mit 700 Pferden, acht Wagen und sechs Karren.

Am Sonntag nach Pfingsten[461] zog der Markgraf Friedrich von Brandenburg aus Konstanz fort. Am Donnerstagmittag ritt unser Herr, der König, aus Konstanz fort Richtung Basel, wo er ein Gespräch mit den Botschaftern des Herzogs von Burgund, des Herrn von Savoyen und mit anderen Herren führen wollte.

460 17. Mai 1418.

461 Laut Aulendorfer Ausgabe Donnerstag, 19. Mai 1418, was auch stimmt.

Und alle verhielten sich so vorbildlich bei ihrem Auszug, dass niemandem ein Leid geschah und auch niemand verhaftet werden musste.

Als nun unser Heiliger Vater, der Papst, am Montag nach Schaffhausen kam, blieb er nur über Nacht dort. In der Frühe des anderen Tages, am Dienstag, ritt er weiter und kam nach Baden. Dort blieb er ebenfalls über Nacht. Am Mittwoch kam er nach Lenzburg, wo er auch über Nacht blieb, am Donnerstag nach Zofingen und schließlich am Freitag nach Bern. Dort blieb er bis zum dritten Tag im Juni. Die Berner empfingen ihn und beschenkten ihn reichlich. Sie schenkten
ihm fürs Erste 125 Malter Weizen, 40 Malter Hafer, 8 Fuder burgun- 128 VERS
dischen Wein und Wein aus Riva, denn sie hatten gehört, dass er einige Zeit bei ihnen bleiben wolle, außerdem 8 große Schlachtochsen und 40 Schafe. Und jeden Tag erhielt er für seinen Hof und seine Tafel weiße Semmeln und viele Hühner, zumindest für die Tage, an denen man Hühner essen darf. An Tagen, an denen man kein Fleisch essen darf, schenkten sie ihm Fische. Aber obwohl er so lange da war, hielt er nicht Hof und gab keine Audienzen. Auch arbeiteten die Sekretäre und Auditoren nicht, und er gab nie dem Volk den Segen.

Am Freitag, dem 3. Juni, zog der Papst von Bern nach Freiburg im Uechtland und blieb dort den Samstag und den Sonntag. Am Montag ging er dann weiter nach Genf.

Am Donnerstagmorgen, gleich in der Frühe, ließ der Papst an allen Kirchentüren in Genf Anschläge machen, dass er ab Freitag 14 Tage lang Hof halten, Audienzen geben und alle Gerichte eröffnen werde. Wer also den Hof besuchen wolle, der solle dorthin kommen. Dies dauerte bis Mitte August. Dann brach die Pest aus, und hier und auch in Genf starben die Menschen, sodass der Papst sich von dannen machte und in die Lombardei zog.

Nun komme ich aber auf die Konstanzer zurück. Am Sonntag, den 22. Mai, wurde in allen Kirchen verkündet, dass der Bußkanoniker Graf vom Orden der Augustinereremiten[462] nach dem Imbiss auf dem Oberen Münsterhof predigen wolle. Alle sollten dort hinkommen, dann wolle er dem Volk die großen Freiheiten, Gnaden und Ablässe

462 Rudolf Graf, Konstanzer Augustinereremit, Provinzial der rheinisch-schwäbischen Ordensprovinz und zugleich Großpönitenziar im Konstanzer Bistum. Siehe Kunzelmann 1970, S. 35.

verkündigen, die der Papst den Konstanzern erteilt hatte. Und so geschah es auch, aber es war etwas regnerisch, sodass er die Predigt und die Verkündigung des Ablasses in das Münster verlegte.

Den Fronleichnamstag beging man sehr prächtig mit einer Prozession. Der Erzbischof von Mailand nahm daran teil mit einer goldenen Inful wie ein Papst und unter einem goldenen Baldachin, und zwei Priester trugen ein goldenes Tuch vor ihm her. Doch er gab dem Volk den Segen [schon an der Straße, nicht erst auf dem Oberen Münsterhof,[463]] weil die Leute schon weit gegangen waren und hier stehen bleiben wollten.

Am gleichen Tag, dem Donnerstag, kam ein gefürsteter Graf aus dem Römerland nach Konstanz geritten, der hieß Friedrich von Columpna und war ein Vetter des Papstes. Er zog in das Haus der Felixin und wurde von den Bürgern reichlich beschenkt. Am nächsten Tag zog er weiter nach Genf, seinem Vetter nach.

129 REC Unser Herr, der König, der nach Basel geritten war, änderte bald seinen Sinn und kam am dritten Tag mit kleinem Gefolge nach Konstanz zurück. Er verließ Konstanz aber am Samstag vor dem Fronleichnamstag wieder und reiste nach Straßburg, Colmar, Schlettstadt und in das Elsass, um die Städte des Reiches zu besuchen. Dort blieb er einige Tage, dann ritt er nach Ulm, wo er sich etwa sechs Wochen aufhielt. Aber in Ulm waren Brot, Wein, Fleisch, Stroh, Heu, Hafer und alle anderen Dinge so teuer, dass man für das, was in Konstanz zu der Zeit, als das Konzil auf dem Höhepunkt war, einen Pfennig gekostet hatte, in Ulm zwei Pfennige bezahlen musste. Deshalb ließ der König mit den Ulmern genau abrechnen wegen allem, was seine Diener verzehrt hatten, und er bat sie, sie sollten alles auf ihn schreiben, er werde sie in kurzer Frist ehrlich bezahlen und wolle dies ganz gewiss tun. Doch sie antworteten gleich, das könnten und wollten sie nicht tun, und wenn jemand abreisen wolle, müsse er vorher bezahlen oder ein Pfand dalassen. Da musste unser Herr, der König, Gut aufbringen, so viel er konnte. Dennoch mussten viele dableiben und konnten nicht abreisen, außer sie verkauften ihre Pferde, Hengste und Harnische.

463 In der Konstanzer Ausgabe fehlt der Halbsatz „an der Straße, nicht auf dem Oberen Hof". Dieser wurde aus der Aulendorfer Chronik ergänzt, weil der Satz sonst keinen Sinn ergibt. Siehe Buck 2011, S. 135.

Dann ritt unser Herr, der König, nach Öttingen und sagte, er wolle sich dort verweilen und jagen. Aber er ritt dann doch gleich nach Regensburg weiter und blieb nur über Nacht. Dann bestieg er ein Schiff auf der Donau und ließ seine Pferde und Knechte zu Fuß die Donau hinabziehen. So kam er bis Passau und blieb dort einige Zeit. Der Kardinal Pisanus ritt mit ihm. Dort verhandelte er mit den Hussiten, die er dorthin berief und denen er freies Geleit gab. Von den Hussiten kamen Herr Friedrich Schencko von Wartemberg, Herr Peter von Strassnitz, Herr Schmerliko, Herr Woschga von Kolabrat und viele andere Hussiten. Aber es kam nichts dabei heraus. Da zog der König nach Böhmen und Mähren, danach ins Wendenland, dann nach Pressburg und wieder zurück Richtung Breslau. Im Sommer belagerte er dann Prag mit der vornehmsten Ritterschaft, die man in allen Landen finden kann. Doch da rieten ihm die Böhmen, die in ihrem Herzen Hussiten waren, die Stadt nicht zu verwüsten, denn dann würden sie sich überlegen, mit ihm innerhalb von zwei Monaten zu einer Einigung zu kommen. Dies taten sie jedoch nur, damit das fremde Volk das Böhmerland verließ, aber es war alles gelogen, wie man noch heutzutage sehen kann.

Mitte April brach dann eine große Pestilenz in Konstanz aus. Aber in diesem Monat war sie noch nicht so schlimm, denn pro Woche gab
es nur etwa drei Leichen. Im Mai hingegen wurde sie viel schlim- 129 VERS
mer. Und von der Zeit, als der Papst wegzog, wie es vorher beschrieben wurde, bis zum September, da wurde es so schlimm, dass jeden Tag zehn Menschen starben und über 600 Bürger mit Frau und Kind aus der Stadt zogen. Auch starben viele Ritter und Knechte aus allen Ländern, die in Konstanz geblieben waren und sich noch in der Stadt aufhielten. Und die Pest währte bis Oktober, dann nahm sie ab und hörte schließlich auf.

In diesem Jahr gab es viel Wein und Korn und auch genug andere Früchte. Der Herbst war trocken und das Wetter gut. Und die Löhne waren sehr hoch, sodass man im Herbst einem Weinleser 10 Pfennige geben musste, und dennoch fand man nicht viele.

Es ist auch ein verbreitetes Gerücht, dass in Konstanz während des Konzils viele Leute hingerichtet worden seien, aber das ist nicht wahr, denn es kamen in der ganzen Zeit nicht mehr als 17 Menschen um, und davon haben sich zwei selbst umgebracht.[464] Und wenn etwa der Kaiser einen seiner Leute gefangen zu den Stadträten schickte, damit man ihn hängte, dann fragte man ihn, was er getan hatte. Und wenn man fand, dass er den Tod verdient hatte, dann tat man ihm, wie es rechtens war. Ging es aber nur um Kleinigkeiten wie einen Sattel oder einen Zaum oder wenn jemand ihn aus Feindschaft angezeigt hatte, so schickte man ihn übers Gebirge und berichtete dem Kaiser, er sei heimlich ertränkt worden. Auf diese Weise kamen viele von ihnen davon.

* * *

Hier endet der historisch-chronologische Teil der Konstanzer Handschrift. Im zweiten Teil finden sich auf Fol. 130 recto bis Fol. 150 recto Listen der Konzilsteilnehmer mit ihren jeweiligen Wappen. Die aufgeführten Personen sind teils real, teils der Phantasie des Chronisten entsprungen. Wir werden hier nicht näher darauf eingehen.[465]

464 Widerspruch zu Fol. 80 verso.

465 Für eine genaue Aufstellung siehe Feger 1964, Bd. 2, S. 263–277.

Stadtplan von Konstanz zur Zeit des Konzils (nach Feger).

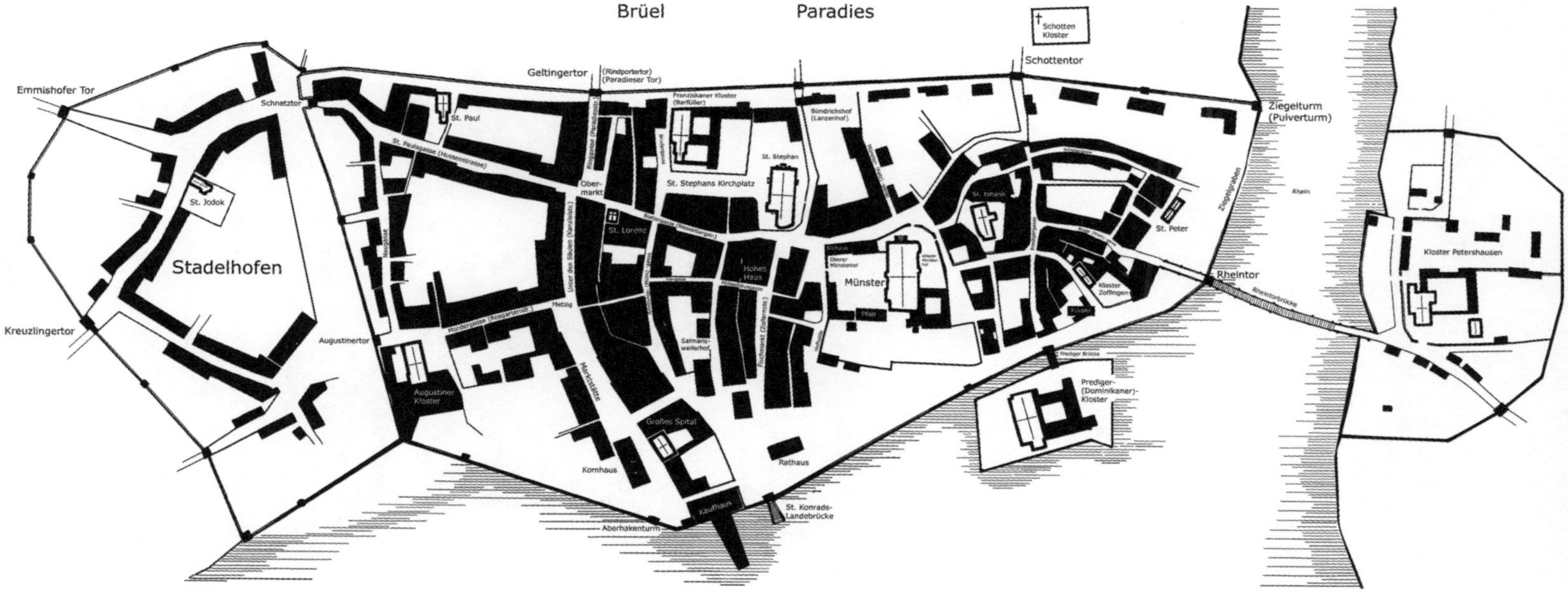

Zeittafel zur Geschichte des Konstanzer Konzils

Die Daten entsprechen nicht in jedem Fall den Angaben im Text der Konstanzer Ausgabe der Richentalchronik

1413	
9. Dezember	Einberufungsbulle zum Konzil von Konstanz aus Lodi.

1414	
1. Oktober	Papst Johannes XXIII. bricht von Bologna nach Konstanz auf.
27. Oktober	Ankunft von Johannes XXIII. im Kloster Kreuzlingen.
28. Oktober	Sein Einzug in Konstanz.
3. November	Jan Hus kommt in Konstanz an.
5. November	Feierlicher Eröffnungsgottesdienst des Konzils.
10. November	Die Nachricht von der Rückeroberung Roms durch päpstliche Truppen erreicht Konstanz.
16. November	Erste feierliche Generalversammlung („Sessio solemnis“, im Folgenden kurz „Session“.) des Konzils.
28. November	Jan Hus wird verhaftet und kurz darauf im Dominikanerkloster inhaftiert.
4. Dezember	Ankunft der Delegation des Deutschen Ordens.
24./25. Dezember	Ankunft von König Sigismund.

1415	
1. Januar	Feierliches Hochamt des Papstes.
21. Januar	Ankunft der englischen Delegation.
29. Januar	Ankunft der polnischen Delegation.

1. Februar	Heiligsprechung der Brigitta von Schweden.
14. Februar	Der Erzbischof von Mainz erklärt, keinen anderen Papst anzuerkennen als Johannes XXIII.
1. März	Verkündigung des Abdankungsversprechens von Johannes XXIII.
2. März	2. Session und feierliches Abdankungsversprechen durch Johannes XXIII.
5. März	Ankunft der französischen Gesandtschaft.
10. März	Der Papst verleiht Sigismund die goldene Rose.
20./21. März	Flucht des Papstes in Begleitung von Friedrich IV. von Österreich.
24. März	Jan Hus wird nach Gottlieben verbracht.
26. März	3. Session. U. a. Beschluss der Nichtauflösung des Konzils.
30. März	4. Session. U. a. Strafandrohungen gegen den Papst und Beschluss, dass der Papst die Kurie nicht verlegen darf. Über Friedrich IV. von Österreich wird die Reichsacht verhängt.
4. April	Ankunft von Hieronymus von Prag, der aber kurz danach wieder abreist.
6. April	5. Session. Verabschiedung des Dekrets „Haec Sancta“, in dem die Oberhoheit des Konzils über den Papst festgeschrieben wird.
17. April	6. Session. Die Abdankungsformel für Johannes XXIII. wird festgelegt.
2. Mai	7. Session. Vorladung von Johannes XXIII.
4. Mai	8. Session. Verurteilung der Thesen Wyclifs.
5. Mai	Unterwerfung Friedrichs IV. von Österreich in Konstanz.
13. Mai	9. Session. Prozess gegen Johannes XXIII. ohne dessen Anwesenheit.
14. Mai	10. Session. Fortführung des Prozesses.
17. Mai	Johannes XXIII. wird in Radolfzell inhaftiert.

23. Mai	Nach seiner Gefangennahme wird Hieronymus von Prag nach Konstanz gebracht.
25. Mai	11. Session. Verhandlungen über die Absetzung von Johannes XXIII.
29. Mai	12. Session. Absetzung von Johannes XXIII.
3. Juni	Baldassare Cossa (der abgesetzte Johannes XXIII.) wird nach Gottlieben gebracht.
3./5. Juni	Jan Hus wird ins Franziskanerkloster nach Konstanz verbracht und am 5., 7. und 8. Juni dort verhört.
15. Juni	13. Session. Verbot des Laienkelches. Ankunft von Carlo Malatesta.
4. Juli	14. Session. Abdankung Papst Gregors XII.
6. Juli	15. Session. Verurteilung von Jan Hus.
11. Juli	16. Session. Diskussion über die bevorstehende Reise Sigismunds nach Spanien.
15. Juli	17. Session. Modalitäten der Abreise Sigismunds.
18./19. Juli	Abreise Sigismunds nach Spanien.
19. Juli	Verhör von Hieronymus von Prag.
17. August	18. Session. Fragen der Geschäftsordnung (u. a. Gerichtsverfahren, Konzilssiegel).
23. September	19. Session. Widerruf durch Hieronymus von Prag.
(10.) 16. Oktober	Tod von Kardinal Landolfo Maramaldo, genannt Landolfus von Bari.
21. November	20. Session. Verhandlungen über den Rechtsstreit zwischen Friedrich IV. von Österreich und dem Bischof von Trient.
29. Dezember	Die Nachricht über den Abschluss des Vertrages von Narbonne (13. Dezember) erreicht Konstanz. Kastilien, Aragon und Navarra entziehen Benedikt XIII. ihre Anerkennung.

1416

30. Januar	Eine aus Spanien zurückgekehrte Konzilsdelegation berichtet von den Verhandlungen in Narbonne.
13. Februar	Klage Polens und Litauens gegen den Deutschen Orden.
20./30. März	Flucht Friedrichs IV. von Österreich aus Konstanz.
27. April	Weitere Anklagen gegen Hieronymus von Prag.
26. Mai	Hieronymus nimmt seinen Widerruf zurück.
30. Mai	21. Session. Hieronymus von Prag wird zum Tode verurteilt.
1. Juni	Ankunft der Gesandten Portugals.
4. September	Das Konzil geht mit Bannflüchen gegen Herzog Friedrich IV. von Österreich vor.
5. September	Ankunft der Delegation Aragons.
15. Oktober	22. Session. Bildung der spanischen „Nation", noch ohne Portugal und Kastilien, nur mit Aragon.
5. November	23. Session. Vorbereitung des Prozesses gegen Benedikt XIII.
28. November	24. Session. Anklagepunkte gegen Benedikt XIII.
14. Dezember	25. Session. Beitritt der Gesandtschaft aus Foix zur spanischen „Nation".
24. Dezember	26. Session. Beitritt der Gesandtschaft aus Navarra zur spanischen „Nation".

1417

27. Januar	Rückkehr Sigismunds.
20. Februar	27. Session. Diskussionen über Benedikt XIII.
3. März	28. Session. Rechtsstreit zwischen Friedrich IV. von Österreich und dem Bischof von Trient. Rangstreit zwischen der französischen und englischen „Nation".
8. März	29. Session. Neuerliche Zitierung Benedikts XIII. vor das Konzil.

10. März	30. Session. Bericht der Delegation, die zu Benedikt XIII. nach Peniscula gereist war.
29./30. März	Ankunft der Delegation Kastiliens.
31. März	31. Session. Allgemeine Angelegenheiten des Konzils.
1. April	32. Session. Formaler Beginn des Prozesses gegen Benedikt XIII.
3. April	Sigismund hält sich in Radolfzell auf (bis 13. April).
18. April	Feierliche Belehnung des Markgrafen Friedrich VI. von Nürnberg mit der Mark Brandenburg.
12. Mai	33. Session. Weiterführung des Prozesses gegen Benedikt XIII.
5. Juni	34. Session. Beratungen über das anstehende Urteil über Benedikt XIII.
18. Juni	35. Session. Beitritt der kastilischen Delegation zur spanischen „Nation“.
22. Juli	36. Session. Abermalige Zitierung Benedikts XIII. vor das Konzil.
26. Juli	37. Session. Absetzung Benedikts XIII.
28. Juli	38. Session. Streit über das Stimmrecht innerhalb der spanischen „Nation“ zwischen Aragon und Kastilien.
4. September	Tod von Robert Hallum, Bischof von Salisbury.
9. September	Abreise von Teilen der kastilischen Delegation (Rückkehr am 22. September).
26. September	Tod von Kardinal Francesco Zabarella.
9. Oktober	39. Session. Verabschiedung des Dekretes „Frequens“.
19./20. Oktober	Mordanschlag von Herzog Heinrich XVI. von Bayern-Landshut auf seinen Vetter Herzog Ludwig VII. von Bayern-Ingolstadt.
30. Oktober	40. Session. Entscheidung über den Papstwahlmodus.

8. November	41. Session. Vorbereitung auf das Konklave, anschließend Einzug ins Kaufhaus am See.
11. November	Oddo Colonna wird zu Papst Martin V. gewählt.
12. November	Martin V. wird zum Diakon geweiht.
13. November	Martin V. wird zum Priester geweiht.
14. November	Martin V. wird zum Bischof geweiht.
21. November	Salbung und Krönung Martins V.
7. Dezember	Ermordung des Propstes von Luzern.
28. Dezember	42. Session. Diskussion über die Freilassung von Baldassare Cossa.

1418

24. Januar	Sigismund wird als römisch-deutscher König vom Papst bestätigt.
18./19. Februar	Einzug der griechisch-orthodoxen Delegation aus Ruthenien (Ukraine, Weißrussland).
22. Februar	Martin V. bestätigt alle Verurteilungen der Lehre von Wyclif, Hus und Hieronymus von Prag.
6. März	Der Papst verleiht Sigismund die goldene Rose.
21. März	43. Session. Verabschiedung von sieben Dekreten bezüglich der Reform des Klerus.
23. März	Konkordate mit verschiedenen „Nationen“.
19. April	44. Session. Das nächste Konzil wird nach Pavia einberufen.
22. April	45. Session. Beendigung des Konzils.
25. April	Vertrag zwischen Sigismund und Friedrich IV. von Österreich.
16. Mai	Abreise von Papst Martin V.
21. Mai	Abreise von König Sigismund.

Jürgen Klöckler

Die Konstanzer Handschrift der Konzilschronik des Ulrich Richental

Eine kommentierte Überlieferungsgeschichte

Item zu Konstanz am Bodensee, notierte der Hallenser Pilger Hans von Waltheym[1] im Jahr 1474, *hat der statschriber eyn buch, das ist gemolt*[2]. Dieser Notiz verdanken wir den Nachweis, dass sich die Konstanzer Abschrift der Konzilschronik des Ulrich Richental bereits seit dem letzten Viertel des 15. Jahrhunderts beim Stadtschreiber in der Kanzlei befand. Erst später wurde die Handschrift im neugeschaffenen Stadtarchiv unter dem nebenamtlich tätigen Archivar Johann Marmor verwahrt, schließlich wurde sie im Oktober 1874 ins neugegründete Städtische Rosgartenmuseum unter der stadträtlichen Auflage überführt, die Chronik „unter besonderem Verschluße" zu halten.[3] Dort wird die spätmittelalterliche Bilderchronik bis heute unter der Signatur Hs 1 aufbewahrt und im Zunftsaal einem interessierten Publikum präsentiert. Über Jahrhunderte befand sich die Abschrift der Chronik kontinuierlich an ihrem Entstehungsort Konstanz. In

1 Zur Biographie vgl.: Werner Paravicini: Hans von Waltheym, pèlerin et voyageur, in: Provence Historique 61 (1991) S. 433–464.
Beim dem vorliegenden Text handelt es sich um den leicht ergänzten Kommentar zur neuesten Faksimile-Ausgabe: Ulrich Richental: Chronik des Konzils zu Konstanz 1414–1418. Faksimile der Konstanzer Handschrift mit einem kommentierten Beiheft von Jürgen Klöckler, Darmstadt: Wissenschaftliche Buchgesellschaft bzw. Stuttgart: Theiss 2013.

2 Albert Werminghoff: Das oberbadische Land im Pilgerbuche des Hans von Waltheim aus den Jahre 1474/75, in: Zeitschrift für die Geschichte des Oberrheins 76 (1922) S. 71–83, hier S. 78.

3 Schreiben des Gemeinderats vom 15. Oktober 1874 an den „Herrn Conservator Leiner"; StadtA Konstanz Familienarchiv Leiner A 1.

einer den Lichteinfall reduzierenden Vitrine ausgestellt und von Zeit zu Zeit umgeblättert, fasziniert die reich illustrierte Handschrift in ihrer ikonischen Plastizität[4] seit Generationen zahllose Museumsbesucher. Bei der im Rosgartenmuseum ausgestellten Richental'schen Konzilschronik handelt es sich im Kern um ein reichsstädtisches Produkt mit repräsentativem Charakter, das Mitte des 15. Jahrhunderts geschaffen wurde, um den Nachruhm der Stadtgesellschaft zu mehren.[5]

Wir sollten nicht vergessen, dass es die zwischen 1414 und 1418 tagende Kirchenversammlung war, welche die oberdeutsche Reichsstadt Konstanz für einige Jahre in den Blickpunkt der damaligen Weltöffentlichkeit und den Brennpunkt des Weltgeschehens rückte. Kirchengeschichtlich betrachtet war es das sechzehnte ökumenische Konzil, in langer Reihe aufgeführt zwischen dem Ersten Nizänum (325) bis zum Zweiten Vatikanum (1962/65)[6]. In Konstanz trat letztmalig und glänzend wie niemals zuvor die mittelalterliche Christenheit auf dem bis dato bestbesuchten und am längsten andauernden Konzil in Erscheinung.[7] Unzweifelhaft stand Konstanz, damals eine Stadt mit rund 8000 Einwohnern, ab 1414 im Mittelpunkt des *Orbis christianus* – ein Vermächtnis, von dem die Stadt bis zum heutigen Tag zehrt. Der Name des Tagungsorts hatte an der Schwelle vom Spätmittelalter zur Frühen Neuzeit international an Bedeutung gewonnen. Die Konstanzer Abschrift der Richental-Chronik sollte mithelfen, auch in fernster Zukunft den Klang des Städtenamens nicht verstummen zu lassen, vielleicht hatte die Handschrift mit Blick auf zukünftige Konzilien auch eine Werbefunktion inne. Jedenfalls wurde die Stadt und ihre Geschichte während des Konzils durch die stadthistoriographische Inten-

4 Johannes Helmrath/Heribert Müller: Zur Einführung, in: Die Konzilien von Pisa (1409), Konstanz (1414–1418) und Basel (1431–1449). Institution und Personen. Hg. von Johannes Helmrath und Heribert Müller (Vorträge und Forschungen, LXVII) Ostfildern: Thorbecke 2007, S. 9–29, hier S. 16.

5 Für die kritische Durchsicht des gesamten Textes danke ich Herrn Prof. Dr. Thomas Martin Buck/Freiburg recht herzlich.

6 Hermann Josef Sieben: Konzil, in: Lexikon für Theologie und Kirche (Dritte, völlig neu bearbeitet Auflage. Hg. von Walter Kasper) Band 6, Freiburg: Herder 1997, Sp. 345–348, hier Sp. 348.

7 Walter Brandmüller: Das Konzil von Konstanz 1414–1418. Band II: Bis zum Konzilsende, Paderborn: Schöningh 1997, S. 433.

tion der unbetitelten Chronik „in einmaliger Weise erhöht“[8]. Die als Städtelob zu charakterisierende Handschrift kann als integraler Bestandteil einer kollektiven, nachkonziliaren Geschichts- und Gedächtniskultur interpretiert werden.[9]

Zur wissenschaftlichen Neuedition des Chronik-Textes und deren Übertragung ins Neuhochdeutsche

Der wegen Überlieferung divergierender Abschriften historisch-philologisch nicht unproblematisch zu fassende Textkorpus der Chronik liegt seit Dezember 2010 in Form einer von dem Freiburger Mediävisten Thomas Martin Buck herausgegebenen, kritischen Leseausgabe vor, die als 41. Band in der vom Stadtarchiv Konstanz herausgegebenen Reihe der „Konstanzer Geschichts- und Rechtsquellen“ beim Verlag Jan Thorbecke erschienen ist.[10] Vorstehend ist nun eine von Monika Küble und Henry Gerlach erarbeitet Übertragung des Chroniktextes ins Neuhochdeutsche abgedruckt. Dadurch wird es einem breiteren Publikum möglich, sich inhaltlich mit der Konstanzer Handschrift der Konzilschronik des Ulrich Richental zu beschäftigen.

Bis dato griff die Wissenschaft auf eine Edition aus dem Jahr 1882[11] zurück. Erstmals wurde nun wieder der Schwerpunkt des Interesses

8 Stefan Weinfurter: Zum Gestaltungsprinzip der Chronik des Ulrich Richental, in: Freiburger Diözesan-Archiv 94 (1974) S. 517–531, hier S. 526.

9 Thomas Martin Buck: Zur Überlieferung der Konstanzer Konzilschronik Ulrich Richentals, in: Deutsches Archiv für Erforschung des Mittelalters 66 (2010) S. 93–108, hier S. 108.

10 Chronik des Konstanzer Konzils 1414–1418 von Ulrich Richental. Eingeleitet und herausgegeben von Thomas Martin Buck (Konstanzer Geschichts- und Rechtsquellen, XLI) Ostfildern: Thorbecke 2010 (3. Auflage 2013).

11 Ulrichs von Richental Chronik des Constanzer Concils 1414 bis 1418. Hg. von Michael Richard Buck (Bibliothek des Litterarischen Vereins in Stuttgart, CLVIII) Tübingen: Laupp 1882.
Zur Biographie des Editors vgl.: Walter Bleicher: Dr. Michel Buck. Eine Biographie, Ertingen: Metzger 1982.
Zur Editionsgeschichte vgl. Thomas Martin Buck: Zur Geschichte der Richental-Edition, in: Zeitschrift für Württembergische Landesgeschichte 59 (2000) S. 433–448, bes. S. 440.

auf den Inhalt unter Verzicht auf Reproduktion der aussagekräftigen Abbildungen gelegt. Insofern ist das chronikalische, deutschsprachige Werk zur Geschichte des Konstanzer Konzils[12] mit Blick auf das 600-jährige Jubiläum, das die Stadt Konstanz in einem fünfjährigen Gedenk- und Festzyklus in den Jahren von 2014 bis 2018 zu begehen sich bereitgefunden hat,[13] rechtzeitig für eine wissenschaftlich interessierte Leserschaft ediert und – zurückhaltend kommentiert und nunmehr bereits in zweiter Auflage um einen Stadtplan von Konstanz bereichert – problemlos greifbar. Ein breiteres Publikum wird freilich auf die hier vorliegende Übertragung ins Neuhochdeutsche zurückgreifen.

Das oberste Prinzip der Buck'schen Edition war der Versuch, den mittelhochdeutschen, letztlich „offenen" Text[14] der heutigen Leser-

12 Zur Geschichte des Konzils in chronologischer Reihenfolge des Erscheinens vgl. Carl Joseph von Hefele: Conciliengeschichte. Nach den Quellen bearbeitet. Band 7: Die Reformations und Unions-Synoden des 15. Jahrhunderts, Freiburg: Herder 1874; Das Konzil von Konstanz. Beiträge zu seiner Geschichte und Theologie. Hg. von August Franzen und Wolfgang Müller, Freiburg: Herder 1964; Die Welt zur Zeit des Konstanzer Konzils. Reichenau-Vorträge im Herbst 1964 (VuF, IX) Konstanz: Thorbecke 1965; Remigius Bäumer (Hg.): Das Konstanzer Konzil (Wege der Forschung, CCCCXV) Darmstadt: Wissenschaftliche Buchgesellschaft 1977; Ansgar Frenken: Konstanzer Konzil, in: Lexikon für Theologie und Kirche (Dritte, völlig neu bearbeitete Auflage. Hg. von Walter Kasper) Band 6, Freiburg: Herder 1997, Sp. 319 ff.; Walter Brandmüller: Das Konzil von Konstanz 1414–1418. Bd. I: Bis zur Abreise Sigismunds nach Narbonne. 2. überarbeitete und erweiterte Auflage, Paderborn: Schöningh 1999 bzw. Band II: Bis zum Konzilsende, Paderborn: Schöningh 1997; Die Konzilien von Pisa (1409), Konstanz (1414–1418) und Basel (1431–1449). Institutionen und Personen. Hg. von Heribert Müller und Johannes Helmrath (VuF, LXVII) Ostfildern: Thorbecke 2007; Jan Keupp/Jörg Schwarz: Konstanz 1414–1418. Eine Stadt und ihr Konzil, Darmstadt: Primus 2013; Thomas Martin Buck/Herbert Kraume: Das Konstanzer Konzil (1414–1418. Kirchenpolitik – Weltgeschehen – Alltagsleben, Ostfildern: Thorbecke 2013 und im Erscheinen: Das Konstanzer Konzil als europäisches Ereignis. Hg. von Gabriela Signori und Birgit Studt (VuF).

13 Zu den geplanten Aktivitäten vgl.: http://www.konstanzer-konzil.de (Zugriff: Februar 2014).

14 Von einem „offenen" Text – wenngleich nicht im Hinblick auf Richental – sprach erstmals Jürgen Kühnel: Der „offene" Text. Beitrag zur Überlieferungsgeschichte volkssprachlicher Texte des Mittelalters (Kurzfassung), in: Akten des V. Internationalen Germanisten-Kongresses Cambridge 1975 (Heft 2) Hg. von Leonard Forster und Hans-Gert Roloff (Jahrbuch für Internationale Germanistik, Reihe A: Kongreßberichte, Bd. 2) Frankfurt: Lang 1976, S. 311–321, hier S. 314.

schaft so zugänglich und gesichert wie irgend möglich zu übergeben – auch mittels eines beigefügten Glossars, aber ohne vollständigen Nachweis aller überlieferten Varianten des Textes. Da die erhaltenen Versionen der Chronik divergieren, ist es nicht möglich, sie im Sinne einer klassischen, somit letztlich nach den Prinzipien des Berliner Altphilologen und Mediävisten Karl Lachmann (1793–1851) ausgerichteten Edition ineinander zu arbeiten.

Ziel der wissenschaftlichen Edition wie der Übertragung ins Neuhochdeutsche konnte nicht die Korrektur von Ungenauigkeiten oder Irrtümern des Chronisten im Anmerkungsapparat sein; wir dürfen mit Sicherheit bei Richental kein Geschichtsverständnis im modernen Sinne voraussetzen, hat er doch in der Tradition mittelalterlicher Historiographie zwischen *res factae* und *res fictae* nicht immer genau zu unterscheiden gewusst,[15] was ihm bisweilen den Vorwurf der Unzuverlässigkeit („Gassentratsch")[16], gar eines „ziemlich beschränkten geistigen Niveau[s]"[17] sozusagen aus „Froschperspektive"[18] eintrug.

Zur kirchengeschichtlichen Bedeutung des Konzils

Das Überschreiten der damals nicht streng gezogenen Grenze von Realität zu Fiktion bei Richental tut der Edition gleichwohl keinen Abbruch, hat doch die in den letzten Jahrzehnten publizierte mediävistische wie kirchengeschichtliche Forschungsliteratur Verlauf, Strukturen und die drei Hauptaufgaben (*causa unionis, causa fidei* und *causa reformationis*) des Konstanzer Konzils im Rahmen der kirchli-

15 Thomas Martin Buck: Fiktion und Realität. Zu den Textinserten der Richental-Chronik, in: Zeitschrift für die Geschichte des Oberrheins 149 (2001) S. 61–96, besonders S. 64.

16 Ulrich Richental: Das Konzil zu Konstanz. Kommentar und Text bearbeitet von Otto Feger, Konstanz: Thorbecke 1964 bzw. Starnberg: Keller 1964, S. 21. Das Argument einschließlich der kritischen Betrachtung zum Quellenwert wird übernommen von Michael Holzmann: Die Konzilchronik des Ulrich Richental. Überlegungen zu den verschiedenen Handschriften, in: Schrr VG Bodensee 101 (1983) S. 73–82, hier S. 75.

17 Otto Feger: Das Konstanzer Konzil und die Stadt Konstanz, in: Das Konzil von Konstanz. Beiträge zu seiner Geschichte und Theologie. Hg. von August Franzen und Wolfgang Müller, Freiburg: Herder 1964, S. 310–333, hier S. 320.

18 Ebd.

chen Krise des Spätmittelalters[19] hinreichend beantwortet.[20] Bis heute gilt die am Bodensee tagende universale Kirchenversammlung, die zwecks Überwindung des sich in Päpsten römischer, avignonesischer und Pisaner Anhängerschaften (Obödienzen) manifestierenden Schismas (Gregor XII., Benedikt XIII. und Johannes XXIII.) einberufen wurde, als eine der „problemreichsten und zugleich umstrittensten der Kirchengeschichte"[21], die in den letzten Jahrzehnten in zahlreichen, mit viel oder aber auch gänzlich ohne römisch-theologische Tinte geschriebenen Publikationen ihre Darstellung fand.

Unmittelbar nach der Flucht des zuerst in Konstanz der Kirchenversammlung vorsitzenden Papstes Johannes XXIII. im März 1415 sprach sich das nun „papstlose" [22], aber eben nicht formal beendete Konzil selbst die oberste Gewalt in der Kirche zu, mit dem Ziel der „Beseitigung des gegenwärtigen Schismas sowie für die Einheit und Reform

19 Vgl. dazu in Auswahl in chronologischer Reihenfolge des Erscheinens: Remigius Bäumer (Hg.): Von Konstanz nach Trient. Beiträge zur Geschichte der Kirche von den Reformkonzilien bis zum Tridentinum. Festgabe für August Franzen, Paderborn: Schöningh 1972; Remigius Bäumer (Hg.): Die Entwicklung des Konziliarismus. Werden und Nachwirken der konziliaren Idee, Darmstadt: Wissenschaftliche Buchgesellschaft 1976; Walter Brandmüller: Papst und Konzil im Großen Schisma (1378–1431). Studien und Quellen, Paderborn: Schöningh 1990; Reform von Kirche und Reich zur Zeit der Konzilien von Konstanz (1414–1418) und Basel (1431–1449). Konstanz-Prager Historisches Kolloquium (11.–17. Oktober 1993). Hg. von Ivan Hlaváček und Alexander Patschovsky, Konstanz: UVK 1996; Synodus. Beiträge zur Konzilien- und allgemeinen Kirchengeschichte. Festschrift Walter Brandmüller. Hg. von Remigius Bäumer, Evangelos Chrysos, Johannes Grohe, Erich Meuthen und Karl Schnith, Paderborn: Schöningh 1997; Hartmut Boockmann/Heinrich Dormeier: Konzilien, Kirchen- und Reichsreform (1410–1495) (Gebhardt. Handbuch der deutschen Geschichte. Zehnte, völlig neu bearbeitete Auflage, 8) Stuttgart: Klett-Cotta 2005; Heribert Müller: Die kirchliche Krise des Spätmittelalters. Schisma, Konziliarismus und Konzilien (Enzyklopädie Deutscher Geschichte, 90) München: Oldenbourg 2012.

20 Zur Forschungslage vgl. Ansgar Frenken: Die Erforschung des Konstanzer Konzils (1414–1418) in den letzten 100 Jahren, in: Annuarium Historiae Conciliorum 25 (1993) Heft 1/2.

21 August Franzen: Zur Vorgeschichte des Konstanzer Konzils. Vom Ausbruch des Schismas bis zum Pisanum, in: Das Konzil von Konstanz, 1964, S. 3–35, hier S. 3.

22 Michiel Decaluwé: Das Dekret *Haec sancta* und sein gedanklicher Kontext auf dem Konzil von Konstanz und auf dem Konzil von Basel, in: Annuarium Historiae Conciliorum 41 (2009) S. 313–340, hier S. 320.

der Kirche Gottes an Haupt und Gliedern“[23]. Mit den beiden Dekreten *Haec sancta*[24] und *Frequens*[25] wurde eine (dogmatische oder befristet-situationsbedingte?) Suprematie des Konzils über das Papsttum proklamiert – nach Ansicht des Konzilshistorikers und katholischen Theologen Walter Brandmüller ist freilich das Dekret *Haec sancta*[26] nicht als „Lehrentscheidung, sondern als legislative Notstandsmaßnahme“[27], somit als eine Form von Panikreaktion zu interpretieren. Das Dekret, verabschiedet bei „faktischer Vakanz“[28] auf dem Stuhl Petri, sollte die Kirchenversammlung „in die Lage versetzen, weiter zu arbeiten und das Schisma zu beenden“[29]. Der mit den beiden Konstanzer Dekreten (situationsbezogen?) formulierte Primat des Konzils, dem jedermann zu gehorchen habe (*etiam si papalis existat*)[30], hatte in Form eines möglicherweise als Umsturzversuch der kirchlichen Verfassung zu interpretierenden radikalen Konziliarismus[31] jedenfalls weitreichende Folgen für die katholischen Kirche als Institution. Eine hefti-

23 *„pro exstirpatione praesentis schismatis et unione ac reformatione ecclesiae Dei in capite et in membris fienda“*; vgl. das am 6. April 1415 verabschiedete Dekret *Haec sancta*; Joannes Dominicus Mansi (Ed.): Sacrorum Conciliorum nova et amplissima collectio XXVII, Venetiis 1784/85 (ND Graz 1961 Bd. 27), Sp. 585.

24 Für den Wortlaut vgl. ebd., Sp. 585 f.

25 Für den Wortlaut des am 9. Oktober 1417 verabschiedeten Dekrets vgl. ebd., Sp. 1159–1161.

26 Zur theologischen Auseinandersetzung um das Dekret *Haec sancta* vgl. Frenken, Erforschung, 1993, S. 365–389.

27 Walter Brandmüller: Besitzt das Konstanzer Dekret „Haec Sancta“ dogmatische Verbindlichkeit?, in: Remigius Bäumer (Hg.): Die Entwicklung des Konziliarismus. Werden und Nachwirken der konziliaren Idee (Wege der Forschung, CCLXXIX) Darmstadt: Wissenschaftliche Buchgesellschaft 1976, S. 247–271, hier S. 265 f.

28 Ansgar Frenken: Das Konstanzer Konzil (1414–1418) – *ein concilium generale et universale*? Eine aktuell gestellte Streitfrage auf dem Prüfstand der modernen Konzilienforschung, in: Annuarium Historiae Conciliorum 40 (2008) S. 323–360, hier S. 360.

29 Decaluwé, Dekret, S. 339.

30 Selbst wenn ein Inhaber päpstlicher Würde existieren sollte, so die Übersetzung des umstrittensten Satzteils des Dekrets *Haec sancta* von Walter Brandmüller; Ders. Konzil, Band I, S. 253.

31 Vgl. dazu: Hans Schneider: Der Konziliarismus als Problem der neueren katholischen Theologie. Die Geschichte der Auslegung der Konstanzer Dekrete von Febronius bis zur Gegenwart (Arbeiten zur Kirchengeschichte, 47) Berlin: de Gruyter 1976.

ge Kontroverse um Bedeutung wie Gültigkeit der Konstanzer Dekrete wird in der theologischen wie historischen Forschung bis heute ausgetragen und ist nicht unwesentlich bestimmt vom kirchenpolitischen Standpunkt und dem Kirchenbild[32] der jeweiligen Autoren.

Zur Richental-Chronik

Die Entstehungs-, Überlieferungs- und Rezeptionsgeschichte der Konstanzer Abschrift der Chronik des Ulrich Richental, wohl um 1464/65 angefertigt und mit „prächtige[m] Bildschmuck"[33] versehen, ist komplex. In mediävistischen Fachkreisen gilt ein um 1420 niedergeschriebener, sogenannter „Ur-Richental" als verloren. Mit hoher Wahrscheinlichkeit hat es sich dabei aber gar nicht um eine ausformulierte Handschrift gehandelt, sondern um eine Kompilation von in lateinischer Sprache verfassten Dokumenten und Texten, sozusagen einer Art Quellensammlung, zusammengestellt vom Sohn des vormaligen Konstanzer Stadtschreibers. Aus diesem Quellenkorpus hat Ulrich Richental vermutlich in den unmittelbar folgenden Jahren verschiedene Handschriftenfassungen für unterschiedliche Rezipienten – weltliche wie klerikale – erstellt, bei denen es sich strenggenommen um unterschiedliche, allesamt jedoch ebenfalls verlorengegangene „Urfassungen" der Chronik handeln könnte.

Ein einziges, von der historischen Forschung immer wieder supponiertes „Original" hat vermutlich – das zeichnet sich nach Jahrzehnten historischer Forschung immer mehr ab – niemals existiert. Vielmehr müssen wir wohl von einem „textlichen Nebeneinander verschiedener Chronikfassungen" ausgehen,[34] somit von mehr oder weniger sekundären Fassungen. Dieser „unfeste"[35] oder auch „offene" Text, der in unterschiedlichen verschriftlichten Repräsentationsformen vorlag

32 Frenken, Erforschung, S. 373.

33 Sigrid von Blan[c]kenhagen: Ulrich Richentals Chronik des Konstanzer Konzils, in: Konstanzer Almanach 10 (1964) S. 21–25, hier S. 21.

34 Chronik bearb. von Thomas Martin Buck, ³2013, S. XXIX.

35 Hans Fromm: Die mittelalterliche Handschrift und die Wissenschaften vom Mittelalter, in: Staatsbibliothek Preußischer Kulturbesitz. Mitteilungen VIII (1976) Heft 2, S. 35–62, hier S. 49. Wieder abgedruckt in: Ders.: Arbeiten zur deutschen Literatur des Mittelalters, Tübingen: Niemeyer 1989, S. 349–366, hier S. 361.

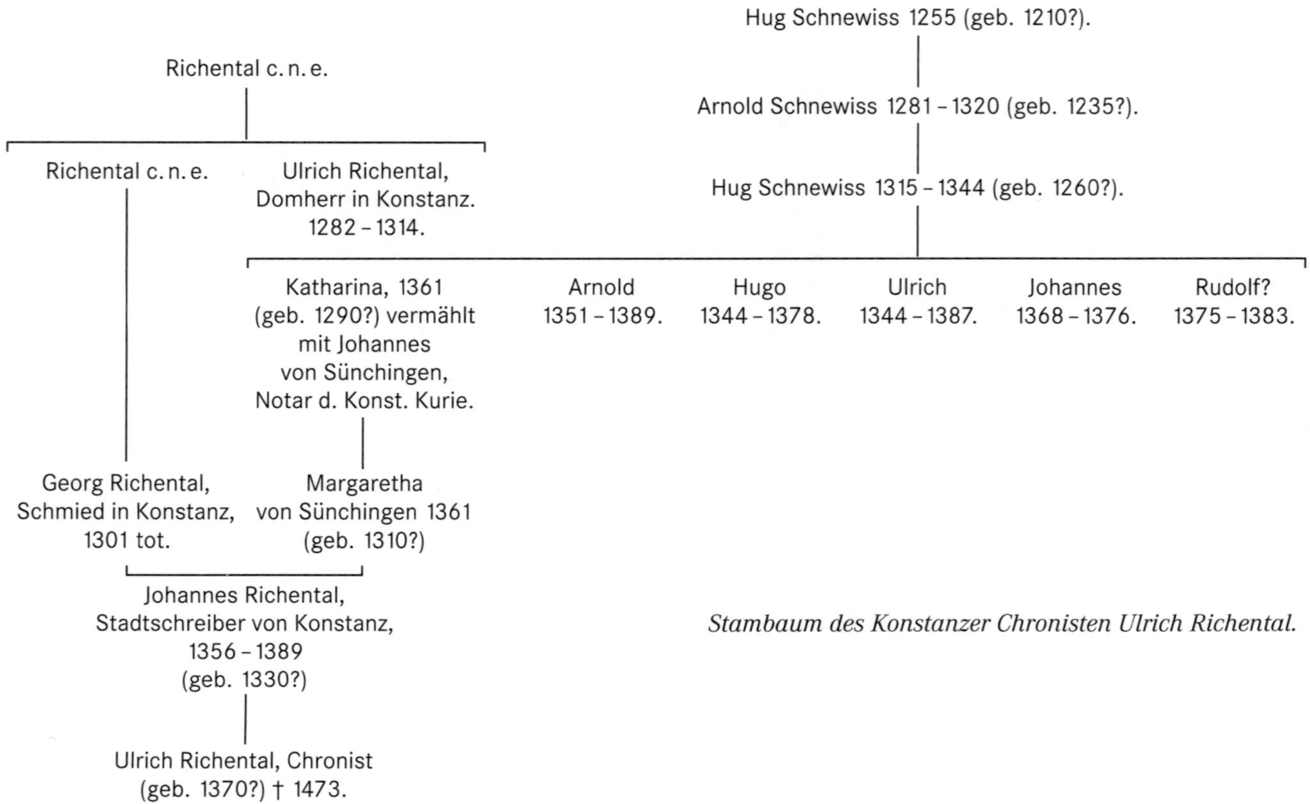

Stambaum des Konstanzer Chronisten Ulrich Richental.

und in seiner Tradierung eben nicht durch ein Autorenbewusstsein konsistent gehalten wurde[36], ging wiederum auf den Sohn des Konstanzer Stadtschreibers zurück. Doch wer war dieser Ulrich Richental? Wenden wir uns zuerst der Familiengeschichte und der Biographie des Verfassers der illustrierten spätmittelalterlichen Chronik zu:

Ulrich Richental

Die Familie des Chronisten stammte aus dem Ort Richental im Kanton Luzern und war – obwohl in zwei Urkunden als *von* Richental bezeichnet – nicht adeliger Herkunft. Nachweislich gehörte sie auch in späteren Jahrzehnten nicht dem Konstanzer Patriziat an.[37] Der Bruder des Urgroßvaters war als Domherr in die Bischofsstadt gelangt und zog Jahre später einen seiner Neffen nach. Dieser Georg Richental, der Großvater des Chronisten, heiratete die Tochter des Juristen und Notars der Konstanzer Kurie, Johannes von Ünchingen. Aus der Ehe des Schmieds mit Katharina (um 1310–1361) entstammte der um 1330 geborene Johannes Richental, der zwischen 1356 und 1389 als Stadtschreiber in Konstanz amtete; dessen Ehefrau wiederum gebar ihm um 1365 einen Sohn namens Ulrich, eben den Chronisten der gleichnamigen Chronik.[38]

Ulrich Richental erhielt wohl eine gediegene Ausbildung, war juristisch geschult und der lateinischen Sprache mächtig. Nachweislich hatte unter der Stadtschreiberschaft seines Vaters die Führung offizieller kommunaler Listen, wie etwa den ab 1376 erhaltenen Ratsbüchern oder auch dem im selben Jahr jeweils begonnenen Bürger-,

36 Ebd.

37 Zur Biographie vgl. [Franz] Herberhold: Ulrich Richental, in: Karl Langosch (Hg.): Die deutsche Literatur des Mittelalters. Verfasserlexikon, Band IV, Berlin: de Gruyter 1953, Sp. 589–595; Dieter Mertens: Ulrich Richental, in: Die deutsche Literatur des Mittelalters. Verfasserlexikon. Hg. von Kurt Ruh zusammen mit Gundolf Keil, Werner Schröder, Burghart Wachinger und Franz Josef Worstbrock, Band 8 unter der Redaktion von Christine Stöllinger-Löser, Berlin: de Gruyter 1992, Sp. 55–60; Konrad Beyerle: Ulrich von Richental, in: Zeitschrift für die Geschichte des Oberrheins 53 (1899) S. 13–27 sowie Thomas [Martin] Buck: Richental, Ulrich, in: Graeme Dunphy (ed.): Encyclopedia of the medieval chronicle, vol. 2, Leiden: Brill 2010, S. 1277.

38 Für den Stammbaum der Familie Richental vgl. Beyerle, Richental, S. 22.

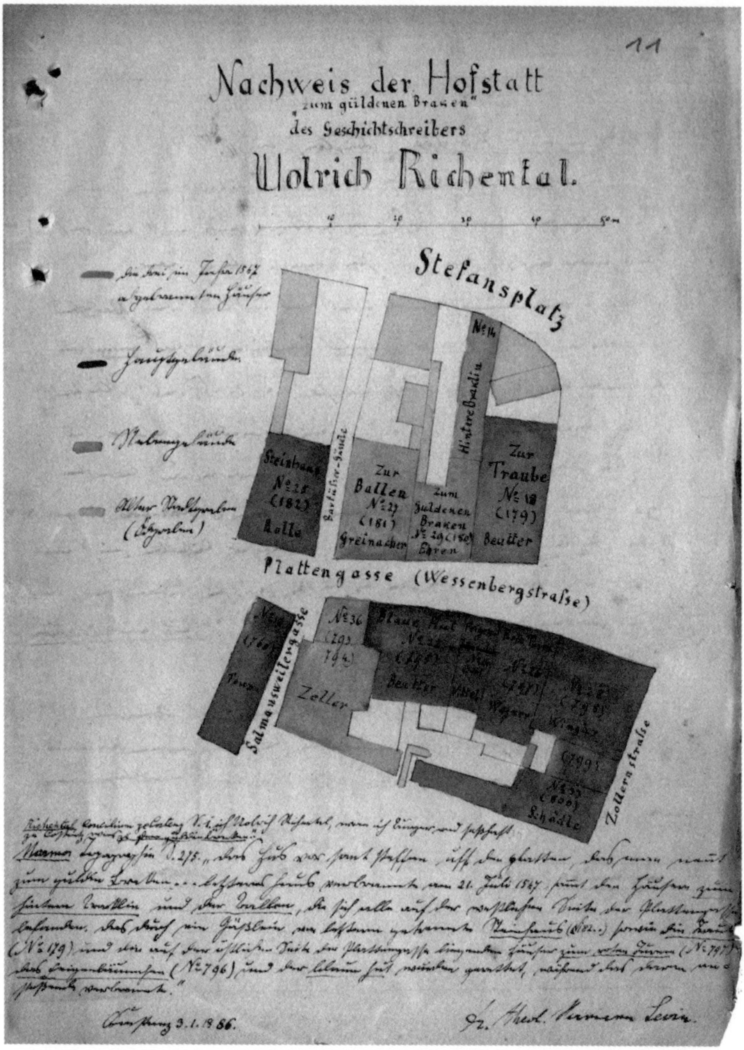

Lageplan des Hauses „zum Goldenen Bracken": Zeichnung von Sevin in Familienarchiv Leiner A4 Nr. 11 (Stadt A Konstanz).

Zunft-, Urteils- und Gemächtebuch, ihren Anfang genommen.[39] Mit Sicherheit kam der Sohn umfänglich mit den Dienstgeschäften des Vaters in Berührung, es liegt fast auf der Hand, dass Ulrich Richental „durch seinen Vater die komplexen Schreibertätigkeiten erlernte“[40], indem er ihn mit der Führung der oben genannten städtischen Bücher vertraut machte. Im jugendlichen Alter schien Ulrich von Richental wohl dazu ausersehen, die geistliche Laufbahn zu ergreifen. Die niederen Weihen hat er erhalten, was eine theologische Schulung voraussetzte. Am 7. Januar 1380 – das große abendländische Schisma in Form zweier Päpste in Rom wie in Avignon war bereits eingetreten – erscheint sein Name unter der Bezeichnung *clericus Constantiensis* auf einem an Papst Clemens VII. in Avignon gerichteten Rotulus, das den Erwerb einer Anwartschaft auf eine Chorherrenpfründe in St. Johann bezweckte.[41] Nach dem Sieg der römischen Obödienz in Konstanz im Jahr 1385 zerplatzten seine Hoffnungen auf Karriere im geistlichen Stand. In der Stadt selbst galt er fraglos als angesehene und respektierte Persönlichkeit. Erstmals im Jahr 1404 wird Richental als *burger ze Costenz* erwähnt. Nahe der Stifts- und Stadtpfarrkirche St. Stephan besaß der ehrbare Bürger ohne Amt und erkennbaren Beruf das vom Vater ererbte Haus „Zum Goldenen Bracken“.[42] Spätestens seit Mai 1410 war er mit Anna Eglin verheiratet; die Ehe blieb kinderlos.

Im Zuge der sozialen Umwälzungen des dritten Zunftaufstandes hatte der Vater seine Stelle als Stadtschreiber zeitweise verloren, wes-

39 Gerhart Burger: Die südwestdeutschen Stadtschreiber im Mittelalter (Beiträge zur schwäbischen Geschichte) Böblingen: Schlecht'sche Buchdruckerei 1960, S. 235.

40 Wilhelm Matthiessen: Ulrich Richentals Chronik des Konstanzer Konzils. Studien zur Behandlung eines universalen Großereignisses durch die bürgerliche Chronistik, in: Annuarium Historiae Conciliorum 17 (1985) S. 71–191 und S. 323–455, hier S. 82.

41 Mertens, Richental, Sp. 55.

42 Das Haus *zum guldin bracken*, auf der westlichen Seite der Plattengasse (heute Wessenbergstrasse 27/29) gelegen, fiel am 21. Juli 1547 zusammen mit den Gebäuden *zum hintern bracklin* und der *ballen* einem Brand zum Opfer; J[ohann] Marmor: Geschichtliche Topographie der Stadt Konstanz und ihrer nächsten Umgebung, mit besonderer Berücksichtigung der Sitten- und Kulturgeschichte derselben, Konstanz: Selbstverlag 1860, S. 275.
Zur Lage des Hauses Zum Goldenen Bracken vgl. den Lageplan bei: Josef Hecht: Forschungen zur schwäbischen Kunst- und Baugeschichte, 1. Heft, Konstanz: Merk 1940, S. 63.

halb der Sohn schlussendlich kein öffentliches Amt im Rechnungswesen oder der Kanzlei bekleiden konnte. Der Nachkomme eines höheren städtischen Beamten konnte folglich die Kontinuität des sozialen Aufstiegs in Form eines herausgehobenen öffentlichen Amtes genau so wenig wahren wie der Familie der ersehnte Nachrücken in das städtische Patriziat gelang. Vielmehr wirkte Ulrich Richental als zwar gutsituierter, aber eben nicht als extrem wohlhabender „Kaufmann" in der Stadt; in den städtischen Urkunden sind im Wesentlichen Transaktionen von Liegenschaften verbürgt[43]. Nach der Steuerliste des Jahre 1418 zählte Richental mit 2400 Pfund Heller liegendem und 1200 Pfund Heller fahrendem Vermögen[44] eben nicht zur Spitzengruppe, so aber doch zur oberen Vermögenskategorie der Konstanzer Bürger[45]. Diese Schicht, die rund zehn Prozent der Bevölkerung ausmachte, verfügte über 50 Prozent des gesamten Vermögens in der Stadt.

Wir können uns seine kaufmännische Tätigkeit vielleicht am besten als eine Mischung von Privat- und Auftragsgeschäften vorstellen, die ihm in späteren Jahren auch die notwendigen zeitlichen Freiräume verschaffte, um sich intensiv der Historiographie widmen zu können.[46] Ausgedehnte Reisen, auch nach Böhmen, ermöglichten zahlreiche persönliche Kontakte, dienten letztlich zumeist geschäftlichen Aktivitäten und sicherten seinen Wohlstand ab, der allein ihm ein Leben als Privatier erlaubte. Folglich schien er prädestiniert, seine unbestrittenen organisatorischen, verwaltungstechnischen wie intellektuellen Fähigkeiten in die Dienste der Stadt wie auch weltlicher und geistlicher Würdenträger zu stellen, die im Vorfeld und im Rahmen der nach Konstanz einberufenen, großen Kirchenversammlung gesucht waren. Von Graf Eberhard von Nellenburg[47], einem Vertrau-

43 Matthiessen, S. 86, dort auch konkrete Vorgänge.

44 Vgl. den Eintrag Nr. 669 „Richental" in: Die Steuerbücher der Stadt Konstanz. Teil I: 1418–1460. Bearbeitet vom Stadtarchiv Konstanz (Konstanzer Geschichts- und Rechtsquellen, IX) Konstanz: Thorbecke 1958, S. 11.

45 Zur Vermögensverteilung zwischen 1418 und 1460 vgl. die Tabelle „Prozentuale Verteilung der Steuerzahler auf einzelne Vermögensgruppen" bei Klaus D. Bechtold: Zunftbürgerschaft und Patriziat. Studien zur Sozialgeschichte der Stadt Konstanz im 14. und 15. Jahrhundert (Konstanzer Geschichts- und Rechtsquellen, XXVI) Sigmaringen: Thorbecke 1981, S. 24.

46 Matthiessen, S. 89.

47 Eberhard von Nellenburg war Landgraf im Hegau und Mitglied der Rittergesellschaft von St. Jörgenschild; zur Familiengeschichte weiterführend: Karl-Heinz

ten König Sigismunds, erhielt Richental als Erster in Konstanz im Dezember 1413 die Nachricht, dass die Stadt anlässlich einer Zusammenkunft des Königs mit Papst Johannes XXIII. in Lodi als Ort einer Kirchenversammlung ausgewählt worden sei[48]. Man möge die Stadt entsprechend bevorraten.

Die päpstliche Einberufungsbulle *Ad pacem et exaltacionem* erging am 9. Dezember 1413.[49] Vom Rat beauftragt, kundschaftete Ulrich Richental zusammen mit zwei päpstlichen Gesandten, wohl Giovanni da Montepulciano und Bartolomeo del Lante da Pisa,[50] im nächsten Frühjahr das unmittelbare Umfeld der Stadt im Thur- wie im Hegau zwecks Verpflegung und Unterbringung der Teilnehmer bzw. deren Gefolges aus. Als das Konzil schließlich Anfang November 1414 erstmals zusammentrat, beherbergte er einen der sechs Bischöfe[51] der Erdiözese Gnesen[52] in seinem Haus.[53]

Der vom Vater ererbte Grundbesitz „an dem Hard", offensichtlich ein am Salzberg Richtung Allmannsdorf nach Südosten in Hanglage ausgerichteter Obstbaum- und Weingarten[54] mit Torkelgebäude[55],

Burmeister: Grafen von Nellenburg, in: NDB, Bd. 19, Berlin: Duncker & Humblot 1999, S. 58.

48 Zu den Motiven der Auswahl von Konstanz als Tagungsort vgl. Brandmüller, Konzil, I, S. 64 ff.

49 Hartmut Boockmann/Heinrich Dormeier: Konzilien, Kirchen- und Reichsreform (Gebhardt, Handbuch der deutschen Geschichte. Zehnte, völlig neu bearbeitete Auflage, Band 8) Stuttgart: Klett-Cotta 2005, S. 38.

50 Brandmüller, Konzil, Band I, S. 86.

51 Bistum Plock, Lebus, Posen, Breslau, Oppeln und Krakau.

52 Jakob Kurdwanowski, Bischof von Plock, logierte mit seinem Gefolge im Haus *zum guldin bracken*; Chronik bearb. von Thomas Martin Buck, [3]2013, S. 30.

53 Herberhold, Sp. 590 ff.

54 1373 erwirbt Johannes Richental eine Wiese vom Komtur der Mainau, die unmittelbar an seinen Weingarten angrenzte („dez stattschribers wingarten"); am 10. März 1434 wird das Gelände verkauft: *5 ½ juchert und ain torgel dabi und drei mansmad wiesen und zween bomgarten, alles bi ainander in ainem infang am Hard gelegen, desselben wingarten ain tail recht lehen ist von den Herren uß der Mainowe, das ander tail recht aigen;* Ph[ilipp] Ruppert: Konstanzer Beiträge zur badischen Geschichte. Altes und Neues, Konstanz: Selbstverlag 1888, S. 151–156, hier S. 152.

55 Noch im 16. Jahrhundert befanden sich in diesem Gebiet zwischen dem äußeren Tannhof bis hin zum westlichen Ende des Konstanzer Banngebietes, dem Ergaten, insgesamt 28 Torkelgebäude mit insgesamt 33 Pressen; Marmor, Geschichtliche Topographie, S. 382.

diente König Sigismund (1368–1437)[56] auf Einladung von Richental am 23. Juni 1415 anlässlich des Johannisfestes zu einem Mahl seines vielköpfigen Gefolges unmittelbar im Vorfeld der Stadtmauern. Hier hielt der aus dem Haus Luxemburg stammende König den ganzen Tag über auch Hof. Wenige Wochen später wurde der als „gesellschaftsfähig“ erachtete Chronist[57] durch Vermittlung der Dienerschaft des pfälzischen Kurfürsten Augenzeuge der Hinrichtung des böhmischen Priesters Jan Hus, der am 6. Juli 1415 als Ketzer vor der Stadt auf dem Brühl verbrannt wurde.

Jan Hus

Bis heute gilt sowohl der Prozeß gegen Hus, der einen letztlich zur Beseitigung der Grundstrukturen der Kirche führenden ekklesiologischen Anarchismus vertrat [58] und der ausweislich der überlieferten Tagebücher prominenter Teilnehmer zeitgenössisch lediglich unter die konziliaren *minora* zu rechnen ist[59], wie auch seine Hinrichtung politisch wie rechtlich als umstritten – genauso wie die Frage, ob Hus eine Bewegung ausgelöst hat. Die Folgen in Form der Kriegsfurie der Hussitenkriege freilich waren für Mitteleuropa verheerend. An der mutmaßlichen Stelle der Verbrennung wurde im Oktober 1862 ein Gedenkstein für Jan Hus und seinen Mitstreiter Hieronymus von Prag in Form eines Findlings errichtet, der beim Bau der Eisenbahn im Vorfeld der Stadt zum Vorschein gekommen war.[60]

Mit der Rehabilitation von Jan Hus hadert die katholische Kirche bis heute, wenngleich Papst Johannes Paul II. unmittelbar vor der

56 Zur Biographie vgl. Jörg K. Hoensch: Kaiser Sigismund. Herrscher an der Schwelle zur Neuzeit 1368–1437, München: C.H. Beck 1996 sowie Kaiser Sigismund (1368–1437). Zur Herrschaftspraxis eines europäischen Monarchen. Hg. von Karel Hruza und Alexandra Kaar, Wien: Böhlau 2012.

57 Matthiessen, S. 94.

58 Boockmann/Dormeier, Konzilien, S. 62 bzw. 56.

59 Müller, kirchliche Krise, S. 87.

60 Vgl. dazu Walter Rügert: „Die Sonne des 19. Jahrhunderts lächelt“. 150 Jahre Hussenstein, in: Konstanzer Almanach 58 (2012) S. 78 ff. sowie Michael Müller: Der Taborweg, Jan Hus und Konstanz, in: Konstanzer Almanach 41 (1995) S. 52–56.

Jahrtausendwende sein „tiefes Bedauern" über Hussens Tod in Konstanz zum Ausdruck brachte.[61] Doch zurück ins Jahr 1415: Dem verurteilten Jan Hus hatte der Chronist einen Beichtvater vermittelt.

Richental als Augenzeuge des Konzils

Auch die vielzitierte und bekannte Zählung der 700 Prostituierten war Richental anvertraut vom Marschall des Reiches, Kurfürst Rudolf III. von Sachsen. Überhaupt war der Chronist bestens im Geflecht der Konzilsteilnehmer vernetzt. Herzog Friedrich IV. von Österreich, der an der Planung und Durchführung der Flucht Papst Johannes XXIII. in der Nacht vom 20. auf den 21. März 1415 als verkleideter Knappe von Konstanz nach Schaffhausen[62] maßgeblich beteiligt war, reichte Richental vor seiner eigenen Flucht aus der Stadt wohl die Hand. In seiner Doppelfunktion als Konzilsprotektor und Stadtherr verhängte Sigismund in seiner traditionell verstandenen Funktion des römisch-deutschen Königs als *advocatus et defensor ecclesiae* am 30. März 1415 die Reichsacht über Herzog Friedrich IV. Am 30. April kehrte Friedrich nach Konstanz zurück und unterwarf sich dem König am 5. Mai 1415 im Refektorium des Franziskanerklosters.[63] Seine Unterwerfungserklärung dokumentierte Richental in der Konzilschronik. Wenig verwunderlich hatte der Chronist ein langjähriges und sehr intensives Verhältnis zu Urkunden, wohl nicht zuletzt, da er auch selbst siegelte.

Das Richental'sche Siegel zeigte ein Ährenbüschel, das auch der Sohn bis 1415 in Verwendung hatte. Bald darauf zeigte Ulrich Richental dem Rat den Verlust des Siegels an, mit der Bitte, ein anderes Siegelbild auswählen zu dürfen, *dem alten nit glich*[64]. In zwei Urkunden späterer Jahre läßt sich eine Art Tierkopf im Siegel nachweisen.[65]

61 Müller, kirchliche Krise, S. 88.

62 Hermann Georg Peter: Die Informationen Papst Johanns XXIII. und dessen Flucht von Konstanz bis Schaffhausen, Freiburg: Waibel 1926.

63 Helmut Maurer: Konstanz im Mittelalter. II. Vom Konzil bis zum Beginn des 16. Jahrhunderts (Geschichte der Stadt Konstanz, 2) Konstanz: Stadler 1989, S. 41.

64 Ratsprotokoll vom *„zinstag nach conversio Pauli"* 1416; StadtA Konstanz B I 2, p. 67.

65 Ed[uard] Heyck: Richental, in: Allgemeine Deutsche Biographie, Band 28, Leipzig 1889, S. 433.

Diese Neusiegelung belegt das bürgerliche Selbstverständnis Ulrich Richentals: ein Adeliger hätte niemals sein Siegel gewechselt.

In den 1420er Jahren hat Ulrich Richental schließlich – ohne direkten Auftraggeber, wohl aus eigner Initiative und auf existenzsichernder Grundlage seines Vermögens – eine Materialsammlung lateinischer Texte zum Konzilsgeschehen wohl zu mehreren heute verlorengegangenen „Urfassungen" verarbeitet, die sich keinesfalls – wie bisweilen in der historischen Forschung vermutet – auf eine Art kontinuierlich geführtes Tagebuch stützten. Vielmehr könnte Richental vor Niederschrift der „Urfassungen" leicht divergierende Kompositionen aus einer heute nicht mehr vorhandenen Quellensammlung getroffen haben, die er bereits während des Konzils mit eigenen wie fremden, vor allem durchweg in lateinischer Sprache verfassten Texten bestückt hatte.[66] Er selbst schrieb über die Anlage dieser Dokumentensammlung, dem *latinischen bůch*[67] und der darin enthaltenen Dokumente: *die ich ouch zusammen bracht hab*[68].

Wie bei zahlreichen Konstanzer Familien in der nachkonziliaren Stadt zu beobachten, schmolz seit spätestens 1430 offensichtlich auch sein Vermögen allmählich dahin, 1433 und 1434 verkaufte er mehrere Grundstücke, darunter auch den Obstbaum- und Weingarten „am Hard"[69]. Neben dem allgemeinen wirtschaftlichen Niedergang und der vom König hinterlassenen Schulden hatte der Chronist, der selbst zu den geprellten Gläubigern Sigismunds zählte,[70] sein Vermögen insbesondere für sein historiographisches Großprojekt namens Konzilschronik aufgezehrt. Angesehen und geachtet verstarb Ulrich Richental 1437 in Konstanz, seine Ehefrau wenige Jahre später, wahrscheinlich um das Jahr 1445. Der Familienname erlosch in der Reichsstadt.

66 Chronik bearb. von Thomas Martin Buck, ^{3}2013, S. 80.

67 Richental, II, Kommentar von Feger, S. 229.

68 Wolfenbütteler Handschrift fol. 63^{r}, zitiert nach Chronik bearb. von Thomas Martin Buck, ^{3}2013, S. 80.

69 In der Verkaufsurkunde vom 10. März 1434, zitiert in Anm. 54, wird das Grundeigentum näher beschrieben; vgl. Ruppert, S. 152. Die Urkunde selbst hat sich nicht im Bestand U des Stadtarchivs Konstanz erhalten. Vgl. die Findmittel: Konstanzer Urkunden Teil I bis Teil IX. Bearbeitet von Michael Kuthe, Konstanz 2009/2010.

70 Ruppert, Konstanzer Beiträge, S. 154.

Zum Aufbau der Konzilschronik

Bei aller Problematik der Überlieferungslage ist eines den zahlreichen Abschriften der Richental'schen Konzilschronik bis auf wenige Ausnahmen[71] eigen, nämlich im Großen und Ganzen Inhalt, Aufbau und Gliederung. Das Werk, geschrieben in oberdeutsch-alemannischer Mundart der späten Mittelalters, zerfällt in zwei Teile: Einen chronikalischen ersten und einen der Aufzählung aller Teilnehmer gewidmeten zweiten Teil.

Im ersten Teil ist die Chronik nach einem deutlich zu erkennenden Prinzip aufgebaut. Zuerst wird die Vorgeschichte referiert, die wesentlichen Teilnehmer aufgezählt[72] und die rechtlichen Grundlagen geklärt. Dann folgen Bestimmungen für den wirtschaftlichen Ablauf der Kirchenversammlung sowie die Ankunft der Teilnehmer. Die ersten Konzilsberatungen im Münster samt Ergebnisse und die Flucht Papst Johannes XXIII. nach Schaffhausen einschließlich seiner Absetzung schließen sich an. Es werden sodann die Vorgänge um Jan Hus und Hieronymus von Prag behandelt. Es folgt eine Darstellung des Zeitraums der Abwesenheit König Sigismunds aufgrund der Verhandlungen über die Papstfrage im südfranzösischen Perpignan zwischen Juli 1415 und Januar 1417[73]. Daran schließen sich diverse Belehnungen und Ereignisse vor der Papstwahl an, gefolgt vom Konklave, der Wahl des Römers Oddo Colonna am 11. November 1417 zum Papst (Martin V.) im Kaufhaus, das im Übrigen erst seit rund 150 Jahren irrtümlich den Namen „Konzilsgebäude" trägt, und der eigentli-

71 Dies gilt nicht für die Handschriften St. Georgen, St. Gallen, Innsbruck und den beiden Zürcher Abschriften.

72 Zur Problematik der genauen Erfassung der Teilnehmer: Thomas Martin Buck: *Und wie vil herren dar koment, sy wärind gaistlich oder sy währemd weltlich.* Zu den Namen- und Teilnehmerlisten der Konstanzer Konzilschronik Ulrich Richentals. Der Aufsatz wird in einem von Gabriela Signori (Konstanz) und Birgit Studt (Freiburg i.Br.) herausgegebenen Sammelband erscheinen. Zitiert wird nach dem Manuskript, für dessen Überlassung ich Herrn Prof. Thomas Martin Buck (Freiburg) recht herzlich danke.

73 Zu den Reisen König Sigismunds und seinen Aufenthalten in Konstanz vgl. Itinerar König und Kaiser Sigismunds von Luxemburg 1368–437. Unter Mitarbeit von Thomas Kees, Ulrich Nieß und Petra Roscheck eingeleitet und herausgegeben von Jörg K. Hoensch (Studien zu den Luxemburgern und ihrer Zeit, 6) Warendorf: Fahlbusch 1995, besonders S. 94–99.

chen Papstkrönung am Martinstag. Feierlichkeiten, stadtgeschichtliche Ereignisse und die Abreise von Papst und König beschließen den chronikalischen Teil,[74] der sich im Aufbau am Kirchenjahr und seinen Hochfesten orientiert.

Im zweiten Teil folgt die Aufzählung der Teilnehmer der Kirchenversammlung, gegliedert in geistliche und weltliche Teilnehmer. Zugrunde gelegt ist beiden Teillisten zum einen die kirchliche Hierarchie und zum anderen die weltliche Ständeordnung. Die Heraldik ergänzt die Listen: Jedem Teilnehmer wird das entsprechende Wappen beigefügt. Die über 800 Wappen der Konstanzer Handschrift auf fol. 130 bis 150[75] machen die Richental-Chronik auch zu einem Spezialwerk der Heraldik.[76] Doch der etwa in der Aulendorfer Handschrift erhaltene erste Teil der Teilnehmerliste fehlt in der Konstanzer Ausgabe,[77] wo die geistlichen Wappen nur vereinzelt und ausschnitthaft in den erzählenden Teil eingestreut wurden. Die Konstanzer Handschrift ist in diesem Punkt unvollständig.

Die Teilnehmerlisten

Eine förmliche Einschreibung sämtlicher Konzilsteilnehmer hat es auf dem Konstanzer, im Gegensatz zu dem ab 1431 nachfolgenden Baseler Konzil nicht gegeben.[78] Daher ist mit einem statistisch kaum zu erfassenden „vagierenden Konzilstourismus“[79] in großer Zahl zu rechnen. Das Konzil gebar sich somit als eine „fluktuieren-

74 Zur Gliederung in zehn Teile vgl. Matthiessen, S. 169 ff.

75 In der St. Georgener Handschrift sind es sogar 1145 Wappen, vgl. Egon Freiherr von Berchem: Heraldisches Nachwort mit dem Namensverzeichnis der Wappen usw., in: Ulrich von Richental: Conciliumsbuch Augsburg Anton Sorg 1483. Mit einer Einleitung von Ernst Voulliéme, Potsdam: Müller & Co. Verlag [1923], S. 5.

76 Matthiessen, S. 186–191.

77 Zu den Wappen in der Konstanzer Handschrift vgl. Joseph Riegel: Die Teilnehmerlisten des Konstanzer Konzils. Ein Beitrag zur mittelalterlichen Statistik, Freiburg: Caritas-Druckerei 1916, S. 44 ff.

78 Ansgar Frenken: Wohnraumbewirtschaftung und Versorgungsdeckung beim Konstanzer Konzil (1414–1418). Zur logistischen Bewältigung eines Großereignisses im Spätmittelalter, in: Zeitschrift für die Geschichte des Oberrheins 156 (2008) S. 109–146, hier S. 118.

79 Buck, *herren*, Manuskript S. 9.

de Menschenansammlung“[80] ohne lückenlose Registrierung. Trotzdem wird man davon ausgehen müssen, dass es in Konstanz offizielle Fremdenbücher bzw. -listen gegeben haben dürfte, die ein *gesworner schriber von der stat ze Costencz*[81] monatlich führte und die auch einsehbar waren. Doch das polyvalente historische Ereignis namens Konzil konnte dort eben hinsichtlich der Besucherzahlen nicht vollständig abgebildet werden. Das macht die Frage nach der Gesamtzahl der Teilnehmer nicht einfach zu beantworten, die Quellen lassen uns über weite Strecken im Dunkeln[82]. Die in der zusammenfassenden *recapitulatio* am Ende der Aulendorfer Abschrift der Richental-Chronik genannte Anzahl von 72 460 Personen[83] scheint überhöht, eine Zahl im Übrigen, deren Nachtrag nachweislich erst von späterer Hand erfolgt ist und eindeutig nicht von Ulrich Richental stammt.[84]

Mit den Konzilsteilnehmern hat sich erstmals intensiv ein Freiburger Schüler von Heinrich Finke (1855–1938)[85], dem damaligen Nestor der Konzilsforschung und Herausgeber der vierbändigen Edition der *Acta concilii Constanciensis*[86], beschäftigt. Doch Joseph Riegel schloss

80 Johannes Helmrath: Kommunikation auf den spätmittelalterlichen Konzilien, in: Pohl, Hans (Hg.): Die Bedeutung der Kommunikation für Wirtschaft und Gesellschaft. Referate der 12. Arbeitstagung der Gesellschaft für Sozial- und Wirtschaftsgeschichte vom 22.–25.04.1987 in Siegen, Stuttgart: Steiner 1989, S. 116–172, hier S. 120.

81 So der Zeitzeuge Konrad Justinger in der Berner Chronik; Kathrin Jost: Konrad Justinger (ca. 1365–1438): Chronist und Finanzmann in Berns großer Zeit (Vorträge und Forschungen, Sonderband 56) Ostfildern: Thorbecke 2011, S. 230 Anm. 321.

82 Jürgen Miethke: Die Konzilien als Forum der öffentlichen Meinung im 15. Jahrhundert, in: Deutsches Archiv für Erforschung des Mittelalters 37 (1981) S. 736–773, hier S. 746.

83 Ulrichs von Richental Chronik, 1882, S. 215.

84 Chronik bearb. von Thomas Martin Buck, [3]2013, S. 207, Anm. 1503.

85 Zur Biographie vgl. Odilo Engels: Finke, Heinrich, in: Bernd Ottnad (Hg.): Badische Biographien, NF, Band II, Stuttgart: Kohlhammer 1987, S. 87 ff. sowie zu dessen Forschungen und Wirkungsgeschichte: Frenken, Erforschung, S. 17–89.

86 Acta concilii Constanciensis. Erster Band: Akten zur Vorgeschichte des Konstanzer Konzils (1410–1414). Hg. von Heinrich Finke, Münster: Regensberg 1896; Zweiter Band: Konzilstagebücher, Sermones, Reform- und Verfassungsakten. Hg. in Verbindung mit Johannes Hollnsteiner von Heinrich Finke, Münster: Regensberg 1923; Dritter Band: Die drei Päpste und das Konzil, Schriften zur Papstwahl. Hg. in Verbindung mit J[ohannes] Hollnsteiner und H[einrich] Heimpel von Heinrich Finke, Münster: Regensberg 1926; Vierter (Schluss-)Band. Hg. in Verbindung mit J[ohannes] Hollnsteiner und H[einrich] Heimpel von Heinrich Finke, Münster: Regensberg 1928.

zwar sein Promotionsverfahren im Juli 1914 an der Albert-Ludwigs-Universität ab und veröffentlichte zwei Jahre später seine Dissertation[87], doch gab er nicht mehr die umfangreichen, handschriftlich exzerpierten Teilnehmerverzeichnisse heraus; Riegel fiel als Soldat im Ersten Weltkrieg. Die Vorarbeiten des Finke-Schülers galten über Jahrzehnte als verloren, bis Thomas Martin Buck sie in der Bibliothek des Kirchengeschichtlichen Seminars der Freiburger Universität wiederentdecken konnte.[88] Eine wissenschaftlich fundierte, kritische Ausgabe eines Teilnehmerverzeichnisses möglichst mit Biogrammen bleibt auch weiterhin ein Desiderat der Forschung und bildet eine nicht zu unterschätzende wissenschaftliche Aufgabe, die zu leisten einen einzelnen Forscher wahrscheinlich überfordern dürfte. Oder in einfachen Worten ausgedrückt: Wir wissen bis heute nicht genau, wer sich wann und für wie lange auf dem Konzil zu Konstanz aufhielt.

Die 16 erhaltenen Abschriften der Richental-Chronik

In der historischen Forschung ist mehrfach der Versuch der Rekonstruktion eines Stammbaums der überlieferten Handschriften unternommen worden. Insgesamt sind 19 Textträger der Chronik nachgewiesen, entstanden ab 1460 bis ins späte 17. Jahrhundert. Es handelt sich um 16 Abschriften und drei Drucke. Drei Abschriften (Salem und zweimal Ottobeuren) gelten als verloren. Vier Codices befanden sich ursprünglich in Klosterbesitz: Die Wiener, die erste Stuttgarter, die Ettenheimer und die St. Georgener Abschrift. Die St. Galler Handschrift stammte aus dem Besitz der Familie Tschudi, die Aulendorfer aus dem Besitz der Grafen von Königsegg, deren Vorfahre Hans als Konstanzer Domherr um 1480 amtierte. Darüber hinaus haben sich in Prag zwei (darunter die ehemalige St. Petersburger aus dem Besitz der Fürsten Gagarin), eine weitere in Stuttgart, eine Wiener, eine in Wolfenbüttel, zwei in Zürich, eine in Winterthur, eine in Lindau und schließlich die Konstanzer Abschrift erhalten.

87 Riegel, 1916.

88 Thomas Martin Buck: Die Riegelschen Teilnehmerlisten. Ein wissenschaftliches Detail der Konstanzer Konzilsforschung, in: Zeitschrift für die Geschichte des Oberrheins 118 (1998) S. 347–356.

Die überlieferten Handschriften werden in der historischen Forschung in der Regel nach ihrem Aufbewahrungsort bezeichnet, mit Ausnahme der Aulendorfer (heute: New York Public Library), der Ettenheimer und St. Georgener (heute: Badische Landesbibliothek Karlsruhe) und der St. Petersburger Abschrift (heute: Staats- und Universitätsbibliothek Prag). Von den 16 Handschriften sind wiederum sieben Codices bebildert, nämlich die Aulendorfer, Prager, Konstanzer, St. Petersburger, Wiener, Ettenheimer und St. Georgener Handschrift.[89] Sämtliche überlieferten Fassungen der Konzilschronik können grob in drei Gruppen unterteilt werden.

Zur ersten Gruppe zählen die Handschriften, in denen Richental von sich selbst in der ersten Person Singular an bis zu 80 Stellen spricht („Subjektivierte Form").[90] Sie enthält die umfangreichsten Versionen, gerade auch bezüglich der Teilnehmerlisten, insbesondere die Aulendorfer oder die Prager Handschrift. Die zweite Gruppe umfasst die anonymisierten Formen, in denen von Richental in der dritten Person Singular die Rede ist („Objektive Form"). Darunter fällt neben dem repräsentativen Konstanzer vor allem der Wiener Codex. Die dritte Gruppe schließlich bilden gekürzte und redaktionell bearbeitet Versionen („Mischform"), die zwischen den Erzählperspektiven wechseln, den Text kürzen, neu zusammenstellen und ändern. Zu dieser Gruppe zählt etwa die St. Georgener Handschrift.

Der „Stammbaum" der Richental-Chronik

Der Kunsthistoriker Rudolf Kautzsch (und ihm nachfolgend die Wissenschaftler Wilhelm Matthiessen und Gisela Wacker) haben einen „Stammbaum" der Richental-Chronik entwickelt:[91]

89 Vgl. die Auflistung sämtlicher Handschriften und Drucke bei Chronik bearb. von Thomas Martin Buck, [3]2013, S. LVIII f.

90 Die Einteilung in drei Gruppen fußt auf Buck, Überlieferung, 2010, S. 101.

91 Rudolf Kautzsch: Die Handschriften von Ulrich Richentals Chronik des Konstanzer Konzils, in: Zeitschrift für die Geschichte des Oberrheins 48 (1894) S. 443–496, hier S. 464 bzw. Gisela Wacker: Ulrich Richentals Chronik des Konstanzer Konzils und ihre Funktionalisierung im 15. und 16. Jahrhundert. Aspekte zur Rekonstruktion der Urschrift und zu den Wirkungsabsichten der überlieferten Handschriften und Drucke, Tübingen: Dissertation 2002, S. 28.

Chronologie der Richental-Handschriften

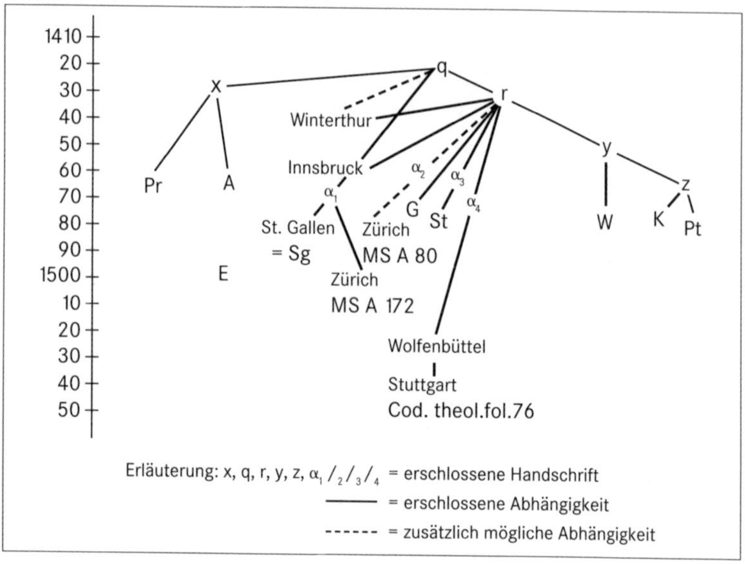

Stammbaum der Richental-Chroniken (nach Matthiessen, S. 108).

Es fällt auf, dass die Überlieferung erst in den 1460er Jahren einsetzt. Man kann Vermutungen anstellen, warum sie erst 40 Jahre nach der mutmaßlichen Abfassung der „Urschriften" beginnt. Warum hat sich kein auf Richental selbst zurückgehender Autograph, eben eines der „Originale", erhalten?

Schon der materielle Wert einer solchen Chronik musste jedermann offensichtlich sein, weshalb es verwundert, dass sich keine der „Urfassungen" erhalten hat. Das hängt vielleicht mit der Rolle der Schreibstuben bei der Vervielfältigung der Vorlagen zusammen.

Die Schreibstube von Gebhard Dacher

Für die Popularisierung und weite Verbreitung der Konzilschronik zeichnet in der Tat nicht Ulrich Richental, sondern ein anderer, ebenfalls überdurchschnittlich vermögender Konstanzer Bürger aus der Fischerzunft verantwortlich: Gebhard Dacher (um 1425–1471)[92]. Im

Jahr 1461 ins Konstanzer Bürgerrecht aufgenommen und zum Aufseher im Kaufhaus (dem *husherren*) ernannt, entfaltete Dacher nachweislich ab 1464 eine umfangreiche historiographische Tätigkeit, die sich rein kompilatorisch gab. Ihm fällt eine Schlüsselfunktion bei der Rezeption der Richental'schen Konzilschronik zu.[93] Vermutlich errichtete der soziale Aufsteiger, dem ebenso wie Richental die Aufnahme in die patrizische Gesellschaft „Zur Katz"[94] nicht gelingen sollte,[95] eine Art Schreibstube oder Werkstatt, wobei die Fäden der Produktion zeitlebens in seinen Händen zusammenliefen. Neben der sogenannten Konstanzer Chronik,[96] die Stadt- und Bistumsgeschichte miteinander verband, wurden in seiner Schreibstube auch mehrere Abschriften der Chronik des Ulrich Richental erstellt.

Die redaktionelle Tätigkeit in der Dacher'schen Schreibstube war umfangreich: So etwa im Falle der Prager Handschrift, die mit dem schwarz-silbernen Wappen von Dacher und dasjenigen seiner Frau ausgestattet wurde und den rubrizierten Besitzer- und Autorenvermerk enthält, dass *„ich Gebhartt Dacher das* [Buch] *ernüwert hab"*[97]. „Erneuert" bedeutet in diesem und in weiteren Zusammenhängen (nachweislich im Besitz Dachers waren die Prager, St. Georgener und die erste Stuttgarter Handschrift)[98] ein recht eigenständiger und sou-

92 Zur Biographie vgl.: Eugen Hillenbrand: Dacher, Gebhard, in: Historisches Lexikon der Schweiz, Band 3, Basel: Schwabe 2004, S. 562 sowie Peter F. Kramml: Kaiser Friedrich III. und die Reichsstadt Konstanz (1440–1493) Die Bodenseemetropole am Ausgang des Mittelalters (Konstanzer Geschichts- und Rechtsquellen, XXIX) Sigmaringen: Thorbecke 1985, S. 311 (mit zahlreichen Literaturhinweisen).

93 Chronik bearb. von Thomas Martin Buck, ^{3}2013, S. XXVII.

94 Vgl. dazu Christoph Heiermann: Die Gesellschaft „Zur Katz" in Konstanz. Ein Beitrag zur Geschichte der Geschlechtergesellschaften in Spätmittelalter und früher Neuzeit (Konstanzer Geschichts- und Rechtsquellen, XXXVII) Stuttgart: Thorbecke 1999.

95 Sandra Wolff: Die „Konstanzer Chronik" Gebhard Dachers. „By des Byschoffs zyten volgiengen disz nachgeschriben ding und sachen ..." Codes Sangallensis 646: Edition und Kommentar (Konstanzer Geschichts- und Rechtsquellen, XL) Ostfildern: Thorbecke 2008, S. 63.

96 Wolff, 2008.

97 Zitiert nach Thomas Martin Buck: Fiktion und Realität. Zu den Textinserten der Richental-Chronik, in: Zeitschrift für die Geschichte des Oberrheins 149 (2001) S. 61–96, hier S. 83 Anm. 72; Beschreibung der Handschrift in: Eva Moser (Hg.): Buchmalerei im Bodenseeraum 13. bis 16. Jahrhundert, Friedrichshafen: Gessler 1997, S. 297 f.

veräner Umgang mit den Vorlagen, der eine Aufbereitung des Textes nach wirtschaftlichen Überlegungen und mit Blick auf die eigenen sozialen Ambitionen für „bestimmte Rezipientenkreise“ einschloss.[99] Dacher hatte die Konstanzer Oberschicht genauso wie den Landadel und den höheren Klerus als mögliche Käufer im Fokus, wenn er den Text der Richental-Chronik umgestaltete, neu ordnete, bisweilen reduzierte oder aber auch ausweitete.

So wird beispielsweise erst in der Wolfenbütteler Handschrift, die ebenfalls auf Dacher zurückgeht,[100] die Zählung der in diversen Abschriften in der *recapitulatio* genannten 700 *huren*[101] zu einer eigenständigen Geschichte ausgebaut, die Ende des 17. Jahrhunderts von Hermann von der Hardt[102] in dessen Konziliengeschichte aufgegriffen und wiederum von Autoren des 18. und 19. Jahrhunderts rezipiert und bis heute zitiert wird. Woher diese durch Dacher kompilierten,

98 Chronik bearb. von Thomas Martin Buck, ³2013, S. XXVII.

99 Wolf, 2008, S. 76.

100 In der Wolfenbütteler Handschrift findet sich ein handschriftlicher Vermerk des 16. Jahrhunderts: *„Gebhart Dacher von Costentz hat dieses zusamen geschrieben“*; zitiert nach Chronik bearb. von Thomas Martin Buck, 2013, S. XXVIII Anm. 58.

101 In der Aulendorfer Handschrift heißt es: *„Offen huren in den hurenhüsern und sust, die selb hüser gemiet hattend und in den stälen lagen und wa sy mochten, dero waren ob vijC, on die haimlichen, die laß ich beliben“*; Chronik bearb. von Thomas Martin Buck, ³2013, S. 206.
Eine moralische Verurteilung der Prostitution fand erst im Zuge der Reformation statt; Frenken, Wohnraumbewirtschaftung, S. 143.

102 Dort heißt es: *„Auch muss ich schambarlich screiben, darzu zvvang mich mein gnädiger Herr, Hertzog Rudolph von Sachsen, der zu Costnitz Marschalck vvas, dass ich erfahren must, vvie viel offender Frauen zu Costnitz vveren, und gab mir einen zu, der gut zu solchen Sachen vvas, Burgkarten von Haggelbach. Also ritten vvir von einer Frauen Hauß zu dem andern, die solch Frauen enthielten. Und funden in einem Hauß etvvan 30. in einem minder, in dem andern mehr, ohne die, die in den Stellen lagen und in den Badstuben. Und funden also gemeiner Frauen bey 700. Da vvolt ich ihr nicht mehr suchen. Da vvir die Zahl fur ihn brachten, da sprach er, vvir solten ihm die heimlichen Frauen auch erfahren. Da antvvortete ich ihm, daß seine Gnade das thete, ich vvehre es nicht mechtig zu thun, ich würde vielleicht um die Sach ertodtet, und mochte auch finden des ich nicht gerne hette. Da sprach mein Herr, ich hette Recht. Und das bestund also“*; von der Hardt, Hermann: Magnum Oeconomicum Constantiense Concilium de universali ecclesiae reformatione, unione et fide. Tomus V, Frankfurt/Leipzig: Genschil 1699, S. 20. Vgl. auch: Chronik bearb. von Thomas Martin Buck, ³2013, S. 170, Anm. 1122.

detaillierten Informationen stammten, wissen wir nicht. In der Konstanzer Abschrift fehlt jedenfalls am Ende die komplette *recapitulatio* und somit auch die Zahl der Prostituierten. Man wird sie in dem neuen Faksimile[103] vergebens suchen.

In der Schreibstube Dachers wurden in selbständigem Umgang mit den Vorlagen (vielleicht den „Urschriften"?) die Handschriften neu zusammengestellt. Ergebnis der Dacher'schen Bemühungen war das Zurückdrängen der konziliaristischen und reformerischen Teile der Konzilschronik aus Konstanzer Perspektive. Die diversen Handschriften der Schreibstube des Gebhard Dacher berücksichtigten eindeutig die Stimmungen und Erwartungshaltungen der potentiellen Käufer bzw. Auftraggeber in den 1460er Jahren.[104] Überlieferungsgeschichtlich sollte man folglich eine Vor- und eine Nach-Dacher-Ära unterscheiden.[105]

Einer der ältesten Fassungen des Textes in Form einer aus der lateinischen Materialsammlung unmittelbar noch in den 1420er Jahren erstellten, heute verlorengegangener Version x dürfte die um 1460 entstandene Aulendorfer Handschrift am nächsten kommen, da hier der persönliche Schreibstil Richentals, der fast vollständige Zyklus der Bilder mit Menschendarstellungen bis hin „zur Porträtähnlichkeit"[106] und der ausführliche Listenteil trotz vorgenommener Änderungen am „reinsten" überliefert zu sein scheint. Es ist einsichtig, dass der Text der Aulendorfer Handschrift auch den Editionen der Jahre 1882 und 2010 zugrunde lag, da sie – wie der Editor Thomas Martin Buck es ausdrücklich formuliert – „aufgrund ihrer persönlichen Sprechhaltung, des nahezu vollständigen Bilderkreises und des umfangreiches Listenteiles der Ursprungssituation des Tex-

103 Ulrich Richental: Chronik des Konzils zu Konstanz 1414–1418. Faksimile der Konstanzer Handschrift mit einem kommentierten Beiheft von Jürgen Klöckler, Darmstadt: Wissenschaftliche Buchgesellschaft bzw. Stuttgart: Theiss 2013.

104 Wolf, 2008, S. 77.

105 Chronik bearb. von Thomas Martin Buck, ^{3}2013, S. XXVIII.

106 Im Katalog des Münchner Antiquariats Karl und Faber wurde 1930 zu den Illustrationen bemerkt: „Sie stehen auf hoher künstlerischen Stufe. Vor allem ist die scharfe, individuelle Darstellung des Einzelmenschen beachtenswert, die in einzelnen Fällen sicherlich bis zur Porträtähnlichkeit geht. Der Fremde wird vom Einheimischen scharf geschieden in Pracht [!] und Hautfarbe charakterisiert, wenn nötig, werden ihm Wappenschilder beigegeben." Zitiert in: Karl Albrecht: Die Geschichte einer Konstanzer Handschrift von Ulrich v. Richental Chronik des Konstanzer Konzils, in: Bodenseebuch 18 (1931) S. 29 f.

tes am nächsten kommt".[107] Der spätmittelalterliche Autor ist – in der ersten Person Singular – auf der Handlungs- wie Erzählebene nur hier präsent.[108]

Die drei Drucke der Richental-Chronik

Aufbauend auf Abschriften aus der Schreibstube des Gebhard Dacher erschienen im 15. und 16. Jahrhundert drei Druckausgaben der Richental'schen Konzilschronik. Sie wurden durch Anton Sorg 1483 in Augsburg[109], durch Heinrich Steyner 1536 daselbst[110] und durch Siegmund Feyerabend 1575 in Frankfurt am Main[111] besorgt.

Die Druckausgabe von 1483 geht eindeutig auf die Vorlage aus der Werkstatt Dachers zurück. Sein Wappen und das seiner Frau sind zusammen mit dem Konstanzer Stadtwappen dem Text der Chronik vorangestellt. Es ist nicht gänzlich ausgeschlossen, dass Dacher selbst die Chronik über eine Augsburger Druckerei noch vor seinem Tod zum Druck befördert haben könnte[112] – freilich mangels Quellennachweis eine unbelegbare Vermutung. Jedenfalls bedingten die Drucke eine weite Verbreitung der Konzilschronik des Ulrich Richental und eine nachfolgende, intensive Rezeption. Von der Druckausgabe des Jahres 1483 und 1536 wurden dann in den 20er und 30er Jahren des zwan-

107 Chronik bearb. von Thomas Martin Buck, ^{3}2013, S. XXXI.

108 Thomas Martin Buck: Von Konstanz über Aulendorf nach New York. Zur Text- und Rezeptionsgeschichte einer oberschwäbischen Richental-Handschrift, in Schrr VG Bodensee 125 (2007) S. 3–19, hier S. 5.

109 Zur Biographie von Anton Sorg (um 1430 – um 1493) vgl. Deutsche Biographische Enzyklopädie, Bd. 9, München: K.G. Saur 1999, S. 378.

110 Das Concilium. So zu Constantz gehalten ist worden/ Des jars do man zalt von der geburdt unsers erlösers MCCCCXIII Jar [...] [Augsburg 1536].

111 Costnitzer Concilium so gehalten worden im jar Tausend/vier hundert und dreyzehen/ Jetzt auffs neuw zugerichtet [...] Gedruckt zu Franckfurt am Mayn/ Anno MDLXXV [von] Sigmundt Feyerabendt Buchhändler zu Franckfurt am Mayn. Zur Biographie von Sigmund Feyerabend (1528–1590) vgl. Deutsche Biographische Enzyklopädie, Bd. 3, München: K.G. Saur 1999, S. 283.

112 Buck, Überlieferung, 2010, S. 107.

zigsten Jahrhunderts kolorierte Nachdrucke bei den Verlagen Müller in Potsdam[113] und Hendel in Meersburg[114] herausgegeben.

Die Konstanzer Handschrift der Richental'schen Konzilschronik

Thomas Martin Buck hat in der Einleitung seiner jüngst erschienenen Edition ein interessantes Gedankenspiel angeregt: Wäre – aus welchen Gründen auch immer – lediglich die Konstanzer Handschrift der Richental'schen Konzilschronik erhalten, wüssten wir aus dem Text der Handschrift nicht einmal den Namen des Verfassers. Denn Ulrich Richental ist als Autor nirgends explizit erwähnt[115], vielmehr wurde sein Name eliminiert, persönliche Bemerkungen mit Sorgfalt ausgelassen und die Erzählform fast durchweg objektiviert. Der Ich-Erzähler wird in der um 1464/65 entstandenen Konstanzer Handschrift zugunsten der *erber lüt* getilgt, welche diese Handschrift *von gedachtnusse wegen* anfertigen ließen. Hinter dieser Formulierung verbirgt sich das „offizielle" Konstanz, eben die städtischen Amts- und Funktionsträger samt Honoratioren. Die Verfasserschaft Richentals unterlag somit einer Pluralisierung und Anonymisierung.[116] Die Chronik war durch ihre unpersönliche Erzählform in der Konstanzer Fassung zu einer „historiographischen Selbstdarstellung" der Stadt zur Zeit des Konzils mutiert.[117]

113 Ulrich von Richental: Conciliumsbuch Augsburg Anton Sorg 1483. Mit einer Einleitung von Ernst Voulliéme und einem heraldischen Nachwort mit dem Namensverzeichnis der Wappen usw. von Egon Freiherr von Berchem, Potsdam: Müller & Co. Verlag [1923].

114 Das Concilium so zu Constanz gehalten ist worden des jars do man zalt von der geburdt unseres erlösers MCCCCXIII jar [...] Meersburg: F.W. Hendel Verlag 1936.

115 Von späterer Hand wurde auf fol. 1 der Konstanzer Richental-Chronik in einer Handschrift des 18. Jahrhunderts notiert: *„Author huius libri est D[ominus] Udalricus nobilis de Reichenthal, teste D[omini] Schultheiß in manuscript[o]: Chro[nicon] Const[anciense] tom[us] I pag[ina] 84."* Der Hinweis auf die Autorenschaft Richentals verdankt sich somit S. 84 des ersten Bandes der nach 1575 entstandenen, achtbändigen Stadtchronik („Colectaneen") des Christoph Schulthaiss (1512–1584); StadtA Konstanz A I 8.

116 Chronik bearb. von Thomas Martin Buck, ^{3}2013, S. XXV.

117 Ebd., S. XXIV f.

Der Rat der Stadt betrachtete die Chronik als offiziöse Geschichtsschreibung, akzeptierte somit die von Richental niedergelegte „zeitzeugengestützte“ Darstellung der Konzilsereignisse. Die Abschrift war bereits seit dem späten 15. Jahrhundert zum exklusiven Geschichtsdokument der Stadt geworden. Die Verwahrung in der Kanzlei beim Stadtschreiber belegt die Bedeutung der Chronik für die spätmittelalterliche Stadtgesellschaft. Die Vorlage an interessierte Besucher, wie etwa den eingangs erwähnten Pilger Hans von Waltheym, dokumentiert auch den kommunalen Stolz auf das einmalige Geschichtsdokument, mit dem sich die städtische Gesellschaft schmückte.

Die Konstanzer Abschrift der Konzilschronik des Ulrich Richental[118] geht freilich nicht wie die Aulendorfer Handschrift auf die Version x, sondern auf die zweite volkssprachliche Fassung, in der historischen Wissenschaft mit r bezeichnet, zurück. Diese ebenfalls verlorengegangene Fassung r wurde zum Ausgangspunkt der weiteren Rezeption.[119] Der Adressat der davon um 1464/65 angefertigten Abschrift war zweifellos nicht klerikal, sondern profan. Man kann mit guten Gründen vermuten, dass sie im Auftrag der Stadt angefertigt wurde. Ziel war eine weitere Objektivierung des Textes durch das Verschwinden des Ich-Erzählers Ulrich Richental. In der Konstanzer Chronikfassung sollte gewissermaßen die „eigentliche“ Geschichte des Konzils erzählt werden. Hauptsächliche Zielscheibe der Kritik bildeten der Papst und der römische Klerus. Mit Empathie sind Jan Hus und Hieronymus von Prag dargestellt; dem Konziliarismus wurde in mancherlei Hinsicht das Wort geredet. Die engen Beziehungen zum vermuteten Auftraggeber kommen etwa in der sorgfältig wiedergegebenen Stadtarchitektur und auch in der Wiedergabe der in der Stadt als Fastenspeisen geschätzten Frösche und Schnecken in der Marktszene zum Ausdruck.[120]

118 Essayistisch beschrieben von der damaligen Leiterin des Rosgartenmuseums, Sigrid von Blanckenhagen, Ulrich Richentals Chronik, 1964.

119 Wacker, 2002, S. 235.

120 Ebd., S. 242.

Der Bilderzyklus

Mindestens fünf verschiedene Zeichner waren an der Fertigstellung des Illustrationszyklus der Konstanzer Abschrift der Chronik beteiligt,[121] die wohl nacheinander aktiv wurden.[122] Sie verwendeten die Federzeichnungstechnik und kolorierten mit einer überschaubaren Palette von dezenten Naturfarben. Konstanz galt damals als südwestdeutsches Zentrum von Buchmalerei und Buchkunst.[123] Der erste Zeichner fertigte die Anfänge der Chronik bis zur Aufzählung der Teilnehmer an, der zweite die Verurteilung und Verbrennung des Jan Hus, der dritte schließlich Hieronymus von Prag bis zur Abbildung „Karren mit dem Ochsen" (fol. 70a). Der vierte Zeichner (von der Absetzung des Papstes Benedikt XIII. bis zur Pestsegnung der Juden) wurde zwischenzeitlich von dem Kunsthistoriker Bernd Konrad als ein Mitglied der Konstanzer Malerfamilie Murer identifiziert.[124] Der fünfte Künstler illustrierte schließlich den griechischen Gottesdienst.[125] Die Illustrationen insgesamt können wiederum in sieben Gruppen unterteilt werden: 1) Vorgeschichte und Beginn des Konzils, 2) Handel und Gewerbe in Konstanz, 3) Geistliche Zeremonien, Feste, Prozessionen und Leichenbegängnisse, 4) Flucht des Papstes 5) Verbrennung von Hus und Hieronymus von Prag, 6) Belehnungen durch den König und 7) der Papstwahl.[126] Die Abbildungen sind durchweg um ihres „unübertrefflich sicheren Realismus" willen berühmt[127] und werden auch von einer breiteren Öffentlichkeit jenseits der Historikerzunft geschätzt.

121 Städtische Museen Konstanz [Hg.]: Rosgartenmuseum Konstanz. Die Kunstwerke des Mittelalters. Bestandskatalog bearbeitet von Bernd Konrad, Konstanz: Selbstverlag 1993, S. 99.

122 Wacker, 2002, S. 243.

123 Bernd Konrad: Die Buchmalerei in Konstanz, am westlichen und am nördlichen Bodensee von 1400 bis zum Ende des 16. Jahrhunderts, in: Moser, Buchmalerei, 1997, S. 109–154 sowie der Handschriftenkatalog S. 259–331.

124 So Bernd Konrad in: Rosgartenmuseum Konstanz. Die Kunstwerke des Mittelalters, S. 103.

125 Zu den Künstlern vgl. Rosgartenmuseum Konstanz. Die Kunstwerke des Mittelalters, S. 99–102.

126 Matthiessen, S. 184.

127 Lilli Fischel: Kunstgeschichtliche Bemerkungen zu Ulrich Richentals Chronik des Konstanzer Konzils, in: Zeitschrift für die Geschichte des Oberrheins 107 (1959) S. 321–337, hier S. 326.

Technische Angaben zur Konzilschronik

Unter der Signatur Hs 1 ist die Konzilschronik als erste und zweifellos auch prominenteste Handschrift des Rosgartenmuseums inventarisiert. Sie besteht aus 225 Blatt Papier mit Wasserzeichen „kleiner Ochse" in Folio, d.h. im Format von 39 auf 29 Zentimeter in Höhe und Breite. Die 98 Federzeichnungen sind ebenso wie die insgesamt 804 Wappen – wie gezeigt – von verschiedenen Malern ausgeführt und koloriert. Der von zwei Händen stammende Text ist einspaltig geschrieben, jeweils 40 bis 48 Zeilen pro Blatt;[128] die Illustrationen selbst sind in die in gotischer Kursive ausgeführte Chronik integriert.[129] Die Konstanzer Handschrift ist – im Vergleich zu anderen Überlieferungen – inhaltlich weitgehend vollständig, allerdings wurde der Wappenteil nur begonnen, nicht aber abgeschlossen. Die Konstanzer Abschrift der Richental'schen Konzilschronik ist daher letztlich unvollendet. Die Handschrift umfasste ursprünglich am Ende rund 75 Leerseiten, die keinen Eingang in die neue Faksimile-Ausgabe[130] fanden. Der Schreiber Johann Rastetter unterließ es im Jahr 1465, die ersten neun dieser 75 Blätter zu beschreiben, vielleicht dachte er noch an eine spätere Fertigstellung der Wappen. Rastetter versah aber die restlichen Blätter mit Urkundenabschriften vom Baseler Konzil (fol. 160 bis 225). Mit den Abschriften Rastetters (endend mit *„Deus laus/1465/Johannem Rastettern"*) dürfte ein *terminus post quem* für die Handschrift gegeben sein.

Die Handschrift ist mit einem hellbraunen Ledereinband versehen, der mit zwei nach 1548 angebrachten, recht zierlichen Schließen ausgestattet ist. In den Jahren 1963/64 wurde sie im Rahmen der seinerzeitigen Faksimilierung in der Bayerischen Staatsbibliothek in München in einzelne Lagen zerlegt und restauriert; dabei erhielt die Chronik eine neue Bindung. Das Nachsatzblatt und der Deckelinnenspiegel wurden durch freie Blätter aus der Handschrift ersetzt.[131]

128 Wacker, Ulrich Richentals Chronik, Anhang II; S. VII.

129 Rosgartenmuseum Konstanz. Die Kunstwerke des Mittelalters, S. 96.

130 Richental, 2013.

131 Rosgartenmuseum Konstanz. Die Kunstwerke des Mittelalters, S. 96.

Sicherung durch Edition und Photographie

Im Zeichen von Historismus und geschichtswissenschaftlicher Blüte unternahm 1847 der Konstanzer Gymnasialprofessor Josua (Joseph) Eiselein (1791–1856) den infolge der revolutionären Ereignisse schließlich gescheiterten Versuch, die Konstanzer Handschrift zu edieren.[132] Eine Zäsur in der Beschäftigung mit der Konstanzer Abschrift der Richental'schen Chronik markierte das Jahr 1858. Der praktische Arzt und nebenberufliche Stadtarchivar Johann Marmor (1804–1879)[133] legte Teile der Handschrift im Druck vor.[134] Die im Faksimile eindeutig zu identifizierenden handschriftlichen, in schwarzer Tinte ausgeführten Erläuterungen am Rand der Illustrationen, darunter Glossen, Jahreszahlen, ein Besitzvermerk und Beischriften, stammen von Marmor und wurden in den 1850er Jahren im Rahmen der Herausgabe der Teiledition angebracht. Eine Paginierung der Abschrift erfolgte hingegen von verschiedenen Händen.[135]

Neben der Edition des Textes im Druck bot die Revolution der optischen Wiedergabe ungeahnte Möglichkeiten. Das neue Medium der

132 Josua Eiselein: Begründeter Aufweis des Plazes [!] bei der Stadt Constanz, auf welchem Johannes Hus und Hieronymus von Prag in den Jahren 1415 und 1416 verbrannt worden. Aus alten Urkunden und Handschriften des Stadtarchivs zu Constanz erhoben und verfaßt. Samt Abbildung des gleichzeitigen Gemäldes von Husens Außführung zum Scheiterhaufen, Plan der Stadt Constanz im Jahre 1548 und 1633 sowie topographischer Karte des Paradieses und Brühls, Constanz: Belle-Vue 1847. Darin wird nach S. 82 angekündigt: „Nächstens wird in derselben Verlags-Buchhandlung erscheinen: Uolrich von Rîchental ains burgers ze Costenz chronik des allgemainen Conciliums in disr Stat. Getreu auß zwô vorhandenen gleichzeitigen Handschriften mit ihren sämtlichen Gemälden heraußgegeben von Jôsuâ Eiselein, Professor. Nebst einem Abriß aller auf dem Concilium bezüglichen Handlungen und Vorfälle sô wie der actenmäßigen Processe wider Johannes Hus und Hieronymus von Prâg; zugleich mit begründetem Aufweis des Plazes bei der Stadt Constanz, auf welchem diese Märtyrer des Glaubens verbrannt wurden."

133 Zur Biographie vgl.: Margret Gügel-Frank: Ein Konstanzer Arzt, Chronist und Archivar zugleich, in: Konstanzer Almanach 43 (1997) S. 78 ff.

134 Das Concil zu Konstanz in den Jahren 1414–1418. Nach Ulrich von Richentals handschriftlicher Chronik bearbeitet von J[ohann] Marmor, Konstanz: Selbstverlag 1858 (^{2}1864). Kritisch dazu: Ansgar Frenken: Die Erforschung des Konstanzer Konzils (1414–1418) in den letzten 100 Jahren (Annuarium Historiae Conciliorum 25 (1993) Heft 1/ 2, S. 1–512, besonders S. 32 Anm. 54.

135 Rosgartenmuseum Konstanz. Die Kunstwerke des Mittelalters, S. 96.

Photographie ermöglichte ab Mitte des 19. Jahrhunderts die Sicherung und Vervielfältigung der historiographisch wie stadtgeschichtlich wertvollen Handschrift. Mit German Wolf (1830–1890) war seit 1864 ein früher Vertreter der Photographie in der Stadt, der in der Kanzleistraße ein Atelier eröffnet hatte.[136] In jenen Jahren trug der im benachbarten Malhaus wohnende Apotheker und einflussreiche Stadtrat Ludwig Leiner (1830–1901)[137] eine stadt- wie regionalgeschichtliche Sammlung zusammen, mit dem Ziel einer städtischen Museumsgründung. Noch bevor das Haus im Herbst 1870 gegründet und rund ein Jahr später eröffnet werden sollte, konnte Leiner in seiner Funktion als Stadtrat den badischen Hofphotographen Wolf gewinnen, die komplette Richental-Chronik photographisch zu erfassen. Damit lag erstmals eine Sicherung der Handschrift vor. Zugleich wurde auf der Grundlage der Glasplattennegative[138] die erste faksimileähnliche Ausgabe vorbereitet und zur Subskription ausgeschrieben. Der aufwendig gestaltete, ledergebundene Prachtband mit 302 photographischen Abzügen stand schließlich unter dem Titel „Ulrich Richental: Chronik des Concils zu Konstanz“[139] seit 1869 für die beachtliche Summe von 600 Gulden[140] zum Verkauf. Die Abzüge der Abbildungen, „¾ natürliche Grösse“[141], wurden für den Verkauf „getreu nach dem Origi-

136 Zur Familiengeschichte und zur Photographie als historischer Quelle vgl. Jürgen Klöckler/Norbert Fromm: Zwischen Mittelalter und Moderne. Konstanz in frühen Photographien. Bilder aus der Sammlung Wolf 1860–1930 (Konstanzer Geschichts- und Rechtsquellen, XXXVIII) Ostfildern: Thorbecke 2003 sowie Jürgen Klöckler/Norbert Fromm: Der Bodensee in frühen Bildern. Photographien aus der Sammlung Wolf 1860–1930 (Konstanzer Geschichts- und Rechtsquellen, XXIX) Ostfildern: Thorbecke 2005.

137 Zur Biographie vgl.: Tatiana Sfedu: Ein Konstanzer Bürgerwerk. Das Rosgartenmuseum seit Ludwig Leiner (Kleine Schriftenreihe des Stadtarchivs Konstanz, 7) Konstanz: UVK 2007, S. 47–56.

138 Die Glasplattennegative haben sich in der Sammlung Wolf im StadtA Konstanz erhalten (Z I Sammlung Wolf H R 1 bis R 302.)

139 Ulrich von Richental. Chronik des Concils zu Konstanz. Photographische Nachbildung der im Konstanzer Stadtarchiv aufbewahrten Handschrift der Richental-Chronik. Hg. von German Wolf, Konstanz: Selbstverlag 1869.

140 Bei Direktbestellung gewährte German Wolf 20 Prozent Rabatt. Vgl. J[ohann] Marmor: Ulrich von Richental und seine Concilschronik, in: Freiburger Diözesan-Archiv 7 (1873) S. 133–144, hier S. 142 Anm. 1.

141 Vgl. den undatierten, 23-seitigen Katalog „Photographieen-Verlag von German Wolf Hofphotograph Konstanz“ (hier S. 18). Ein Exemplar befindet sich in: GLA Karlsruhe 56 Nr. 1555.

nal kolorirt".[142] Einen der ersten Bände erwarb der badische Großherzog Friedrich I. im Februar 1870 als Geschenk für den preußischen Kronprinzen.[143]

Die photographische Faksimile-Ausgabe der Richental-Chronik, welche das Original in leicht verkleinertem Maßstab wiedergibt, hat sich nur in der Bibliothek des Stadtarchivs Konstanz (in zwei Exemplaren)[144] und in der Badischen Landesbibliothek in Karlsruhe[145] erhalten.

Eventuell hat German Wolf zusammen mit seinem Karlsruher Photographenkollegen Baeckmann auch die 1881 im Lichtdruckverfahren von Hermann Sevin „etwa in 40 exemplaren"[146] herausgegebene Aulendorfer Fassung der Konzilschronik[147] photographisch mitbetreut. Im Stadtarchiv Konstanz befinden sich im Familienarchiv Leiner seit Herbst 2002 jedenfalls zwei Archivkartons die Originale der photographischen Negative auf Gelantinetrockenplatten, die zuvor im Speicher des Leiner'schen Malhauses lagerten.[148]

Herausgabe eines Faksimiles im 20. Jahrhundert

Anlässlich der 550sten Wiederkehr der Eröffnung des Konstanzer Konzil nahm der Konstanzer Stadtarchivar Otto Feger (1905–1968)[149] eine Neuedition und eine Faksimileausgabe der Chronik in zwei Bänden in Angriff. Bald schon nach seinem Dienstantritt im August 1945 hatte sich der aus amerikanischer Kriegsgefangenschaft in Nordita-

142 Vgl. den Artikel „Ulrich von Richentals Chronik", in: Konstanzer Zeitung vom 23. Dezember 1869.

143 Norbert Fromm: Die Familie Wolf, in: Klöckler/Ders.: Mittelalter, S. 15–26, hier S. 20.

144 StadtA Konstanz Bibliothek Ae 212.

145 Badische Landesbibliothek Karlsruhe 86 C 46.

146 Richental, Buck, 1882, S. 9.

147 Uolrich Richental: Concilium ze Costenz 1414–1418. Hg. von Hermann Sevin, Karlsruhe: Baeckmann 1881.

148 StadtA Konstanz Familienarchiv Leiner B 81.

149 Zur Biographie vgl. Jürgen Klöckler: Abendland – Alpenland – Alemannien. Frankreich und die Neugliederungsdiskussion in Südwestdeutschland 1945–1947 (Studien zur Zeitgeschichte, 55) München: Oldenbourg 1998, S. 171–175 sowie Helmut Maurer: Feger, Otto, in: Badische Biographien, hg. von Bernd Ottnad, NF, Bd. I, Stuttgart: Kohlhammer 1983, S. 110 ff.

lien entlassene promovierte Jurist und Historiker mit der publizistischen Herausgabe von Konstanzer Schriftquellen aus dem Stadtarchiv beschäftigt. Das geschah seit 1949 in der Reihe der „Konstanzer Geschichts- und Rechtsquellen" im Verlag Jan Thorbecke. So veröffentlichte er etwa 1955 den siebten Band der Reihe unter dem Titel „Vom Richtebrief zum Roten Buch"[150], in dem er bereits Quellen aus der Konzilszeit nach wissenschaftlichen Maßstäben edierte[151].

Ende des Jahres 1960 griff Feger das Projekt einer Faksimile-Ausgabe auf und übersandte dem von Lindau nach Konstanz übersiedelten Verleger Jan Thorbecke eine erste Projektskizze.[152] Die Arbeiten zogen sich über Jahre hin, die Faksimile-Ausgabe erschien später als geplant, das Jubiläum neigte sich bereits seinem Ende zu. Diese zweibändige, opulent ausgestattete Ausgabe der Richentalchronik, erschienen in den Verlagen Thorbecke/Konstanz und Keller/Starnberg,[153] ist heute längst vergriffen und nur noch antiquarisch zu keineswegs günstigen Preisen erhältlich. Auch deshalb schien die Herausgabe eines neuen Faksimiles aus Anlass des 600-jährigen Jubiläums zu wohlfeilen Preisen angemessen und gerechtfertigt.

Mit Genehmigung des Rosgartenmuseum erschien zudem im Konstanzer Friedrich Bahn Verlag 1965 eine mit einem Nachwort von Hermann Matzke versehene, nichtkolorierte Reprintausgabe der leicht verkleinert wiedergegebenen Konstanzer Handschrift,[154] die 1984 im selben Verlag in ergänzter zweiter Auflage mit „Textübertragungen in unsere heutige Sprache" von Michael Müller herausgegeben und im

150 Otto Feger: Vom Richtebrief zum Roten Buch. Die ältere Konstanzer Ratsgesetzgebung. Darstellung und Texte (Konstanzer Geschichts- und Rechtsquellen, VII) Konstanz: Thorbecke 1955.

151 Dokumente 253 „Unterbringung und Verpflegung der Konzilsteilnehmer" vom 6. Januar 1414 bis Dokument 261 „Weinausschank" vom 3. September 1418, ebd. S. 78–82.

152 Schreiben vom 23. November 1960; StadtA Konstanz S XVIII Nr. 348.

153 Erster Band: Ulrich Richental: Das Konzil zu Konstanz MCDXIV – MCDXVIII. Faksimileausgabe, Konstanz: Thorbecke 1964 bzw. Starnberg: Keller 1964. Zweiter Band: Ulrich Richental: Das Konzil zu Konstanz. Kommentar und Text bearbeitet von Otto Feger, Konstanz: Thorbecke 1964 bzw. Starnberg: Keller 1964.

154 Ulrich Richental: Chronik des Konstanzer Konzils 1414–1418. [Mit einem Nachwort von Hermann Matzke: Das Konzil von Konstanz und die Richental-Chronik] Konstanz: Friedrich Bahn 1965.

Anhang mit vier kolorierten Illustrationen versehen wurde.[155] Für beide Ausgaben wurde kein hochwertiges Papier verwendet, beide Bücher können qualitativ kaum überzeugen und sind ebenfalls längst vergriffen.

Schlussbetrachtung

Die jüngst faksimiliert vorliegende Konzilschronik, die zweifelsohne ihre breite und öffentliche Wertschätzung weniger ihrem Inhalt als vielmehr den Bildern verdankt,[156] wurde bei ihrer Anfertigung nicht mehr als das Werk eines einzelnen Autoren betrachtet, weshalb der Name Richental auch im Text des Konstanzer Originals nicht erscheint. Sie wurde vielmehr im Zeichen einer zur Entstehungszeit um 1464/65 unwiederbringlich entschwundenen „herrlichen" städtischen Vergangenheit als integraler Bestandteil einer in der Nachkonzilszeit entstandenen kollektiven Geschichts- und Gedächtniskultur begriffen, deren Bewahrung und Tradierung man in Konstanz „unter allen Umständen" als Verpflichtung erkannte.[157] Dieser selbstgestellten Aufgabe ist die Stadt durch sichere Verwahrung der Handschrift, trotz schwedischer Belagerung im Dreißigjährigen Krieg bis hin zu den drohenden Bomben des alliierten Luftkrieges im Zweiten Weltkrieg, bis zum heutigen Tag nachgekommen.

Mit der Richental'schen Konzilschronik wurde das stadtbürgerliche Bewusstsein angesprochen, in den Konstanzern das säkulare Ereignis wachgehalten und gleichzeitig eine einmalige Quelle zu den Konzilsereignissen geschaffen. Ein Hauptanliegen für die Schaffung der Chronik bestand aus städtischer Sicht zweifellos in der Verteidigung der Stadt gegen Vorwürfe der Sittenlosigkeit, der Gesetzesübertretungen und überhöhter Preise,[158] wie es etwa der bekannte Südtiroler Ritter und Minnesänger Oswald von Wolkenstein ausdruckstark in

155 Ulrich Richental: Chronik des Konstanzer Konzils 1414–1418. Mit Geleitwort, Bildbeschreibung und Textübertragung in unsere heutige Sprache von Michael Müller, Konstanz: Friedrich Bahn 1984.

156 Buck, Richental-Edition, S. 443.

157 Chronik bearb. von Thomas Martin Buck, ^{3}2013, S. XXXV.

158 Maurer, Konstanz im Mittelalter II, S. 47.

einer Liedzeile formulierte, die hier ins Neuhochdeutsche übertragen ist: „Denk ich an den Bodensee, tut mir der Beutel weh“[159].

Für die in den Jahren des Konzils stark prosperierende Stadt Konstanz hatte die eigens für sie geschaffene Abschrift nicht zuletzt auch den Zweck, für eine erneute Wahl als Austragungsort eines Konzils zu werben. Das geschah nicht ganz erfolglos im Übrigen, wie ein Schreiben des Papstes vom 5. Februar 1447 an die deutschen Fürsten belegt, in dem Eugen IV. Konstanz an erster Stelle in einer Reihe von fünf möglichen deutschen Konzilsorten ins Gespräch brachte.[160] Immerhin hatte die Stadt in den Jahren von 1414 bis 1418 ihre Aufgaben als Gastgeberin zur weitgehenden Zufriedenheit der allermeisten Beteiligten gelöst.[161] Viele, wenn nicht die übergroße Mehrzahl der Konstanzer hatte in vielfältigster Weise am ökonomischen Aufschwung partizipiert, weshalb auch innerstädtisch zu Beginn des Jahrhunderts eine Art „Burgfrieden“ herrschte; der Zunftaufstand und der Judenpogrom der Jahre 1429/30 machen freilich deutlich, wie fragil die Lage war. Im Zeichen einer verschlechterten wirtschaftlichen Lage spitzten sich innerstädtische Konflikte sehr schnell zu und trugen zur Desintegration der städtischen Gesellschaft bei. Erst der (Schieds-) Spruch König Sigismunds vom 13. Dezember 1430 beruhigte die Lage, gab der Stadt aber für Jahrzehnte durch Bevorzugung der Patrizier gegenüber den Zünften auch die „reaktionärste“ Verfassung ihrer Geschichte.

Das Jahrzehnt zwischen 1460 und 1470, in dem die meisten der heute erhaltenen Abschriften der Richental-Chronik entstanden sind, wird für die oberdeutsche Mittelstadt Konstanz tatsächlich zur Zäsur:

159 *„Do ich gedacht an Podemsee, ze stund tet mir der peutel we“*; Beginn der dritten Strophe des Liedes „Der seines laids ergeczt well sein“, in: Die Lieder Oswalds von Wolkenstein. Hg. von Hans Moser, Norbert Richard Wolf und Notburga Wolf (Altdeutsche Textbibliothek, 55) Tübingen: Niemeyer ^{3}1987, S. 310 ff., hier S. 311.

160 Papst Eugen IV empfahl an erster Stelle Konstanz, dann Straßburg, Mainz, Worms und schließlich Trier *(ut novum quoddam generale concilium in Alamannie partibus in uno de quinque locis, videlicet Constantia, Argentina, Maguntia, Wormacia, Treveri [...])*; Quellen zur Kirchenreform im Zeitalter der großen Konzilien des 15. Jahrhunderts. Zweiter Teil: Die Konzilien von Pavia/Siena (1423/24), Basel (1431–1449) und Ferrara/Florenz (1438–1445). Ausgewählt und übersetzt von Jürgen Miethke und Lorenz Weinrich, Darmstadt: Wissenschaftliche Buchgesellschaft 2002, S. 462. Zu dem Dokument vgl. auch ebd., S. 69.

161 Frenken, Wohnraumbewirtschaftung, S. 144.

Der wirtschaftliche wie politische Niedergang schien unaufhaltsam, weshalb die Kommune als eine „Erinnerungsgemeinschaft" ihr Selbstverständnis immer mehr aus dem geschichtlichen Andenken bezog[162] und sich selbst nachträglich ein „Selbst- bzw. Städtelob"[163] ausstellte. Im Angesicht eines offensichtlichen Bedeutungsverlustes, mit ausgelöst durch die 1460 erfolgte Eroberung des Thurgaus durch die Eidgenossenschaft, hielt Konstanz das Gedenken an das herausgehobene Ereignis namens Konzil und damit an die eigene „große" Vergangenheit gezielt wach, weshalb sie sich durch die Jahrhunderte nicht wenig stolz darauf zeigte, bis heute die einzige deutsche Stadt zu sein, in der jemals durch ein Konklave ein Papst gewählt wurde.

162 Peter Johanek: Einleitung, in: Ders. (Hg.): Städtische Geschichtsschreibung im Spätmittelalter und in der Frühen Neuzeit (Städteforschung, Reihe A: Darstellungen, 47) Köln: Böhlau 2000, S. VII.

163 Buck, Überlieferung, 2010, S. 108.

Literaturverzeichnis

Bäumer, Remigius (1987): Neue Forschungen zur Chronik des Konstanzer Konzils von Ulrich Richental. In: Freiburger Diözesanarchiv 107, S. 326–329.

Bautier, Robert-Henri; Bretscher-Gisiger, Charlotte (1998): Lexikon des Mittelalters. München [u.a.]: Artemis-Verlag.

Brandmüller, Walter (1998): Das Konzil von Konstanz 1414–1418. Bis zum Konzilsende. Paderborn: Schöningh (Konziliengeschichte Reihe A, Darstellungen, 2).

Brandmüller, Walter (1999): Das Konzil von Konstanz 1414–1418. Bis zur Abreise Sigismunds nach Narbonne. 2., überarb. u. erw. Aufl. Paderborn: Schöningh (Konziliengeschichte Reihe A, Darstellungen, 1).

Brandt, O. H. (1913): Ulrich von Richentals Chronik des Konzils zu Konstanz 1414–18. Leipzig.

Braun, Karl-Heinz u. a. (Hg.) (2013): Das Konstanzer Konzil. Weltereignis des Mittelalters 1414–1418. [Stuttgart]: Theiss.

Buck, Michael Richard (1882): Ulrichs von Richental Chronik des Constanzer Concils 1414–1418. Tübingen, ND Hildesheim 1982 (Bibliothek des litterarischen Vereins in Stuttgart, 158).

Buck, Thomas Martin: Un wie vil herren dar koment, sy wärind gaistlich oder sy wäremd weltlich. Zu den Namen- und Teilnehmerlisten der Konstanzer Konzilschronik Ulrich Richentals. In: Das Konstanzer Konzil als europäisches Ereignis. Begegnungen, Medien und Rituale, hg. von Birgit Studt und Gabriela Signori (im Druck).

Buck, Thomas Martin (1998): Die Riegelschen Teilnehmerlisten. Ein wissenschaftsgeschichtliches Detail der Konstanzer Konzilienforschung. In: Freiburger Diözesanarchiv 118, S. 347–356.

Buck, Thomas Martin (1998): Text, Bild, Geschichte. Papst Johannes XXIII. wird auf dem Arlberg umgeworfen. In: Annuarium Historiae Concilliorum 30, S. 37–110.

Buck, Thomas Martin (1999): Zu den historiographischen Prinzipien Ulrich Richentals. In: Schriften des Vereins für die Geschichte des Bodensees und seiner Umgebung 117, S. 11–32.

Buck, Thomas Martin (2000): Die ehemals St. Petersburger Richental-Handschrift. In: Deutsches Archiv für Erforschung des Mittelalters 56, S. 593–602.

Buck, Thomas Martin (2001): Fiktion und Realität. Zu den Textinserten der Richental-Chronik. In: Zeitschrift für die Geschichte des Oberrheins 149, S. 61–96.

Buck, Thomas Martin (2002): Rezension zu Thomas Rathmanns Buch: Geschehen und Geschichten des Konstanzer Konzils. In: Zeitschrift für Württembergische Landesgeschichte 61, S. 505–508.

Buck, Thomas Martin (2007): Von Konstanz über Aulendorf nach New York. Zur Text- und Rezeptionsgeschichte einer oberschwäbischen Richental-Handschrift. In: Schriften des Vereins für die Geschichte des Bodensees und seiner Umgebung 125, S. 3–19.

Buck, Thomas Martin (2010): Zur Überlieferung der Konstanzer Konzilschronik Ulrich Richentals. In: Deutsches Archiv für Erforschung des Mittelalters 66 (1), S. 93–108.

Buck, Thomas Martin (2011): Chronik des Konstanzer Konzils 1414–1418 von Ulrich Richental. Eingeleitet und herausgegeben von Thomas Martin Buck. 2. Aufl. Ostfildern: Jan Thorbecke Verlag.

Buck, Thomas Martin; Kraume, Herbert (2013): Das Konstanzer Konzil. Kirchenpolitik – Weltgeschehen – Alltagsleben. Ostfildern: Jan Thorbecke Verlag.

Cerretanus, Jacobus de (1923): Liber gestorum. In: Heinrich Finke (Hg.): Acta Concilii Constanciensis Bd. II (mit Johannes Hollnsteiner). Münster i. W., S. 171–348.

Dvořáková, Daniela (2010): The Chronicle of Ulrich Richental as an Exceptional Source for the History of Slovakia. In: Historický Časopis 58, S. 3–21. Online verfügbar unter http://www.historickycasopis.sk/pdf/HCsupplement2010.pdf.

Feger, Otto (1964): Ulrich Richental. Das Konzil zu Konstanz. Kommentar und Text, bearbeitet von Otto Feger. Starnberg-Konstanz. Bd. 1, Faksimile. Bd. 2, Kommentar und Transkription.

Finke, Heinrich (Hg.) (1896–1928): Acta Concilii Constanciensis I–IV. Unter Mitarbeit von J. Hollnsteiner und Hermann Heimpel. Münster i. W.

Fischel, Lilli (1959): Kunstgeschichtliche Bemerkungen zu Ulrich Richentals Chronik des Konstanzer Konzils. In: Zeitschrift für die Geschichte des Oberrheins 107, S. 321–337.

Holzmann, Michael (1983): Die Konzilschronik des Ulrich Richental. In: Schriften des Vereins für die Geschichte des Bodensees und seiner Umgebung 101, S. 73–82.

Keupp, Jan; Schwarz, Jörg (2013): Konstanz 1414–1418. Eine Stadt und ihr Konzil. Darmstadt: WBG.

Kunzelmann, Adalbero (1970): Geschichte der deutschen Augustiner-Eremiten. Zweiter Teilband: Die rheinisch-schwäbische Ordensprovinz bis zum Ende des Mittelalters. Würzburg: Augustinus-Verl.

Löther, Andrea (1996): Rituale im Bild. Prozessionsdarstellungen bei Albrecht Dürer, Gentile Bellini und in der Konzilschronik Ulrich Richentals. In: Andrea Löther und u. a. (Hg.): Mundus in imagine. Bildersprache und Lebenswelten im Mittelalter. München: Wilhelm Fink Verlag, S. 99–123.

Matthiessen, Wilhelm (1985): Ulrich Richentals Chronik des Konstanzer Konzils. Studien zur Behandlung eines universalen Großereignisses durch die

bürgerliche Chronik. In: Annuarium Historiae Conciliorum 17, S. 71–192; 323–455.
Müller, Heribert (Hg.) (2007): Die Konzilien von Pisa (1409), Konstanz (1414–1418) und Basel (1431–1449). Institution und Personen. Konstanzer Arbeitskreis für Mittelalterliche Geschichte. Ostfildern: Thorbecke (Vorträge und Forschungen / Konstanzer Arbeitskreis für Mittelalterliche Geschichte, Bd. 67). Online verfügbar unter http://www.gbv.de/dms/bs/toc/549722564.pdf.
Paravicini, Werner (2009): Das Schwert in der Krone. In: Gert Melville, Franz J. Felten, Annette Kehnel und Stefan Weinfurter (Hg.): Institution und Charisma. Köln: Böhlau, S. 279–304.
Peter, Hermann Georg (1926): Die Informationen Papst Johanns XXIII. und dessen Flucht von Konstanz bis Schaffhausen. Freiburg i. Br.
Rathmann, Thomas (2007): Beobachtung ohne Beobachter? Der schwierige Umgang mit dem historischen Ereignis am Beispiel des Konstanzer Konzils. In: Heribert Müller (Hg.): Die Konzilien von Pisa (1409), Konstanz (1414–1418) und Basel (1431–1449). Institution und Personen. Ostfildern: Thorbecke (Vorträge und Forschungen / Konstanzer Arbeitskreis für Mittelalterliche Geschichte, Bd. 67), S. 99–106.
Reiners, Heribert (1955): Das Münster Unserer Lieben Frau zu Konstanz. Die Kunstdenkmäler Südbadens I. Konstanz: Thorbecke.
Richental, Ullrich v.; Müller, Michael (1984): Chronik des Konstanzer Konzils 1414–1418 [Mittelhochdeutsch u. Neuhochdeutsch]. 2., erw. Aufl. Konstanz: Friedrich Bahn.
Richental, Ulrich von; Klöckler, Jürgen (2013): Chronik des Konzils zu Konstanz. 1414–1418. Faksimile der Konstanzer Handschrift. Stuttgart: Theiss.
Schenk, Gerrit Jasper (2001): Sehen und gesehen werden. Der Einzug König Sigismunds zum Konstanzer Konzil 1414 im Wandel von Wahrnehmung und Überlieferung (am Beispiel von Handschriften und frühen Augsburger Drucken der Richental-Chronik). In: Franz Mauelshagen und Benedikt Mauer (Hg.): Medien und Weltbilder im Wandel der Frühen Neuzeit. 2. Aufl. Augsburg: Wißner Schuler, Manfred (1966): Die Musik in Konstanz während des Konzils 1414–1418. In: Acta musicologica 38, S. 150–168.
Sprandel, Rolf (1998): Von Malvasia bis Kötzschenbroda. Die Weinsorten auf den spätmittelalterlichen Märkten Deutschlands. Stuttgart: Steiner (Vierteljahrschrift für Sozial- und Wirtschaftsgeschichte. Beihefte, 149). Online verfügbar unter http://www.gbv.de/dms/bs/toc/250258935.pdf.
Wacker, Gisela (2002): Ulrich Richentals Chronik des Konstanzer Konzils und ihre Funktionalisierung im 15. und 16. Jahrhundert: Aspekte zur Rekonstruktion der Urschrift und zu den Wirkungsabsichten der überlieferten Handschriften und Drucke. Diss. Tübingen 2001. Tübingen.
Zumkeller, Adolar (1965): Die Augustinereremiten in der Auseinandersetzung mit Wyclif und Hus, ihre Beteiligung an den Konzilien von Konstanz und Basel. In: Analecta Augustiniana 28, S. 5–56.